사유하는 불교 성지 순례

일러두기

1. S12:15는 『상윳따니까야』 제12 상윳따의 15번째 경을 뜻하고, M141은 『맛지마니까야』 141번째 경을 뜻한다. Stn3.7는 『숫따니빠따』 3번째 품 7번째 게송이고, DhP288은 『법구경』 288번째 게송을 의미한다.

2. 한글 경전은 한국빠알리성전협회(KPTS)와 초기불전연구원의 번역을 인용하였고, 일부는 필자가 번역하기도 하였다.

3. 부처님 당시 나타나는 도시나 사람 이름, 그리고 현지에서 만난 스님의 법명도 pali어 표기를 따랐다. 예를 들면 짬빠(Campa), 까싸빠(Kassapa), 쁘라갸조띠(Pragyajyoti) 비구 등이다. 현재 인도의 도시는 영어 발음을 따랐다. 예를 들면 암베드카르(Ambedkar), 참파푸르(Champapur) 등이다.

4. pali원전은 수자또 비구가 만든 사이트(https://suttacentral.net)를 주로 참조하였다. 이곳에는 pali경전에 상응하는 한문 경전과 영어, 일어, 독일어 등 다양한 번역본이 소개되어 있다.

5. 한문 경전은 동국대학교에서 만든 불교기록문화유산(https://kabc.dongguk.edu)과 한국고전종합데이타베이스(https://db.itkc.or.kr)를 참조하였다.

6. 부처님 당시의 인물에 대한 설명은 5부 니까야와 빠알리어 고유명사 불교사전(Buddhist Dictionary of Pali Proper Names)을 참조하였다.

사유하는
불교 성지
순례

글사진 · **비구 허정**

어의운하

차
례

1	불교 성지 순례를 하는 자세 ……………………	6
2	8대 성지는 어떻게 만들어졌을까 ……………	12
3	깨달음의 땅, 보드가야 …………………………	22
4	아자빨라니그로다 나무는 어디에 있었나 ………	36
5	6년 고행림은 어디인가 …………………………	43
6	우유죽 공양 길 걷기 ……………………………	52
7	바라바르 동굴 ……………………………………	62
8	아수라 동굴과 붓다와나 ………………………	70
9	탄생지 룸비니 ……………………………………	77
10	룸비니 석주와 그 주변 …………………………	87
11	까삘라왓투는 어디인가 …………………………	98
12	싯다르타의 출가 행로 …………………………	106
13	이러한 진리로 모두 편안하기를 ………………	116
14	제2차 결집지 웨살리에서 ………………………	123
15	최초의 비구니 승단 ……………………………	133
16	아찌라와띠 강가에서 ……………………………	142
17	아찌라와띠 강가에서 일어난 사건들 …………	149
18	사왓티와 금강경 …………………………………	157
19	앙굴리말라와 데와닷따 …………………………	168

20	천불을 나투시다	175
21	부처님의 불운한 말년	183
22	최초의 승원, 왕사성에서	192
23	라자가하에서 생긴 일	199
24	앗싸지 존자의 연기 게송	207
25	제티얀과 평화의 길	213
26	가섭존자와 부처님이 옷을 바꿔 입은 곳	220
27	처음으로 법을 전한 곳	228
28	꼬삼비 승가 분쟁	240
29	이야기의 창고, 꼬삼비	246
30	부처님의 마지막 유언	258
31	말리까가 울고 있다.	264
32	아난다 존자의 사리탑	271
33	승가의 화합이란 무엇인가	277
34	할 말은 하자	286
35	새로운 인도불교가 시작된 낙푸르	293
36	오디샤의 불교 1	305
37	오디샤의 불교 2	320
38	비디샤와 산치대탑	326

불교 성지를 순례하는 자세

　인도의 기후와 도로 사정 등 순례자에게 만만한 곳은 아니지만, 순례를 시작하는 가슴은 늘 설렌다. 스승의 발걸음을 쫓는 일은 매번 새로운 발견을 선물하기 때문이다. 첫 순례 때는 아무것도 모르고 돌아다녔기에 고생한 기억밖에 없다. 두 번째는 책을 들고 꼼꼼히 찾아다녔다. 정보가 많지 않아 크게 느낀 것은 없었지만, 부처님의 열반지에 가서 우울증 같은 걸 겪었다. 세 번째는 다섯 명의 스님과 함께 노트북을 가지고 다니며 경전을 읽고 토론하는 순례를 했는데 그때가 가장 의미 있었다. 그런데 그 순례도 중간에 순례자 한 명에게 안 좋은 일이 생기는 바람에 미완의 순례가 되고 말았다. 네 번째는 성지 순례기를 쓰려고 작정하였기에 각 성지와 관련된 경전을 읽으며 환희심을 내었고, 태국 미얀마 사찰에 머물며 남방스님들과 대화를 나누었다. 다섯 번째는 가보지 못한 오디샤주와 인도 중부의 낙푸르를 다니며 살아있는 인도불교 현황을 알아보려고 노력하였다.

부처님의 삶을 본받다

성지 순례는 부처님과 함께하는 시간이다. 부처님의 말씀을 음미함으로써 2천6백 년의 시간을 초월하여 우리는 부처님과 함께할 수 있다. 그러므로 성지 순례는 부처님의 설법을 듣는 마음으로 경전을 독송하고 그 내용을 음미하여야 한다. 독송 후에는 더욱 깊은 이해를 위해 일행들과 대화하고 토론하는 시간을 갖는다면 더욱 좋다. 어렵게 비용과 시간을 들여 부처님 성지를 순례하는데 한국에서 하던 참선과 정근과 108배를 하는 것만으로는 부족하다. 부처님은 당신이 열반하시기 직전에 성지 순례를 해야 하는 이유와 그 공덕을 설명하였다.

"아난다여, '여기서 여래가 태어나셨다.' '여기서 여래가 위없는 정등각을 깨달으셨다.' '여기서 여래가 위없는 법의 바퀴를 굴리셨다.' '여기서 여래가 반열반하셨다.'라면서 믿음을 가진 비구들과 비구니들과 청신사들과 청신녀들이 이곳을 방문할 것이다. 아난다여, 누구든 이러한 성지 순례를 떠나는 청정한 믿음을 가진 자들은 모두 몸이 무너져 죽은 뒤 좋은 곳, 천상 세계에 태어날 것이다."

『대반열반경』

부처님 말씀대로 성지 순례의 공덕으로 천상에 태어나는 것은 좋은 일이지만, 현생에 부처님의 삶을 본받아 보람 있고 지혜롭게 삶을 살아가는 것은 더욱 중요하다. 의미 있고 감동적인 성지 순례가 되려면 부처님 생애에 대한 충분한 이해가 필수적이다. 그렇지 않으면 인도 성지 순례는 곧 실망으로 이어질 가능성이 크다. 대부분의 인도불교 성지는 먼지가 폴폴 나는 벌판에 벽돌 무더기나 돌 조각이 흩어져 있어 버려진 땅처럼 보이기 때문이다. 아는 만큼 보인다는 말은 성지 순례에서도 유효하다. 불자들 중에는 부처님 생애를 자세하게 이해한 사람들이 드물다. 게다가 8박 9일이나 10박 11일 짧은 기간에 성지 순례하는 것이 보편이어서 경을 읽고 사유하고 토론하는 여유로운 순례가 되기 어려운 조건이다.

불교 성지에서 한국 불자들이 순례하는 모습을 자주 보았다. 현장에 맞는 설법을 하는 스님과 불자들도 있지만, 대개는 한국말을 아는 현지인 가이드로부터 성지에 대한 설명을 듣고, 인솔하는 스님의 주관으로 기도와 참선하고, 기념사진을 찍고 자리를 이동한다. 그 성지에 관련된 경을 읽는 순례단은 희유하다. 경을 읽지 않으니 부처님 가르침에 대해서 사유하고 음미해 볼 기회가 주어지지 않는다. 국내에서 하던 대로 석가모니불 정근, 관세음보살 정근, 다라니 기도를 하거나 좌선한다. 이 밖에도 한국 불자들에게만 발견되는 모습이 있다. 보드가야 대탑을 도는데도 모자를 쓰고 탑돌이를 한다. "아무개야!"라고 크게 이름을 부른다. "빨리빨리!"라고 외치며 뛰어다닌다. 한국 불자들은 성지 순례에서 태국, 미얀마, 스리랑카 불자들을 본받을 필요가 있다. 그들은 단체로 흰옷을 입고 삼보에 대한 찬탄으로 성지에 들어선다. 성지에 도착해서는 반드시 독경한다. 인솔하는 스님이 없는 경우에도 불자들끼리 독경한다.

무엇을 사유할 것인가

불자들이 의미 있는 성지 순례를 하기 위해서는 각 성지에서 독송할 경전을 미리 준비해야 한다. 경전을 미리 배포하고 경전에 관련된 주제를 2~3개씩 선정하여 미리 생각하도록 한다. 예를 들어 룸비니에서는 '부처님의 출가 경로는 어떠했고 그것이 의미하는 것은 무엇인가?' 보드가야에서는 '부처님은 깨닫기 전에 꾼 다섯 가지 꿈의 의미는 무엇인가?', '부처님은 보리수나무 아래서 깨닫고 나서 왜 자리를 일곱 번이나 옮겨 다니셨나?' 라자가하에서는 '부처님이 미친 코끼리를 막아 세운 동작이 후에 어떠한 수인手印으로 정착이 되었나?' 꼬삼비에서는 '재가자들이 현재 승가의 문제에 대하여 어떻게 선한 영향력을 줄 수 있나?' 녹야원에서는 '부처님은 12연기를 깨달으셨는데 다섯 비구에게 첫 설법을 할 때는 왜 사성제를 설하셨나?' 꾸시나가라에서는 '왜 부처님은 80세의 몸을 이끌고 라자가하에서 꾸시나가라까지 오셔서 반열반에 드셨나?' 상카싸에서는 '부처님은 사위성에서 도리천으로 올라가시고 내려올 때는 왜 상카싸로 내려오셨나?' 등의 문제를 미리 제시해 놓으면 불자들은 미리 사유해 볼 시간을 가질 수 있고 해답을 알고 싶은 욕구가 증가하게 된다. 차량으로 이동하는 시간이나 성지에 도착해서 걷는 동안에 부처님이 설하신 경과 유적지에 관련된 이야기를 한다면 더욱 의미 있는 순례가 될 것이다. 단체로 순례할 때는 다음과 같은 순서대로 진행한다.

① 성지 도착 후 나무 그늘에서 각자 가지고 온 깔개를 펴고 삼배를 올린다.
② 자리 정돈 후 삼귀의를 하고 성지와 관련된 경을 큰 소리로 독송한다.
③ 법사가 경經을 설명하면 대중은 경에 대한 소감과 논의 주제로 대화한다.
④ 자리에서 일어나기 전에 잠깐 좌선하는 시간을 갖는다.
⑤ 유적을 둘러보면서 유적과 경에 관련된 이야기를 나눈다.
⑥ 매일 차담 시간을 만들어 순례에서 느낀 점과 다음 일정을 공유한다.

위와 같은 순서대로 순례를 진행한다면 1시간~2시간 정도 걸릴 것이다. 숙소도 호텔만을 고집할 것이 아니라, 다른 나라 사찰에서 묵어보고 통역사를 동원해서 그 나라 스님들에게 법문을 청해 듣는다면 더욱 풍성한 순례가 될 것이다. 순례한 후 자신의 SNS에 성지 순례기를 올리자. 본인에게는 정리의 시간이 되고 타인에게는 신심을 높이는 법보시가 될 것이다. 순례하면서 순례기를 쓰려는 마음을 가진 사람과 그렇지 않은 사람들은 순례하는 자세가 다르다. 기록하려는 마음은 성지를 더욱 자세히 보게 하고, 궁금한 것을 묻게 하며, 성지를 미리 공부하게 만든다.

8대 성지는 어떻게 만들어졌을까?

인도불교 '4대 성지'를 순례하는 당위성과 공덕은 이미 부처님이 『열반경』에 말씀하셨지만, '8대 성지'라는 것은 누구에 의해서 언제 만들어졌을까? 여행사들이 돈을 벌기 위해서 만든 것일까? 아니면 부처님을 모신 여덟 군데 근본 사리탑을 참배하는 것에서 비롯되었을까? 그러나 부처님의 열반 후 사리를 모셔가서 열 개의 탑을 세운 장소와 지금의 8대 성지는 같지 않다. 『대열반경』(D16)에서는 각 부족이 사리를 모셔가서 세운 10개의 사리탑을 아래와 같이 열거하고 있다.

"마가다의 왕 아자따삿뚜 웨데히뿟따는 라자가하에 세존의 사리들로 큰 탑을 만들었다. 웨살리에 사는 릿차위들도 웨살리에 세존의 사리들로 큰 탑을 만들었다. 까삘라왓투의 사꺄들도 까삘라왓투에 세존의 사리들로 큰 탑을 만들었다. 알라깝빠에 사는 불리들도 알라깝빠에 세존의 사리들로 큰 탑을 만들었다. 라마가마에 사는 꼴리야들도 라마가마에 세존의 사리들로 큰 탑을 만들었다. 웨타디빠에 사는 바라문도 웨타디빠에 세존의 사리들로 큰 탑을 만들었다. 빠와에 사는 말라들도 빠와에 세존의 사리들로 큰 탑을 만들었다. 도나 바라문은 사리함으로 큰 탑을 만들었다. 삡팔리 숲에 사는 모리야들도 삡팔리 숲에 숯으로 큰 탑을 만들었다. 이와 같이 여덟 군데에 사리탑이, 아홉 번째로 사리함의 탑이, 열 번째로 숯을 담은 탑이 옛적에 건립되었다."

열 곳의 사리탑

부처님이 열반하시고 세워진 열 군데의 사리탑에는 지금의 8대 성지에 포함된 사위성, 상카싸, 룸비니, 녹야원 등이 포함되어 있지 않다. 이를 보면 부처님이 열반하신 직후 세워진 근본 8탑 혹은 10탑이 지금의 8대 성지가 되었다고는 보기 어렵다. 지금의 8대 성지와 같은 장소가 소개되고 있는 최초의 자료는 『불설팔대영탑명호경佛說八大靈塔名號經』이다. 중국의 법현(337~422) 스님이 번역한 이 경에서는 영탑이 세워진 이유와 더불어 8대 성지의 이름이 열거되고 있다.

"첫 번째 까삘라성의 '룸비니'는 부처님의 탄생지이다. 두 번째 마가다국의 네란자라강 기슭에 있는 '보드가야'는 도과道果를 깨우친 곳이다. 세 번째 까시국의 '녹야원'은 대법륜大法輪을 처음 굴린 곳이다. 네 번째 사위국의 '기원정사'는 대신통력을 보인 곳이다. 다섯 번째 '상카싸'는 부처님께서 도리천에서 내려온 곳이다. 여섯 번째 '왕사성'은 여러 제자를 분별하여 교화한 곳이다. 일곱 번째는 '웨살리(바이샬리)'는 부처님께서 자신의 수명에 대해서 사유한 곳이다. 여덟 번째는 '꾸시나가라'의 사라숲은 열반에 든 장소이다."

우리가 아는 사실은 부처님이 가장 오래 머물렀던 꼬살라국에서는 부처님 사리를 모셔가지 않았다. 부처님의 열반 직전에 멸망당한 까삘라왓투의 사까족도 사리를 얻어다가 지금의 삐쁘라흐와Piprahwa에 사리탑을 세웠지만, 사리 분배를 요구하였던 나라 중에서 코살라국은 빠져있었다. 아마도 부처님의 혈족인 사까국을 멸망시킨 꼬살라국에서 부처님의 사리를 요구하는 건 염치없는 행위였을 것이다. 불멸 후 200년 후에 나타난 아소까대왕은 8곳의 근본 사리탑에서 사리를 꺼내어 인도 전역에 사리탑을 만들었다. 『영탑명호경』에 나타나는 8곳의 사리탑은 아소까왕에 의해서 만들어졌을 가능성이 크다. 지금의 8대 성지는 『팔대영탑명호경』이 만들어짐으로써 확정되었음을 알 수 있다.

이와 같은 사실은 사르나트 박물관이나 날란다 박물관에 있는 석판石版으로 만든 조각상에도 나타난다. 이 조각상에는 가운데 항마촉지인降魔觸地印의 부처를 중심으로 일곱 가지 형상이 조각되어 있는데 각각의 형상은 일어난 사건의 종류와 사건이 일어난 장소를 말해준다. 원숭이가 부처님께 꿀을 바치는 모습은 웨살리를 상징하고, 술취한 코끼리를 손으로 제어하는 모습은 왕사성王舍城을 나타내고, 천불화현千佛化現의 신통을 보이는 모습은 사위성舍衛城을 나타내고, 하늘에서 내려오는 계단은 상카싸를 나타내고, 사슴이 새겨진 좌상에 앉아 설법하는 모습은 녹야원鹿野園을 나타내고, 누워있는 열반상은 꾸시나가라를 나타내고 있다. 『불설팔대영탑명호경』과 박물관의 석판 조각상에 나타난 8대 성지는 같지만, 성지를 설명하는 내용은 다르다. 이것은 조각할 때 조각가의 입장이 반영되었기 때문일 것이다. 즉 조각가의 입장에서는 여러 제자를 분별하여 교화한 왕사성을 석판에 조각으로 표현하는 것이 매우 어려웠을 것이다. 그래서 데와닷따가 부처님을 죽이려고 풀어놓은 코끼리를 제압하는 극적인 순간을 포착하여 보여줌으로써 그 장소가 왕사성임을 드러낸 것이다.

우리들의 고정 관념인 8대 성지

수명을 사유하신 웨살리도 마찬가지다. 부처님이 3개월 후에 열반하리라는 결심을 하신 것을 조각으로 표현하는 것은 어렵지만, 원숭이가 부처님께 꿀을 공양하는 모습을 조각하는 것은 비교적 쉽다. 이렇게 조각하다 보니 조각상에서 설명하는 8대 성지의 내용은 온통 신통과 관련된 사건들로 채워지게 된다. 불자들을 안내하는 가이드분들이나 가이드 없이 순례하는 불자들은 이러한 점을 고려해 각 성지를 설명해야 할 것이다. 그렇지 않으면

성지 순례는 부처님과 함께하는 시간이다. 부처님의 말씀을 음미함으로써 2천6백 년의 시간을 초월하여 우리는 부처님과 함께할 수 있다.

본의 아니게 부처님의 신통력만 강조하여 부처님의 가르침을 음미하는 것을 소홀히 할 수 있다. 부처님은 담마法야말로 진정한 신통력이라고 말씀하셨다.

그런데 단순히 도리천忉利天에서 부처님이 하강했다는 이유로 상카싸가 8대 성지에 들어가는 것은 타당한가? 오히려 상카싸 보다는 부처님과 제자들의 자주 머물고 많은 가르침이 설해진 꼬삼비 같은 곳이 8대 성지에 들어가야 하지 않겠는가. 세 명의 장자가 꼬삼비에 세운 3개의 승원과 꼬삼비 근처의 숲에서 부처님은 두 번의 안거를 지내셨다. 꼬삼비에는 부처님께 청혼했다가 거절당한 마간디야 왕비가 부처님을 해코지한 이야기, 마간디야의 질투 때문에 5백 명의 시녀들과 불타 죽은 사마와띠 왕비 이야기, 스님들이 서로 싸워서 부처님이 숲속으로 떠나자 재가자들이 탁발 음식 보시를 거부하여 승가를 화합시킨 이야기, 두 개의 부모를 갖게 된 바꿀라 존자 이야기 등 음미해야 할 이야기들은 수두룩하다. 사위성은 기원정사와 그곳에서 설해진 경전을 중심으로 설명하는 것이 바람직하다. 왕사성도 빔비사라왕이나 케마왕비나 사리뿟다 등 많은 제자와의 인연을 설명하는 것이 더 알맞다. 이렇듯이 신통력을 강조한 조각가의 입장을 감안하면서도 조각가의 입장을 넘어서『불설팔대영탑명호경』의 내용으로 성지 순례를 해야 하는 책임이 우리에 있는 것이다.

상카싸를 8대 성지에 들어가게 한 이유는 사위성을 천불화현千佛化現의 기적을 행한 곳으로 설명하기 때문에 일어난 자연스러운 결과이다. 하늘로 올라간 이야기를 했으니 당연히 내려오는 이야기를 해야 했을 것이다. 그런데 상카싸는 8대 성지에 포함된 이유가 너무 단순하고 찾아가기에 거리가 멀다. 그래서 순례자들 중에는 시간과 경비 등의 이유로 상카싸를 제외하고 순례를 마치는 경우가 허다하다. 인간은 한번 받아들인 이름과 관념에 갇히기 쉬워서 8대 성지를 순례하는 사람이 8대 성지 중에 한 군데를 빼놓고 순례를 마치면 찜찜한 기분이 드는 것은 어쩔 수 없다. 우리가 배운 8대 성지라는 고정관념이 우리를 지배하고 있는 것이다.

추가로 순례해야 할 성지

이러한 생각과 의견 또한 8대 성지라는 틀에 갇혀서 생각하는 실수일지 모르겠다. 차라리 10대 성지 혹은 12대 성지를 만들어 꼬삼비는 물론 다른 성지를 추가하는 것이 다른 갈등을 없애는 것도 좋은 방법이라고 본다. 부처님의 고향인 까삘라왓투의 니그로다 승원과 마하와나 승원에서도 부처님이 여러 경전을 설하셨고, 많은 사건이 있었다. 앙가국의 수도였던 짬빠의 각가라 호수 등지에서 설한 경전도 유명하고 짬빠에서 가까운 위끄람실라대학 터도 방문해 볼 만하다. 1천 명의 아라한과 부처님이 마중나온 빔비사라왕 일행을 만나 걸은 제티얀에서 라자가하로 이어지는 순례길도 걸어볼 만하다. 버스만 타고 다니는 순례에서 벗어나 제티얀에서 라자가하까지의 걷는 순례길과 보드가야의 수자탑에서 부처님이 우유죽을 받은 곳까지 걸어보는 순례도 시도해 볼 만하다. 부처님과 가섭존자가 가사를 교환한 곳, 아소까 석주가 잘 보존되고 있고 불리족의 재災탑이 있는 곳도 성지 순례지에 추가되면 좋겠다. 더 나아가서 동쪽 오디샤주의 랄리따기리, 우다야기리, 라뜨나기리 등에 있는 승원과 박물관을 순례하는 것도 의미있다. 이곳들은 그동안 불자들에게 잊혀진 곳인데 놀랄만한 아름다운 불상과 유적들이 남아있다. 후대에 만들어진 『대승본생심지관경大乘本生心地觀經』에서는 8대 보탑이 만들어진 이유를 설명하는데 『불설팔대영탑명호경』과 내용이 다르다.

> "까삘라국 정반왕의 왕궁에서 태어나신 보탑, 마가다국 가야성의 보리수 아래서 성불한 보탑, 바라나시 녹야원에서 첫 법륜을 굴려 사람을 제도한 보탑, 사위성 기원정사에서 외도와 6개월 동안 논쟁하여 일체지一切智와 명성을 얻은 보탑, 도리천에 올라 어머님을 위해 법을 설하고 범천과 제석천과 12만 대중들과 보배 계단으로 상카싸에 하강한 보탑, 마가다국 왕사성 영축산에서 『대반야경』, 『법화경』, 『일승심지경』 등 대승을 설한 보탑, 웨살리 망고숲에서 유마장자가 불가사의한 병을 나타낸 보탑, 꾸시나기리 강가의 사라 숲속에서 원적圓寂에 든 보탑이었다."

왕사성에 보탑을 세운 이유는 영축산에서 『대반야경』, 『법화경』, 『심지경心地經』 등 대승 경전이 설해진 곳이기 때문이고, 웨살리는 유마힐 장자가 『유마경』을 설한 곳이기 때문이고, 사위성 기원정사에서 외도와 6개월 동안 논쟁하였는데 부처님이 승리하여 대단한 명성을 얻었기 때문이라고 설명한다. 대승불교인 우리나라 불자들이 영축산을 오르고 웨살리를 순례하는 이유와 흡사하다. 초기경전에 나타난 역사적인 사건들을 제대로 이해하는 불자라면 후대에 만들어진 대승경전에서 설명하는 성지 순례 내용을 추가하는 것도 좋다. 대승불교권에서 배우고 익힌 내용들을 성지 순례에서 음미하는 것도 부처님의 진실한 뜻을 찾는 하나의 방법이기 때문이다.

꼴까따 박물관에 있는 부처님의 일생이 새겨진 조각상

깨달음의 땅, 보드가야

보드가야는 오랜 여행 끝에 고향에 온 듯한 기분을 느끼게 해주는 곳이다. 이곳은 지구pathavi의 배꼽nabhi이라 불린다. 빨리어 사전에 따르면 보리수가 서 있는 장소 말고는 붓다의 깨달음을 지탱해 줄 땅이 없으며, 모든 부처님은 이곳에서 깨달음을 얻었다고 한다. 보리수의 본 명칭은 삡빨라pippala 또는 앗삿타assattha인데 무화과無花果의 한 종류이다. 부처님이 깨달음을 얻으시자 깨달음의 나무Bodhi Tree라는 이름을 얻게 되었다. 부처님은 무우수asoka 나무 아래 태어났고, 앗삿타 나무 아래서 깨달았으며, 살라sāla 나무 아래서 반열반하셨다. 깨달음의 땅, 보드가야는 불교 성지 순례하면 제일 먼저 떠오를 정도로 4대 성지에서도 가장 많은 사람이 찾는 곳이다. 세계 각국에서 밀려드는 순례객으로 마하보디 대탑은 언제나 분주하다. 대탑 주위를 떠나지 않고 하루 종일 좌선, 행선, 독경,

오체투지, 기도하는 사람들을 볼 수 있다. 특히 더위가 물러가는 겨울이면 나라를 잃은 티베트인들이 모여들어 보드가야는 붉은 가사로 뒤덮인다. 티베트 승려들과 불자들이 오체투지 하는 모습은 지켜보는 이를 숙연하게 만든다.

고행을 버리다

가야역에 도착하여 릭샤를 타고 보드가야에 처음 들어설 때 느꼈던 평안한 기운을 잊지 못한다. 보리수 근처에 앉아 지는 노을을 바라보면 충만함이 밀려든다. 불국토가 어떤 곳인가를 여기 보드가야에서 간접적으로 경험할 수 있다. 싯다르타는 6년 고행에도 깨달을 수 없었다. 주위에서 같이 수행하던 다섯 비구는 싯다르타의 고행을 보면서 감탄했지만, 그 고행이 깨달음을 가져오지는 못했다. 『수따니빠따』정진경(Snp3.2)에서는 죽음의 문턱에 와있는 싯다르타에게 마라가 다가와 유혹하는 장면이 나온다.

"당신은 야위었고 안색이 나쁩니다. 당신은 죽음에 임박해 있습니다. 당신이 죽지 않고 살 가망은 천의 하나입니다. 수행자여, 사십시오. 사는 것이 더 낫습니다. 살아서 공덕을 쌓으십시오."

그러자 싯다르타는 단호하게 대답한다.

"방일한 마라여, 어떠한 목적으로 여기에 왔는가? 내게는 그대가 말하는 공덕은 필요가 없다. 공덕이 필요한 자, 그들에게 가서 말하라. 나에게 그대는 어찌하여 자꾸 '사는 것'에 대해 묻는가? 나의 정진의 바람은 흐르는 강물조차 마르게 할 것인데, 어찌 나의 피가 마르지 않겠는가. 내게는 패해서 사는 것보다는 싸워서 죽는 편이 오히려 낫다."

길이 보이지 않을 때 죽음을 각오하고 더 전진하는 것은 얼마나 어려울까? 두 스승에게 배운 것을 만족해하지 않고 떠나온 싯다르타는 이제 고행에서도 떠나려고 하였다. 어느 날 싯다르타는 고행을 포기하고 다른 길을 가기로 결심한다. 그러려면 음식을 탁발해서 기력을 회복해야 했다. 음식을 얻어먹는 싯다르타를 보고 6년을 한결같이 지켜보던 다섯 비구는 허탈한 마음으로 떠나갔다. 그

보드가야는 오랜 여행 끝에 고향에 온 듯한 기분을 느끼게 해주는 곳이다.

렇게 고행을 열심히 해도 깨달음에 이르지 못할 것인데 음식을 받다니…. 다섯 비구는 싯다르타가 수행을 포기했다고 생각했다. 싯다르타는 음식을 먹으면서 어릴 적 농경제 때 나무 그늘에서 경험했던 초선初禪을 떠올렸다. 그때 선정에 든 그 즐거움을 거부할 필요가 없다고 생각했다. 음식을 먹고 다시 몸이 건강해지자 싯다르타는 오롯한 마음으로 다시 보리수 아래에 길상초를 깔고 앉았다. 깨달음을 이루기 바로 전날 밤 싯다르타는 다섯 가지 꿈을 꾼다.

"비구들이여, 아직 바른 깨달음을 성취하지 못한 보살이었을 때 다섯 가지 큰 꿈을 꾸었다. 이 대지는 큰 침상이었고, 히말라야는 나의 베개였으며, 동쪽 바다에는 왼손을 놓았고, 서쪽 바다에는 오른손을 놓았고, 남쪽 바다에는 나의 두 발을 놓는 꿈이다. 이것이 첫 번째 꿈이다. 띠리야 풀이 배꼽에서 자라서 구름에 닿은 뒤에 멈추는 것을 보았다. 이것이 두 번째 꿈이다. 검을 머리를 가진 흰 벌레가 발에서 기어올라 무릎을 덮는 것을 보았다. 이것이 세 번째 꿈이다. 각기 다른 색깔의 네 마리의 새가 사방에서 날아와 발아래 앉더니 모두 흰색으로 변하였다. 이것이 네 번째 꿈이다. 분뇨로 덮인 산 위에서 경행을 하였는데 발이 분뇨에 전혀 묻지 않은 꿈을 꾸었다. 이것이 다섯 번째 꿈이다."

『꿈 경』(A5:196)

이러한 꿈은 이제 깨달음이 다가왔음을 암시하는 징조였다. 남방불교의 사원에는 이 다섯 가지 싯다르타의 꿈을 벽화로 그려 놓은 곳이 많다. 부처님은 각 꿈에 대해서 해몽까지 하고 있다. 대표적으로 각기 다른 색깔의 네 마리의 새가 사방에서 날아와 발아래 앉더니 모두 흰색으로 변하는 꿈은 앞으로 네 가지 계급의 모든 사람들이 부처님 법안에서는 깨달음을 얻어서 평등하게 된다는 뜻이다. 이로 인해서 재가 불자들은 절에 올 때 흰옷을 입는 전통이 생기게 되었다.

깨달음의 순간들

마라의 유혹을 물리친 그날 밤, 싯다르타는 순차적으로 연기의 순관順觀·역관逆觀을 통해 완전한 깨달음에 이른다. 연기의 순관은 고통의 발생을 설명하는 고성제苦聖蹄와 고집성제苦集聖蹄와 같고 연기의 역관은 고통의 소멸을 설명하는 고멸성제苦滅聖蹄와 같다. 여기서 붓다가 깨달았다.

"집 짓는 자를 찾아서 나는 치달려 왔네.
거듭되는 윤회는 괴로움이었네.
집 짓는 자여! 그대를 보았네.
다시는 집을 짓지 못하리.
모든 대들보는 무너졌고 지붕은 파괴되었네.
갈애는 부수어져 더 이상 업을 짓지 못하리."

(DhP 153~154)

붓다는 깨달음의 감흥을 시로 읊고 있다. 왜 아니겠는가? 그 순간 시가 아니라면, 노래가 아니라면 다른 무엇으로 그 마음을 표현할 수 있을까? 붓다는 깨달음을 "집 짓는 자는 발견되었고, 대들보와 지붕은 부수어졌다."라며 비유로 설명한다. 눈에 보이지 않는 깨달음을 설명하려면 눈에 보이는 형태로 설명해야 했을 것이다. 붓다의 오도송은 단순히 자신의 상태를 기쁘게 읊기만 한 것이 아니라, 우리에게 그런 깨달음의 세계가 있으며 갈애를 소멸시킴으로써 그곳에 갈 수 있다고 알려주는 친절함이 있다.

붓다의 깨달음의 순간을 후대에 조각가는 어떻게 표현하였을까? 붓다가 깨달음을 얻고 연기를 순관하고 역관하는 모습을 조각으로 표현하기는 어려웠을 것이다. 붓다의 머릿속에서 일어나는

항마촉지인은 보드가야에서 붓다의 깨달음을 상징하게 되었다.
항마촉지인은 마라와 대결해서 승리하는 극적인 순간을 보여준다.

일이 아니라, 눈에 보이는 붓다의 모습을 포착할 수밖에 없었다. 그것이 오른손으로 땅을 가리키는 극적인 순간, 항마촉지인降魔觸地印의 모습이다. 눈에 보이는 순간을 포착한 것이 항마촉지인이었지만, 그러나 오른손으로 땅을 가리키는 그 순간은 깨달음의 순간은 아니다. 그럼에도 항마촉지인은 보드가야에서 붓다의 깨달음을 상징하게 되었다. 항마촉지인은 마라와 대결해서 승리하는 극적인 순간을 보여준다. 마라에 맞서는 젊은 붓다의 당당함, 용맹함은 보드가야를 다른 성지와는 다르게 활발하고 생동감 있는 장소로 만들고 있다.

매년 겨울 보리수 근처에서 전 세계 스님들이 모여 '경전 읽기 법회'가 개최된다.

불멸 후 500년 기간에는 불상이 만들어지지 않고 대신에 보리수, 발자국, 법륜, 금강좌金剛座 등을 만들어 부처님을 상징하였다. 천신이나 야차나 왕과 신하 등은 조각으로 나타내면서 오직 부처님만은 조각하지 않은 이유는 무엇일까? 부처님을 조각한다는 것이 두려웠을 것이다. 불완전한 조각가가 완전한 부처님을 표현한다는 것이 불가능하고 불경스러운 일이라 여겼을 것이다. 박물관에 가면 아소까왕 시대에 조각들을 보게 된다. 부처님이 있어야 할 자리에 발자국이 있고, 보리수가 있고, 법륜이 있다. 부처님의 모습을 그분의 발자국으로 새길 수밖에 없었던 불자들의 마음을 되새기며 존경의 마음이 어떤 것인가를 생각한다. 말하지 않은 친절함이 있듯이 표현할 수 없는 존경을 보게 된다.

다시 마라의 유혹을 받는다

보리수를 가장 사랑한 사람은 아소까왕이었다. 아소까의 보리수 사랑이 너무 지나쳐서 왕비 띠싸라카Tissarakkhā가 질투를 느껴 보리수를 죽이는 일이 발생했다. 아소까왕의 정성으로 되살아난 보리수는 마힌다와 상가미따에 의해서 스리랑카로 전해졌다. 아소까왕은 보리수 옆에 예배할 수 있는 스투파를 만들고 스투파를 보호하는 담장을 만들었다. 이때 만들어진 담장의 구조물은 현재 보드가야 박물관과 꼴까따의 인디언 발물관에 옮겨져 전시되고 있다. 보드가야 박물관은 입장료(10루피)도 싸고 가장 오래된 스투파 담장의 부재와 8세기~10세기 불상을 관람할 수 있으니 꼭 방문하길 추천한다. 이 불상들은 특이하게도 밀교의 영향을 받아서인지 보관을 쓰고 목걸이를 하고 있다. 보드가야는 '우루웰라Uuruvela'라는 이름이었지만 부처님의 깨달음 이후로 삼보디Sambodhi, 마하보디Mhabodhi, 와즈라사나Vajrasana, 보드가야bodhgaya 등으로 불리고 있다.

　부처님은 깨달음을 얻으시고 49일 동안 나무에서 나무로 옮겨다니며 깨달음을 즐기셨다.『율장』「마하왁가」에는 1주째는 보리수, 2주째는 아자빨라니그로다, 3주째는 무짤린다, 4주째는 라자야따나, 마지막 5주째는 아자빨라니그로다 나무로 옮겼을 때 범천의 권청을 받았다고 간략하게 설명한다. 그러나『자타카』의 서론序論에는 1주째는 깨달음을 얻은 보리수 아래서 깨달음의 기쁨을 만끽하였고, 2주째는 보리수의 고마움에 눈을 깜박이지 않고 1주일 동안 보리수를 쳐다보았다. 3주째는 보리수 주위를 경행했으며, 4주째에는 천인天人들이 만들었다는 보석집Ratnanagara에서 오색의 빛을 발하며 머무셨고, 5주째는 아자빨라니그로다 나무 아래서 범천의 권청을 받으셨다. 6주째는 무짤린다 연못에서 용왕의 보호를 받았고, 마지막 7주째는 라자야따나 나무 아래서 두 상의 공양을 받으셨다고 자세히 설명한다. 현재 보드가야 마하보디 대탑의 칠처七處안내판은 이 내용을 근거로 만들어 놓은 것이다.

　특이한 것은 마라의 세 딸이 나타난 곳이 5주째 깨달음의 기쁨을 즐기던 아자빨라(염소치기) 나무라는 것이다. '7년 동안 경'(S4:24)에서 마라는 싯다르타가 출가한 이후로 7년간 따라다녔으나 싯다르타에게 허점을 발견할 수 없었고, 자신의 노력이 실패

불멸 후 500년 기간에는 불상이 만들어지지 않고 대신에 보리수, 발자국, 법륜, 금강좌 등을 만들어 부처님을 상징하였다.

깨달음의 땅, 보드가야

로 끝나버린 것에 실망한 나머지 옆구리에 차고 있던 비파를 떨어 뜨리고 떠난다. 곧이어 '마라의 딸들 경'(S4:25)에서는 아버지를 대신해 마라의 딸들이 부처님을 유혹하는 모습이 설해진다. 마라의 딸들은 "아라한이며 세상의 선서善逝인 부처는 애욕으로 꼬드겨서 잡아들이지 못한다. 그는 마라의 영역을 넘어섰구나!"라는 아버지의 한탄을 듣고 자신들이 아버지를 대신하여 부처님을 유혹하기 위해 갖가지 교태를 부리며 다가간다. 그러나 어떠한 유혹으로도 부처님의 마음을 움직이게 할 수 없자, "참으로 우리가 탐욕을 여

마하보디 대탑은 꾸시나가라의 열반당과 함께 관람료를 받지 않는 성지이다.

의지 못한 사문이나 바라문에게 이런 방식으로 접근하면 그의 심장이 터지거나 입으로 뜨거운 피를 흘리거나 미치거나 할 텐데 저 사문은 그렇지 않구나!"라고 탄식하며 물러갔다. 부처님이 성도하고 나서 5주째가 되었을 때 마라가 유혹했다는 것은 마라의 유혹을 다 물리치고 나서 깨달았다는 것과 순서가 다른 설명이다. 깨달은 후 다시 마라의 유혹을 받았다는 것은 깨달음에 대한 우리의 이해를 다시 되돌아보게 한다.

보드가야는 불자가 관리해야

　마하보디 대탑은 인도의 불교 성지 중에서 유일하게 관람료를 받지 않는 성지이다. 이렇게 된 이유는 일찌감치 보드가야를 찾아서 복원 운동을 한 스리랑카의 아나가리까 다르마팔라Anagarika Darmapala(1864-1933)의 서원과 미얀마 왕이 사람을 보내서 보드가야를 복원한 노력이 있었다. 아나가리까의 헌신으로 1949년 9인으로 구성된 보드가야 사찰 관리위원회(BTMC)가 만들어졌고, 2013년에는 힌두교인이 아니어도 관리위원회의 의장을 맡을 수 있도록 개정되었다. 그러나 보드가야는 명백히 불교의 성지인 만큼 반드시 불교인들에 의해서 관리되어야 한다는 지적이 인도 승려들에 의해서 제기되고 있다. 현재 대탑 입구 왼쪽에는 힌두교 사원이 있고, 북쪽의 보리수나무 아래에는 힌두신 시바, 가네쉬 등의 조각상이 있다. 대탑에 있던 오래된 불상들은 네란자라강 옆에 힌두교 건물의 창고에 모셔있다. 그 건물은 마한트Mahanth라고 불리는 힌두교 사두가 관리하고 있다. 저택의 한쪽 구석에는 미얀마에서 세운 옥 비석이 남아있는데 마하보디 대탑을 보수하기 위해서 온 미얀마인들이 남긴 것이다. 지금의 보드가야 대탑에 모셔진 항마촉지인의 불상도 이곳 마한트의 창고에 모셔있던 불상이다. 마한트가 가지고 있는 유물들 중 몇 개는 화분이나 화분의 받침대로 사용되고 있다.

　2019년 11월 인도의 대법원은 아요댜야Ayodhya의 무슬림 사원이 세워진 곳이 예전에 힌두교 사원이었다는 근거로 무슬림 사원을 힌두교인들에게 넘기도록 판결했다. 2024년 1월에는 무슬림 사원이 철거되고 힌두교 '라마사원'의 성대한 개원식이 있었다. 이 날 인도 총리 나렌드라 모디Narendra Modi는 지난날 무슬림과 힌두교인의 무력 충돌이 있었던 라마사원 개원식에 참여하여 오프닝 행사를 주관하였다. 이러한 선례가 만들어졌기에 고고학적인 증거와 역사성을 감안한다면 보드가야 대탑도 마땅히 불교인들에 의해서 관리되고 운영되어야 할 것이다.

아자빨라니그로다는 어디에 있었나?

부처님이 깨달음을 얻은 후 2주째와 5주째에 머물렀다는 아자빨라니그로다Ajapālanigrodha 나무는 어디에 있었을까? 부처님이 보리수 아래서 깨달음을 얻은후 아자빨라니그로다 나무로 자리를 옮겼다. 이때 오만한 바라문의 질문인 "어떻게 해야 바라문이 됩니까?"라는 질문을 받고 "탐욕, 성냄, 어리석음, 자만, 사견을 버려야 한다."고 대답하였다. 부처님은 '존중경'(S6:2)에서 그 누구도 의지할 존재가 아니라는 것을 깨닫고 "나는 내가 올바로 원만히 깨달은 이 진리를 공경하고 존중하고 거기에 의지해야겠다."고 다짐하기도 하였다. 부처님이 설법하기를 망설이고 있을 때 사함빠띠 범천의 권청을 받는 '범천경'(S47:18)이 여기서 설해졌다.

"참으로 힘들게 성취한 진리를 왜 내가 지금 설해야 하나.

탐욕과 미움에 사로잡힌 자들은 이 진리를 잘 이해하기 힘드네.
흐름을 거슬러 가고 오묘하고 심오하고 미세한 진리는 보기 어렵네.
어둠의 무리에 뒤덮인 탐욕에 물든 자들은 보지 못하네."

이런 부처님의 생각을 마음으로 알아챈 사함빠띠 범천이 부처님의 마음을 돌리고자 눈 깜짝할 사이에 부처님 앞에 나타나서 부처님을 설득했다. 세 번의 설득 끝에 부처님은 드디어 설법하기로 결심한다. 범천의 3번에 걸친 권청은 청법게의 원형이다.

"그들에게 불사不死의 문은 열렸다.
귀를 가진 자, 자신의 믿음을 버려라.
범천이여, 이 미묘하고 숭고한 법을
피로해질 뿐이라는 인식 때문에
나는 사람들에게 설하지 않았다."

현명한 장로

또한 "이 도는 유일한 길이니, 중생들의 청정을 위하고 근심과 탄식을 다 건너기 위한 것이며, 육체적 고통과 정신적 고통을 사라지게 하고, 옳은 방법을 터득하고 열반을 실현하기 위한 것이다. 그것은 바로 네 가지 마음챙김의 확립이다."라고 시작하는 '도경道經'(S47:43)이 여기서 설해졌다. 마라가 세존께 두려움과 공포를 일으키고 털이 곤두서게 하려고 코끼리 왕의 모습을 나타내기도 하였고(S4:2:2), 마라가 7년 동안 따라다니다가 게송(S4:24)을 남기며 떠나갔다.

"맛있는 것이라곤 얻지 못한 까마귀가
거기서 힘없이 물러날 수밖에 없나니,
이처럼 돌덩이에 집착한 까마귀처럼
우리는 실망하여 고따마를 떠난다네."

늙은 바라문들이 다가와도 젊은 붓다가 자리에서 일어나 맞이하지 않자, 바라문들은 붓다를 나무랐는데 그때 부처님은 '우루웰라경'(A4:22)에서 "비록 머리칼이 검고 어린 나이라 할지라도, 때에 맞는 말을 하고, 사실을 말하고, 유익한 것을 말하고, 법과 율을 말하는 자라면 그야말로 현명한 장로다."라고 충고하며 나이 들었다는 것만으로 존경받으려는 바라문들의 태도를 점잖게 꾸짖었다.

이 밖에도 아자빨라니그로다에서는 '고행경'(S4:1), '아름다움경'(S4:3) '권청경'(S6:1) '우루웰라경'(A4:21) 등 많은 경들이 설해졌다. 이 경들은 모두 깨달음을 얻고 49일 동안에 설해진 경전들이라는 점에서 눈여겨 볼만하다. 성지를 순례하는 사람은 경전이 설해진 장소에서 그 경전을 독송하는 것을 중요하게 여긴다. 성지 순례하는 목적이 현장에서 부처님의 말씀을 재음미하는 것이라면 아자빨라니그로다의 위치를 찾는 것은 순례자에게 중요한 일이 된다.

현재 보드가야 대탑 입구에 있는 아자빨라니그로다 안내판은 정확한 장소가 아니다. 나는 몇 가지 이유로 수자타가 유미죽을 올리고 수많은 경전이 설해진 아자빨라니그로다 나무가 네란자라 강 건너 수자타 스투파에서 동쪽으로 700m 지점 작은 수투파가 있는 곳이라고 보게 되었다.

    그 이유는 첫째, 주석서에서는 네란자라 강가에 고행을 그만둔 싯다르타에게 수자타가 유미죽을 올렸는데 그 나무가 아자빨라니그로다 나무라고 전한다. 둘째, 경에서 "세존께서는 우루웰라의 네란자라 강둑에 있는 아자빨라니그로다 아래서 머무셨다."라고 나타나듯이 수자타 집(현재 스투파)과 유미죽을 올린 것을 기념하는 스투파가 강 옆에 있다. 셋째, 6주째 머무신 무짤린다Mucalinda 연못이 대탑에서 남쪽으로 2km 떨어진 모짜림Mocarim 마을에 있듯이 2주째와 5주째 머문 아자빨라 나무도 지금보다는 멀리 떨어

유미죽 봉분탑 앞에서 경전을 읽는 불자들

져 있어야 자연스럽다. 현재 아자빨라 나무가 있었던 유미죽 스투파는 대탑과 2km 떨어져 있고, 수자타 스투파의 동쪽에 있다. 넷째, 아자빨라니그로다는 염소Aja를 보호하는pāla 반얀nigrodha 나무라는 뜻인데 염소목동들이 이 나무아래서 주로 머물렀을 것이다. 오늘날 유미죽 스투파가 있는 동네가 '염소bakraur 마을'로 불리고 있다. 예전부터 이곳에서는 염소를 많이 길렀던 듯하다. 다섯째, 부처님은 아자빨라니그로다 아래서 받은 우유죽을 드시고 바로 앞에 있는 강물로 바루를 씻었다. 강물에 바루를 떠내려 보내며 바루가 강물을 거슬러 흐르면 자신이 깨달음을 얻을 것이라고 예언했는데, 실제로 바루가 강물을 거스르며 거꾸로 흘렀다고 한다. 보드가야에서 45년을 사신 85세의 미얀마 사찰 주지 우 냐네인다 U.Nyaneinda 스님은 부처님이 우유죽을 드시고 발우를 강물에 떠내려 보낸 곳이라는 것을 기념하는 뜻에서 불상을 조성해 놓았다. 이러한 이유로 나는 아자빨라니그로다 나무가 현재 유미죽 스투파가 있는 자리라고 보게 된 것이다.

아자빨라 나무 주변에는 우루웰라 까싸빠가 머물던 곳이고, 싯다르타가 6년 동안 고행했던 숲이 있다. '큰 사자후경'(M12)에는 일반인은 상상하기조차 어려운 부처님의 고행들이 열거되어 있다.

"사리뿟따여, 그렇게 적은 음식 때문에 내가 똥이나 오줌을 누려 하면 머리가 앞으로 꼬꾸라졌다. 또한 사리뿟따여, 그렇게 적은 음식 때문에 내가 내 몸을 편하기 위해 손으로 사지를 문지르면, 털이 뿌리까지 썩어서 몸에서 떨어져 나갔다."

부처님은 천박하고 저열한 고행을 멀리하라고 하셨지만, 순례자가 싯다르타의 고행을 회상하면서 자신의 게으름을 채찍질하고 간절한 정진의 마음을 일으키는 데 이곳만큼 좋은 곳도 없다.

수자타가 유미죽을 올린 곳

현재 유미죽을 받은 스투파는 발굴되지 않은 상태다. 그래서 탑을 소개하는 안내판도 없고 눈에 잘 뜨이지도 않아서 이 스투파를 모르고 지나치는 순례자들이 더 많다. 수자타와 아무런 관계없는 힌두교들이 수자타가 공양 올리는 조각상을 조성해 놓고 '수자타 템플'이라고 부르며 순례자들을 맞이하고 있을 뿐이다. 이 템플 입구에는 책상에 앉아 공부하는 학생들을 연출시켜 보여주며 보시를 강요하고 있어 눈살을 찌푸리게 하고 있다. 수자타 템플에서 멀지 않은 곳에도 힌두 템플이 있는데 이곳에 우루웰라 가섭이 살았다고 하면서 부처님의 고행상을 2곳에 모셔놓았다. 그런데 그 고행상이 하나는 담장밖에 하나는 우물 앞에 모셔져 있어 불자들의 마음을 불편하게 만들고 있다. 힌두 템플에 거주하는 인도인들은 순례하는 불자들에게 보시를 강권하고 있다. 앞으로 불자들이 유미죽을 받은 아자빨라니그로다 나무 주위에서 설해진 많은 경전, 많은 사건을 알게 된다면 더 많은 순례자가 이곳을 찾을 것이다. 때문에 이곳을 찾는 순례자들에게 여행의 편의를 제공해 줄 안내소 혹은 사찰이 필요해 보인다.

참고로 현재 인도·네팔의 불교 성지에는 미얀마 사찰이 60여

개, 태국 사찰이 30여 개, 스리랑카 사찰이 20여 개, 베트남 사찰이 27개, 대만 사찰이 9개 등 다양한 국가의 사찰에서 활발하게 순례자들의 편의를 제공하고 있다. 한국은 인도·네팔에 7개의 사찰이 있으나 공익적인 사찰의 의무를 다하고 있는 곳은 룸비니의 대성석가사, 사왓티의 천축선원, 최근에 개원한 보드가야의 분황사 정도이다. 한국의 경제 수준과 불자 수를 감안할 때 한국 사찰의 숫자는 너무 적고 공익적인 활동은 초라하다. 세계인이 모이는 보드가야 등의 성지에서 한국의 불자들이 더 관심 갖고 활발한 활동을 기대한다.

6년 고행림은 어디인가?

보드가야에서 동북쪽으로 약 15km 떨어져 있는 전정각산前正覺山, Pragbodhi은 '둥게스와리Dhungeshwari'라고 알려져 있다. 이제까지 이곳에서 부처님이 6년 고행하신 것으로 알려져 현재도 부처님의 고행을 떠올리며 많은 분이 참배하고 있다. 그동안 불자님들이 전정각산을 '6년 고행림苦行林'이라고 생각했던 이유는 부처님이 깨닫기 전에 계셨던 산이라는 '전정각산前正覺山'이라는 이름의 뜻과 그림자를 남겼다는 '유영굴留影窟' 등의 유적지를 보고 생각이 굳어진 듯하다. 한국 불자들에게는 정토회(JTS)에서 세운 '수자타 아카데미'도 둘러볼 수 있기에 여러 가지 이유로 다녀올 만한 곳이다. 그러나『대당서역기大唐西域記』를 쓴 현장(602~664) 스님에 따르면 전정각산은 6년 고행의 장소가 아니고, 부처님이 수자타로부터 우유죽乳糜을 얻어 드시고 새로운 방법으로 수행할 곳을 찾다가 거쳐간 장소일 뿐이다. 현장 스님은 유영굴에 대해서 다음과 같이 말하고 있다.

"여래께서 정진하시며 6년 동안 깨달음을 구하셨지만, 정각을 이루지 못하시자 그 뒤로 고행을 버리고 우유죽을 받아서 마셨다. 그후 동북쪽으로부터 올라가서 이 산(전정각산)을 두루 관찰하니 고요하고 그윽한 느낌이 들었다. 그리하여 정각을 증득할 자리를 찾기 위해 동북쪽 언덕으로부터 산을 올라 정상에 이르자 대지가 진동하고 산도 기울고 흔들렸다. 산신이 놀라고 당황하여 보살에게 고하였다. '이 산은 정각을 이룰 만한 복 있는 땅이 아닙니다. 만일

싯다르타가 6년 고행한 고행림은 네란자라강과 모하나강 사이에 있는 숲속이며 그곳에는 수자타 집터가 있다.

이곳에 머물면서 금강정金剛定에 드신다면 땅이 진동하고 함몰하며 산도 기울어지고 말 것입니다.' 보살이 서남쪽으로 내려가 산 중턱의 낭떠러지에서 바위를 등지고 깊은 계곡을 바라보니 거대한 석실이 있었다. 보살이 이곳에 머물면서 가부좌하시니 땅이 다시 진동하고 산이 기울어졌다. 이때 정거천淨居天이 공중에서 소리 높여 말하였다. '이곳은 여래께서 정각을 이루실 곳이 못 됩니다. 이곳에서 서남쪽으로 14~15리를 가시면 고행苦行 장소로부터 멀지 않은 곳에 삡빨라Pippala 나무가 있는데, 그 아래에 금강좌金剛座가 있습니다. 과거와 미래의 모든 부처님께서도 한결같이 그 자리에서 정각을 이루셨습니다. 부디 그곳으로 나아가소서.' 보살이 막 일어나려 하자 석실에 있던 용이 말하였다. '이 방은 청정하고 훌륭해서 성인의 경지를 증득할 만합니다. 부디 자비를 베푸시어 이곳을 버리지 말아주소서.' 보살은 이미 그곳이 정각을 얻을 곳이 아님을 아셨으나 용의 마음을 헤아려 그림자를 남겨두시고 떠나가셨다."

『대당서역기』 8권

전정각산은 고행림이 아니다

현장 스님의 설명처럼 전정각산은 수자타에게 우유죽 공양을 받으시고 기운을 차린 후 올랐던 산일 뿐 6년 고행림은 아닌 것이다. 많은 경전에서 나타나고 있듯이 싯다르타의 6년 고행처는 우루웰라 네란자라Nerañjarā강 근처라고 보는 것이 타당하다. 우루웰라Uruvelā라는 단어자체가 '큰Uru + 강변velā'라는 뜻이고 네란자라Nerañjarā는 깨끗한nelam 물jala이라는 뜻으로 경전에서 표시하고 있듯이 이곳의 물이 예전부터 깨끗했음을 알 수 있다. 우루웰라에는 모하나mohana강과 네란자라강이 흐르다가 만나서 팔구phalgu강을 이루는데 우기철에만 강물이 흐를 뿐 나머지 계절에는 모래사장으로 변한다. '정진경'(Snp3.2)에서 부처님은 "네란자라강의 기슭에서 멍에로부터의 평안을 얻기 위해 힘써 정진하여 선정을 닦았다."라고 말하고 있으며 '성스러운 구함의경'(M26)과 '마하삿짜까경'(M36)에서도 "나는 마가다국을 차례로 유행하면서 마침내 우

유미죽을 올린 곳에서 가까운 수자타 탑.

루웰라 근처의 세나니가마에 도착했다. 거기서 나는 고요한 숲이 있고 아름다운 둑에 싸여 맑게 흐르는 강물이 있고, 주변에 탁발할 수 있는 마을이 있는, 마음에 드는 지역을 발견했다."라고 설명한 후 본격적으로 호흡을 중지하거나 좁쌀로 연명하는 등의 고행하는 모습을 설명하고 있다. 『방광대장엄경方廣大莊嚴經』제18「니련선하품」에서도 싯다르타가 6년 고행할 때 마라가 네란자라강 언덕으로 보살을 찾아왔다고 설명하고 있다. 『보요경普曜經』제17품에서는 33천에 태어났던 마야부인이 천신이 되어 고행하다가 쓰러진 싯다르타를 찾아왔는데 그 장소가 네란자라강의 강둑이라고 나타난다. 현장 스님의 『대당서역기大唐西域記』8권에서는 더욱 구체적인 표현으로 나타난다.

"무짤린다 연못에서 동쪽 숲속에 정사가 있는데 이곳에는 야위고 지친 모습의 불상이 있다. … 이곳은 보살이 고행을 닦던 곳이다. 여래께서 외도를 항복시키기 위해 그리고 마라의 청을 받아들여 이곳에서 6년간 고행을 하셨다."

대당서역기에 나타나는 무짤린다Mucalinda 연못은 현재 대탑 옆에 있는 것이 아니라 남쪽으로 2km 떨어진 곳에 '모짜림Mocarim'이라는 마을에 있는 연못이다. 대탑 옆에 있는 연못은 대탑을 짓기 위해 벽돌을 만드느라 흙을 파내서 생긴 웅덩이일 뿐이다.

싯다르타가 6년 고행한 고행림은 네란자라강과 모하나강 사이에 있는 숲속이며 그곳에는 수자타 집터가 있다. 경전과 수자타 스투파의 위치와 무짤린다 연못의 위치가 발견됨으로써 고행림의 위치가 확인된 셈이다. 싯다르타가 우유죽 공양을 받은 자리에는 발굴되지 않은 스투파가 있는데 이 스투파는 수자타 집터에서 약 700m 떨어졌다. 이 스투파 옆에는 힌두교 템플 Drmanaya temple이 있다. 이 힌두교 템플 담장에 붙어있는 수자타 템플에는 수자타가 부처님께 공양 올리는 조각이 모셔져 있다. 우유죽을 받은 주변의 숲을 포함한 무짤린다 동쪽 숲이 6년 고행림이 되는 것이다. 그곳은 위 지도에 표시된 숲속이다.

무짤리나 동쪽 숲이 6년 고행림

위 지도에 '6년 고행림'이라고 표시된 곳 안에 지금 힌두교 템플이 들어서 있다. 이 힌두교 사원에 사는 힌두교인들은 이곳이 부처님이 6년 고행한 곳이라고 안내하며 템플에 두 분의 고행상을 모셔두었다. 그런데 불상 하나는 담장밖에 모셔두고 다른 하나는 우물 앞에 모셔두었다. 부처님을 존경해서 모신 것이 아니라, 방문하는 불자들에게 보시를 유도하기 위해서 모셔두었다는 인상을 받는다. 티베트 불자들은 이곳이 '부처님의 고행 터'라고 믿으며 이곳을 참배하고 있다. 예전에 성지 순례 가이드 북은 이곳에 있는 우물을 부처님이 독룡과 싸운 곳이라고 소개하기도 했었다. 고행림에 현재 힌두교 템플이 세워져 있지만, 고행림 위치를 이 힌두교 템플로 특정하기는 힘들다. 그러므로 현재 우유죽을 공양받은 스투파 옆이나 남쪽의 어느 지점에 사찰을 지어 참배하게 하면, 굳이

이 힌두교 템플을 참배하는 일은 없을 것이다.

　이곳 고행림은 부처님과 관련하여 많은 사건이 일어났던 곳이다. 우유죽을 공양받은 아자빨라나무가 있던 곳이고, 깨달은 후 5주째 선정을 즐긴 곳이고, 범천의 권청을 받은 곳이고, 부처님을 유혹하는 마라의 세 딸을 물리친 곳이다. 마라의 세 딸은 부처님이 깨닫고 나서 5주째에 아자빨라나무 아래로 찾아온다. 또한 세존이 이곳에서 "참으로 나는 내가 바르게 깨달은 바로 이 법을 존경하고 존중하고 의지하여 머물리라"(S6:2)고 스스로 다짐한 곳이다. 부처님이 깨달은 지 4주째를 보내신 보석집을 현재 보리수 가까이에 만들어 놓았다. 그러나 나의 견해로는 네란자나 건너에 있는 현재 라트나라 강가 비가Ratnara ganga bigha라는 동네가 부처님이 4주째를 보내신 곳이라고 추정한다. 이 마을의 이름이 '보석ratnara'이

보드가야 대탑에서 출토된 불상들이 근처의 마한트 저택에 모셔져 있다.

기 때문이다. 이렇듯이 현재 마하보디 대탑 주위에 만들어진 7주 동안 삼매의 기쁨을 즐기셨다는 곳의 대부분은 예전에 정확한 정보가 없을 때 순례자들의 참배를 위해서 상징적으로 만든 것들이다. 역사적인 사실과는 맞지 않지만, 단체로 참배하는 각국의 바쁜 순례자들은 대탑 안에서 7곳을 전부 둘러볼 수 있으니 편리할 수 있다. 일반적으로 스투파가 들어서면 스투파를 중심으로 동서남북에 승원이 건립된다. 그러므로 대탑 동쪽의 네란자라강 옆 힌두교 사원이나 대탑 북쪽의 힌두교 사원, 서쪽의 마을과 남쪽의 마을도 승원터라고 볼 수 있다.

　6세기에 대탑을 방문했던 현장 스님은 대탑을 중심으로 동서남북이 모두 승원이 있었다고 증언한다. 부처님이 깨달은 지 7주째

작은 저수지가 있는 전정각산 전경

라자야따나 나무 아래서 두 상인이 올린 공양을 받는다. 부처님이 공양을 맨손으로 받을 수 없다고 생각하시자, 바로 사천왕이 4개의 돌 바루를 부처님께 올리고 부처님은 4개를 바루를 하나로 만든다. 라자야따나 나무가 마차가 지나다닐 만한 길옆에 있었다면 현재의 대탑에서 동쪽에 있는 야채 시장에서 무짤린다 연못 사이의 중간쯤 되는 곳이 가장 유력하다. 부처님은 꿀과 음식을 공양한 상인들에게 머리카락을 선물했다고 한다. 이들은 오디샤Odisha에서 온 상인들이라는 설과 미얀마 상인들이었다고 하는 이야기가 전한다. 현재 오디샤에 가보면 많은 스투파가 있지만, 어느 스투파가 부처님의 머리카락을 모신 곳인지는 알려지지 않고 있다. 그런데 미얀마 양곤에는 부처님의 머리카락을 안치했다는 황금사원 쉐다곤 파고다가 있다. 그래서 현재는 미얀마측의 주장이 더 많이 알려져 있고 그들의 주장에 더 많은 힘이 실리고 있다.

우유죽 공양 길 걷기

　보드가야는 불교 성지 중에서 가장 사람이 많이 모이는 곳이다. 깨달음의 종교인 불교이기에 깨달음의 장소인 보드가야가 중요한 것은 당연하다. 그런데 보드가야 순례는 마하보디 대탑에 집중되어 있을 뿐 대탑 주변의 순례 코스는 비교적 알려있지 않다. 현재 여행사들이 주최하는 성지 순례는 9박 10일 정도의 시간 속에서 버스를 대절해서 다니는 순례이기에 걷는 순례 코스가 없다. 그래서 내가 보드가야 주위 밀밭이나 유채꽃밭을 2시간~3시간 걷는 순례 코스를 만들어 보았다. 걷는 순례 코스 '우유죽 공양 길'은 수자타 탑과 우유죽 공양 스투파까지 논밭 길과 마을 길을 걸어서 갔다가 되돌아오는 코스다. 이 코스에서는 부처님이 고행을 포기하고 보리수 아래서 깨달음에 이루시기까지 일어난 사건을 시간 순서대로 살펴볼 수 있다.

싯다르타는 알라라깔라마와 웃따까라마뿟따에게서 선정을 배웠지만, 그 길을 포기하고 우루웰라 네란자라강에 도착하여 고행을 시작한다. 다른 수행자들과 비교할 수 없는 고행을 했지만, 이 고행으로도 깨달음을 얻지 못하자 수자타 보살의 우유죽을 공양받는다. 우유죽으로 기력을 회복하여 마지막 수행을 하고자 전정각산에 올랐으나 수행처로 마땅하지 않아서 산을 내려와 보리수 아래에서 마지막 수행을 한다. 구체적인 우유죽 공양길 코스를 아래 지도처럼 설명해보자.

마하보디소사이어티 사찰에 집합하여 인사를 나누고 보드가야 대탑을 지켜온 역사를 공부한다. 4대 성지 중에서 입장료를 내지 않고 순례할 수 있는 곳은 보드가야와 꾸시나가라가 유일하다. 꾸시나가라 열반당의 입장료가 무료인 것은 미얀마 스님들의 헌신적인 노력 때문이다. 꾸시나가라 열반당은 12세기 무슬림의 침공으로 폐허가 되었는데 1861년 알렉산더 커밍함Alexander Cunningham이 발굴을 시작하였고 1956년 미얀마 스님들이 재건해 현재의 모습을 갖추게 됐다. 열반당 바로 옆에 미얀마 사찰이 있는 것도 미얀마 스님들이 일찌감치 열반당 복원에 참여했기 때문이다.

보드가야 대탑 입장료가 무료인 이유

보드가야 대탑 입장료가 무료인 것은 스리랑카 출신인 아나가리까 담마팔라의 노력 덕분이다. 그는 1892년에 꼴까따에 마하보디 협회Maha Bodhi Society를 설립하고 보드가야의 대탑의 관리권을 찾기 위해서 브라만 사제들을 상대로 소송을 제기하는 등 법적인 투쟁을 이끌었다. 그의 노력으로 1949년 보드가야 사찰 관리 위원회Bodhgaya Temple Management Committee가 만들어지고 9인으로 구성된 위원회가 대탑을 관리하게 된다. 마하보디 협회 마당에는 아나가리까 담마팔라 동상이 세워져 있다. 이어서 대탑을 지나쳐서 걸으면 대탑 뒤편에 있는 마한트 저택이 나온다. 마한트 저택의 사암으로 만들어진 불상은 모두 대탑에 있었던 것으로 문화재적 가치가 뛰어나다. 현재 대탑 1층 법당 안에 모셔진 항마촉지인의 본존불도 마한뜨 저택에 있던 것을 되찾아 온 것이다.

마한뜨 저택에서 불상을 관람하고 동쪽의 쪽문을 통해 나오면 항상 모래가 드러나 있는 네란자라강을 걸어서 건너게 된다. 네란자라강은 부처님이 고행하던 시절과 마지막 수행을 하기 위해서 건넌 유서깊은 곳이다. 『금강경』에 나오는 바라나시의 갠지스강 모래보다는 네란자라강 모래를 부처님은 더 자주 더 많이 밟았다.

네란자라강을 건너면 부처님께 꾸사풀을 바친 솟티야 청년을 기념하기 위해 만든 솟티야 템플이 나온다. 솟티야가 부처님께 꾸사풀을 바치는 조형물이 조잡하게 시멘트로 만들어져 있다. 그러나 이곳은 솟티야 템플이 세워질 자리가 아니다. 솟티야가 꾸사풀을 이쪽에서 잘라서 1km에 가까운 강을 건너서 대탑주변 보리수 밑으로 가지고 갔다는 것이 상식적으로 적절치 않다. 부처님께 꾸사풀을 올린 장소는 강 건너인 보리수 근처라고 보는 것이 타당하다. 이곳 솟티야 템플은 꾸사풀과 소티야를 상기시켜 주는 소재로만 여기면 족할 것이다.

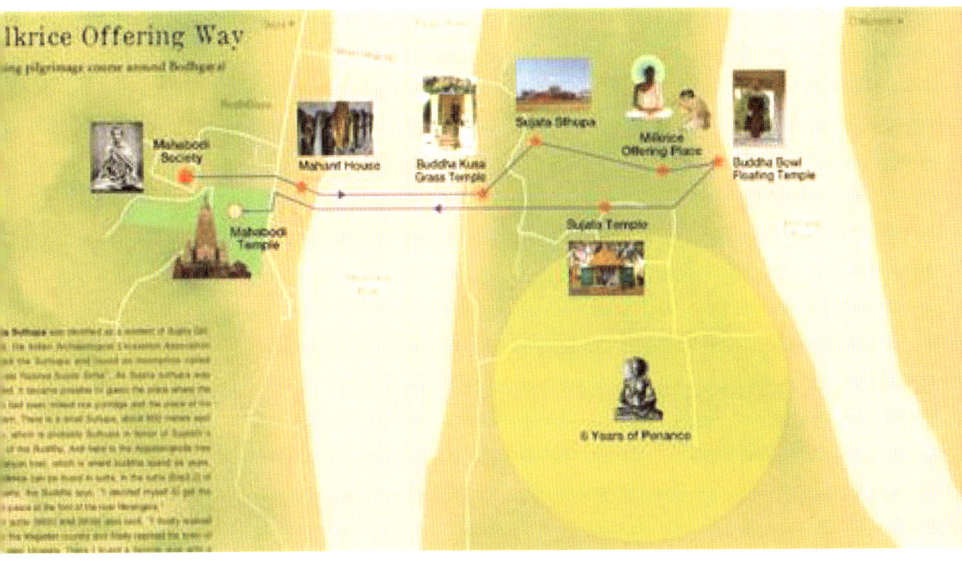

마하보디소사이어티 사찰 → 마한트저택 불상 → 네란자라강 건너기 → 꾸사풀을 바친 솟티야 템플 → 수자타탑(집터) → 우유죽 탑(고행림) → 발우를 씻은 곳(미얀마 불상) → 수자타 템플(힌두교사원 뒤) → 네란자라강 건너기 → 마하보디 대탑 → 깨달음 후 7주 보낸 곳 → 회향

솟티야 템플에서 바끄라우르bakraur 마을을 통과하여 수자타 탑으로 간다. 수자타 탑은 수자타 집터로 1973년부터 인도고고학회에서 2년 동안 조사했는데 이 탑에서 "Devapala Rajasya Sujata Griha"라는 명문이 발견되었다. 데와빨라는 9세기 빨라Pala 왕조의 왕으로 아마도 데와빨라 왕이 수자타 집Sujata Griha에 세워진 이 탑을 확장복원하면서 이 명문을 적은 것으로 추측된다. 이 명문으로 이곳이 수자타 탑으로 확인됨에 따라 이곳을 기점으로 우유죽 공양터 및 고행림의 위치를 추측할 수 있게 되었다. 수자타 탑에서는 '성스러운 구함의 경'(M26) 또는 '마하삿짜까경'(M36)을 독송한다.

수자타가 우유죽을 끓여 운반하기 위해서는 수자타 집터부터 공양터까지의 거리가 너무 멀어서는 안 된다. 싯다르타가 고행을 포기한 고행림에서도 멀지 않은 곳이어야 한다. 수자타 탑에서 동쪽으로 직선 700m 거리에 작은 스투파가 있는데 이곳은 부처님이 우유죽을 받은 아자팔라니그로다(염소치기 반야나무)와 고행림으로 추정된다. 그 증거는 첫째 '정진경'(Snp3.2)에서 부처님은 "네란자라강의 기슭에서 멍에로부터의 평안을 얻기 위해 힘써 정진하여 선정을 닦았다."라고 말하고 있으며 '성스러운 구함의 경'(M26)과 '마하삿짜까경'(M36)에서도 "나는 마가다국을 차례로 유행하면서 마침내 우루웰라 근처의 세나니 마을에 도착했다. 거기서 나는 고요한 숲이 있고 아름다운 둑에 싸여 맑게 흐르는 강물이 있고, 주변에 탁발할 수 있는 마을이 있는, 마음에 드는 지역을 발견했다."라고 설명하기 때문이다. 『보요경普曜經』 제17품에서는 33천에 천신으로 태어났던 마야부인이 극심한 고행을 하다가 쓰러진 싯다르타를 찾아오는 장면이 있는데 그 장소가 네란자라 강둑이라고 나타난다. 현장 스님이 쓴 『대당서역기』의 기록을 보면 "무짤린다 연못에서 동쪽 숲속에 정사가 있는데 이곳에는 야위고 지친 모습의 불상이 있다. … 이곳은 보살이 고행을 닦던 곳이다. 여래께서 외도를 항복시키기 위해 그리고 마라의 청을 받아들여 이곳에서 6년간 고행을 하셨다."라고 나타난다.

네란자라강을 건너가서 나무를 해오는 소녀들

"마라여, 내게는 믿음과 정진과 지혜가 있다."

이렇게 아자빨라 나무는 부처님이 우유죽을 받아 드시고 5주째 선정을 즐기고 8주째 다시 오셔서 범천의 권청을 받은 곳이고, 마라의 세 딸을 물리친 자리이며 "참으로 나는 내가 바르게 깨달은 바로 이 법을 존경하고 존중하고 의지하여 머무르리라."(S6:2)라고 스스로 다짐한 곳이기도 하다. 우유죽을 받은 스투파에서 동쪽 모하나강으로 1백여 미터 가면 부처님이 우유죽을 드시고 발우를 씻은 곳이 나타난다. 이곳에 미얀마 스님이 발우를 쥐고 있는 불상을 세워 놓았다. 이 불상 앞에서 '정진경'(Snp3.2), '고행경'(S4:1), '아름다움경'(S4:3), '권청경'(S6:1), '우루웰라경'(A4:21) 등을 독송하고 좌선하는 시간을 갖는다. 독송을 마치고 대탑으로 돌아갈 때는 다시 바끄로 마을을 통과하여 네란자라강을 건넌다. 대탑을 참배하고 대탑에서 부처님이 깨달은 오도송과 깨달은 후 49일 동안 자리를 옮겨 다닌 곳을 참배한다.

부처님은 고행을 포기한 후 어릴 때 농경제에 나아가서 경험했던 선정禪定을 기억해 낸다. 선정의 즐거움은 수행에 방해되는 것이 아니라고 자각하고 중도의 통찰 수행을 시작하신다. 우선 몸을 추스르기 위하여 수자타에게 공양을 받으시고 기운을 차린 뒤 전정각산에 올라서 수행터를 찾는다. 그곳 산중턱에 동굴에서 자신의 그림자를 남겨두고 천신의 안내로 보리수로 오신다. 보리수 아래에서 마라가 공덕을 지으라고 유혹하지만, 부처님은 '정진경'(Snp3.2)에서 "나는 털끝만큼의 공덕을 이루는 것도 필요치 않다."고 단호하게 대답한다.

"마라여! 공덕을 필요로 하는 자들에게 공덕을 말하라.
내게는 믿음과 정진과 지혜가 있다.
그대는 나에게 어찌하여 목숨의 보전을 묻는가?
나의 정진은 흐르는 강물조차 마르게 할 것인데
어찌 나의 피가 어찌 마르지 않겠는가."

싯다르타는 목숨을 건 정진 끝에 보리수 아래서 깨달음을 얻는다. 깨달음을 얻고 1주일씩 7주, 49일 동안 일곱 곳을 옮겨 다니며 깨달음의 기쁨을 누리신다. 현재 그곳은 대탑 주위에 위치하고 각 장소에 영어와 힌디어로 안내판이 붙어있다. 그러나 대탑 옆에 있는 무짤린다Mucalinda 연못은 대탑에 사용될 벽돌을 만들기 위해 파내서 생긴 웅덩이고 실제로 무짤린다 연못은 대탑의 남쪽 2km 떨어진 모짜림Mocarim 마을에 있다. 이 모짜림 마을의 무짤린다 연못 동쪽에 고행림이 있다는 현장의 기록은 경전에 나타나는 고행림과 정확하게 일치한다.

연기법의 순관과 역관

　보리수 아래서 부처님이 깨달음을 얻은 그 날밤, 부처님에게 무슨일이 일어났는지 알려고 한다면 율장 대품 '보리수 이야기'를 독송하기 바란다. 부처님은 깨달음을 얻은 그 날밤, 보리수 아래서 초야初夜, 중야中夜, 후야後夜에 각각 십이연기를 순관하고 역관하면서 자신의 깨달음을 게송으로 남긴다. 초야에 있었던 사건을 옮긴다.

"…한때 세존께서는 바르고 원만한 깨달음을 얻은 직후, 우루웰라의 네란자라 강가에 있는 보리수 아래에 계셨다. 그때 세존께서는 보리수 아래서 7일 동안 홀로 가부좌를 하고 해탈의 지복을 누리며 앉아있었다. 세존께서는 밤의 초야에 연기법의 순관과 역관에 대하여 정신활동을 기울였다.
'무명을 조건으로 형성이 생겨나고, 형성을 조건으로 의식이 생겨나고, 의식을 조건으로 명색이 생겨나고, 명색을 조건으로 여섯 가지 감역이 생겨나고, 여섯 가지 감역을 조건으로 접촉이 생겨나고,

접촉을 조건으로 느낌이 생겨나고, 느낌을 조건으로 갈애가 생겨나고, 갈애를 조건으로 집착이 생겨나고, 집착을 조건으로 존재가 생겨나고, 존재를 조건으로 태어남이 생겨나고, 태어남을 조건으로 늙음과 죽음, 슬픔, 비탄, 고통, 근심, 절망이 생겨난다. 이 모든 괴로움의 다발들은 이와 같이 해서 생겨난다.
그러나 무명이 남김없이 사라져 소멸하면 형성이 소멸하고, 형성이 소멸하면 의식이 소멸하며, 의식이 소멸하면 명색이 소멸하고, 명색이 소멸하면 여섯 가지 감역이 소멸하며, 여섯 가지 감역이 소멸하면 접촉이 소멸하고, 접촉이 소멸하면 느낌이 소멸하며, 느낌이 소멸하면 갈애가 소멸하고, 갈애가 소멸하면 집착이 소멸하며,

"나의 정진은 흐르는 강물조차 마르게 할 것이다."

집착이 소멸하면 존재가 소멸하고, 존재가 소멸하면 태어남이 소멸하며, 태어남이 소멸하면 늙음과 죽음, 슬픔, 비탄, 고통, 근심, 절망이 소멸한다. 이 모든 괴로움의 다발들은 이와 같이 해서 소멸한다.'
그리고 세존께서는 그 사실을 자각하고 때맞춰 감흥 어린 시구를 읊으셨다.
'참으로 열심히 선정을 닦는 수행자에게 확연히 진리가 나타날 때 모든 의혹이 사라진다. 모든 법들이 원인sahetu을 갖는다는 사실을 분명히 알았기에.'…"

바라바르(Barabar) 동굴

'바라바르Barabar' 동굴은 가야에서 북쪽으로 23km, 보드가야에서는 35km 떨어진 곳에 있다. '바라바르'라는 이름이 우리나라 말인 '바라봐'로 들리기 때문에 한번 들으면 깊이 각인되는 듯하다. 마치 부처님이 이곳에 서서 마가다국을 바라보시며 "마가다국을 바라봐라!"라고 말하였을 것 같다. 현장 스님은 파트나에서 가야로 내려오는 길에 이곳을 들렸는데 수많은 바위가 늘어선 '바라바르' 산을 『대당서역기』에서 다음과 같이 표현하고 있다.

"구름이 짙게 드리우고 암석이 늘어선 것이 마치 신선들이 기거한 곳과 같다. 독사와 포악한 용이 덤불 속 굴에 살고 있으며 사납고 거친 금수들이 그 숲속에서 둥지를 틀고 있다."

이곳에서 부처님이 멸진정滅盡定에 드셨던 것을 기념하기 위해서 산 정상에는 10여 척에 달하는 스투파가 세워져 있었다고 전한다. 또한 이 산의 동쪽에서 부처님이 마가다국을 그윽이 돌아다보셨던 곳이라고 한다. 1400년 전 현장 스님과 마찬가지로 바라바르산에 가까이 가자 눈앞에 펼쳐지는 바위산의 장관을 보며 우리는 함성을 터트렸다. "인도에 이런 곳이 있었네!" 주위에는 온통 둥근 바위들만 보였다. 아소까왕이 아지와까 수행자들에게 만들어 보시했다는 동굴들을 보기 위해서는 바위산 정상에 올라가야 한다. 커다란 바위에는 사람 보폭에 맞춘 계단이 만들어져 있다. 아소까왕을 위해서 만들어진 계단이라 한다. 주변에서 부축하고 싶어도 할 수 없는 계단이어서 천하의 아소까왕도 여기서는 혼자 힘으로 가파른 산을 오르내렸을 것이다. 계단을 따라 산에 오르니 거대한 악어 형상의 거대한 바위가 길게 드러누워 있다. 이 바라바르 산에는 동굴이 4개가 있고 맞은 편 나가르주나 산에는 3개의 동굴이 있다.

아소까왕이 보시한 동굴

바라바르 산에 있는 동굴은 아소까왕이 만들어서 사명외도邪命外道라고 불리운 아지와까Ajivaka에게 기증한 것들이고, 나가르주나 산에 있는 동굴은 아소까의 손자 다샤라타Dasharatha가 만들어 아지와까에게 기증한 것이다. 바라바르산에서 가장 시선을 사로잡는 석굴은 로마스 리쉬Lomas Rishi인데 석굴 입구에 아치 양식

아소까왕이 자이나교 수행자들에게 기증한 바라바르 동굴

바라바르 동굴 내부.

으로 보리수잎 모양이 새겨져 있고 보리수잎 끝에는 사리함이 조각되어 있다. 이 보리수잎 모양은 그 뒤에 만들어지는 아우랑가바드의 아잔타 동굴, 뭄바이 근처의 깐헤리 동굴, 바자 동굴 등에 나타나는 보리수잎 모양의 모델이 된다. 목조 건축양식으로 조각된 창문 아래에는 좌우에 코끼리 다섯 마리가 중앙을 향해서 걷고 있다. 아름다운 입구를 가지고 있음에도 그러나 이 동굴은 완성작이 아니다. 아마도 천정에 보이는 굵은 틈새가 이 동굴을 계속 파지 못하도록 했을 것이다. 완성하지 못하였기에 이 동굴에는 브라흐미 비문이 새겨져 있지 않다. 이 동굴 바로 옆에는 아무런 장식이 없는 수담마Sudama 석굴이 있는데 이 동굴 안쪽에는 브라흐미 글자로 "삐야다시 왕은 왕위에 오른지 12년에 이 동굴을 아지와까 교단에 기증하였다."라는 명문이 새겨져 있다.

　이 석굴들의 표면이 얼마나 매끄러운지 벽면에 거울 효과가 나타난다. 이 반짝이는 동굴이 지금으로부터 2300년 전에 만들어진 것이라니. 아소까왕이 즉위 8년에 깔링가 전투 등 지속적인 정복 전쟁으로 수많은 이들을 죽음으로 내몬 것을 후회하며 불교에 귀의한다. 아소까왕은 즉위 10년에 성도지 보드가야를 처음 순례하고, 즉위 12년에 전국의 바위에 칙령을 새기기 시작한다. 즉위 20년에 룸비니를 순례하고 즉위 26년에 성지에 석주 세우는 일을 마친다. 아소까왕이 본격적으로 순례를 시작하여 첫 방문지로 보드가야에 오기 2년 전에, 이곳 바라바르산에 와서 석굴을 만들도록 한 것이다. 아마도 아소까의 아버지 빈두사라왕이 아지와까 신도였고 바라바르 동굴이 당시 수도인 빠딸리뿟따에서 멀지 않은 곳에 위치하였기에 이 동굴을 가장 먼저 만들어 아지와까 승단에 보시했을 것이다.

석굴은 둥근천장을 가진 직사각형의 큰 방이 있고 그 옆에는 돔형의 작은 방이 있다. 큰 방에는 100여 명 정도가 들어올 수 있고 작은 방에는 10여 명이 들어갈 수 있다. 안쪽에 있는 작은 방은 스승이 머물던 방이다. 석굴 입구로 햇살이 들어와 방안을 은은하게 비추고 있다. 석굴 안에 있는 사람은 마치 현실 같은 꿈속에 서 있는 듯하다. 석굴은 겨울에는 따듯하고 여름에는 시원하므로 수행자들이 가장 선호하는 수행처였을 것이다.

브라흐미 글자가 새겨진 비명

바라바르 동굴의 중요한 가치는 동굴 입구에 새겨진 브라흐미 글자에 있다. 아소까왕은 7년 후에 이곳을 다시 방문해서 바위 반대편에 있는 까란 차우빠르Karan Chaupar 석굴에도 "삐야다시 왕은 왕위에 오른 지 19년에 매우 쾌적한 깔라띠까 언덕에 있는 동굴을 고행자들이 우기철에 홍수를 피해 머물 수 있도록 기증했다."는 명문을 새겼다. 우리는 이 비문을 통해서 아소까왕이 즉위 12년과 19년에 이곳에 왔다는 사실과 동굴의 이름, 아지와까 수행자들에게 기증했다는 것을 알 수 있다. 불교에 귀의하여 스스로를 우빠사까라고 지칭하던 아소까왕이 가장 먼저 만든 석굴을 아지와까 교단에 기증하고 7년 후에도 다시 석굴을 기증했다는 것은 아소까의 보시가 즉흥적인 기부가 아니라는 것을 보여준다.

lā'ja piyadasī ekunavī
sati-vasābhisite jalūṭham
āgamithā tata iyam kubhā
su[p]i[y]ekha (ājivikehi) [di]
nā 卍↑

"When King Priyadarsin had been annointed
19 years, he went to Jalūṭha
and then this cave (called)
Supriyekṣā, was given to the Ajivikas."

브라흐미 글자로 된 이 비문을 통해 아소까왕이 즉위 12년과 19년에 바라바르 동굴에 왔고,
아지와까 수행자들에게 기증했다는 것을 알 수 있다.

   이 바라바르산에는 총 네 개의 석굴이 있고 동쪽 나가르주나 산에는 직사각형 모양의 석굴이 세 개가 더 있다. 나가르주나 산에 있는 석굴은 아소까의 손자 다샤라타Dasaratha왕이 석굴을 기증한 것이다. 이 세 개의 석굴에는 모두 브라흐미 글자가 새겨진 비명이 있는데 "해와 달만큼 오랫동안 지속될 피난처인 고피카 동굴은 데와남삐야 다사라타가 왕위 즉위식을 기념하여 아지와까 교단을 위해 만들었다."고 쓰여있다. 손자까지 할아버지를 본받아 석굴을 기증한 것이다. 놀랍게도 불멸후 400년 경에 나타났던 밀린다팡하에서도 이 브라흐미 글자가 새겨진 것에 대한 기록이 보인다. 밀린다왕은 나가세나에게 다음과 같이 묻는다.
   "대왕이여, 예전에 띳싸 장로라는 '글씨를 새기는 사람lekhācariyo'이 있었습니다. 그가 죽은 지 여러 해가 지났는데, 어떻게 그가 알려집니까?"

바라바르(Barabar) 동굴

"존자여, 그가 새겨놓은 글씨Lekhena를 통해서입니다."

여기에 등장하는 띳싸 장로tissatthero는 제3차 결집을 주도한 인물이고 아소까왕과 성지 순례를 하던 목갈라나 띳싸 스님을 말한다. 아소까왕 당시에는 종이가 없었기에 띳싸 장로는 아소까왕의 명령을 받들어 석주石柱와 바위에 칙령을 새겨놓았다. 나가세나가 띳싸 장로를 글씨를 새기는 사람이라고 표현하는 것으로 보아 띳싸장로가 돌에 직접 글씨를 새겼거나 새기는 작업의 책임을 맡았을 것으로 보인다. 부처님 성지에 세워진 석주에는 주로 "여기에서 사까무니 부처님이 태어났기에 석주를 세운다." "승가의 화합을 저해하는 자는 흰 옷을 입혀서 내쫓아야 한다." 등 성지에서 발생한 사건이나 교훈을 적어놓았고, 불교 성지가 아닌 큰 길가에 세워진 석주에는 "어머니와 아버지에게 순종하고, 웃어른을 공경하고, 브라흐민과 사문에게 존중하고, 가난하고 불행한 사람들에게 자비를 베풀라."는 내용이 새겨져 있다. 아소까왕(304~232 BC)이 바위 칙령을 새기기 시작한 기간과 밀린다왕의 재위기간(165~130 BC)은 약 100년 정도 차이가 있다. 나가세나와 밀린다왕은 아소까 석주와 바위에 브라흐미 글자, 혹은 그리스 글자로 새겨진 선명한 아소까 칙령을 보았을 것이다.

또 한가지 놀라운 것은 부처님이 어린 시절에 배웠고, 부처님 사리함에도 나타나는 브라흐미 글자가 우리나라의 훈민정음에도 상당한 영향을 끼쳤다는 것이다. 훈민정음 혜례본에는 君(군), 快(쾌), 虯(뀨), 業(업), 斗(두), 呑(탄), 覃(담), 那(나) 등으로 자음 순서를 설명하고 있는데, 이것은 브라흐미 문자가 까ka, 카kha, 가ga, 응아na, 따ta, 타tha, 다da, 나na 등으로 설명되는 자음순서와 발음이 같다. 어금니(牙音)에서 시작하여 입술(脣音)로 내려오는 조음調音 위치도 같고 양쪽 모두 무성음으로 시작해서 비음으로 끝난다. 자음과 모음을 결합하여 단어를 만드는 방법도 같다. 훈민정음처럼 브라흐미 문자도 양성모음(k, ㅑ)을 자음의 오른쪽에 붙이고 음성모음(ㅓ, ㅕ, ㅖ)을 왼쪽에 혹은 아래쪽(ㅜ, ㅠ)에 붙인다. 또한 받침으로 사용되는 억제음ṁ은 자음에 따라서 ㅇ, ㄹ, ㅁ 이라는 받침으로 변한다. 훈민정음과 브라흐미 문자의 연관성은 앞으로 꾸준히 연구해 볼 가치가 있다.

현재 바라바르산 정상에 있었던 10여 척 높이의 스투파가 있었던 자리에는 힌두교 사원이 세워져 있고 부처님이 이곳에서 멸진정滅盡定에 드셨다는 사실은 잊혀졌다. 부처님이 마가다국을 그윽이 돌아다보셨던 곳이 어디쯤이었는지 감을 잡을 수 없다. 바라바르산의 아름다움과 가장 오래된 석굴과 산 정상에 세워진 힌두교 사원 때문에 많은 인도인이 찾는 곳이다. 아직은 부처님의 발자취를 좇아 이곳을 순례하는 불자들은 드물다. 앞으로 불자들이 이곳을 순례하며 아소까왕의 평등한 마음을 배우고, 가장 오래되었지만 가장 빛나는 석굴에 한동안 앉아도 보고, 부처님이 마가다국의 풍경을 바라보셨듯 순례자들도 마가다국의 들판을 바라보는 시간을 갖기를 바란다. "바라바르산에서 부처님처럼 바라봐!"

아수라 동굴과 붓다와나

빔비사라왕이 천명의 아라한과 함께 라자가하로 들어오시는 부처님을 마중나온 제티얀Jethian에서 가까운 곳에 부처님이 머무른 두 곳이 있는데, 바로 아수라 동굴Asura cave과 붓다와나Buddhavana이다. 아수라 동굴은 빔비사라왕이 부처님을 마중 나와서 만났던 제티얀에 북쪽으로 3km 정도 떨어진 산기슭에 있다. 아수라 동굴을 가기 위해서는 마을의 초등학교에서 출발하여야 한다. 순례길에 우리는 차 트렁크에 과자를 두 박스 사서 실었다. 시골에서 만나는 맑은 눈을 가진 아이들에게 무엇이라도 주고 싶은데 돈을 주는 것은 서로에게 좋지 않다고 생각되고, 대가 없이 돈을 주는 것은 아이들에게 좋지 않은 영향을 줄 것이라는 가이드 디빡 아난다Deepak Ananda의 충고도 받아들인 결과였다. 순례하다 보면 두려운 듯 궁금한 듯 맨발로 뛰어나와서 외지인을 바라보는 시골 아이들을 어디서나 만나게 된다.

　우리 일행이 초등학교에 도착하니 아이들이 우리를 보려고 다가왔다. 보드가야에서 만나는 아이들처럼 구걸하지 않았지만, 외지인이 낯설지만 않은 표정이었다. 우리가 아수라 동굴로 오르기 위해 초등학교에 도착하자 반얀 나무 아래서 물소와 놀던 아이들은 물소 등에 누워서 우리를 쳐다보았다. 세 명이 한 마리의 소를 타고 노는 모습은 참으로 인상적이었다. 아수라 동굴을 오르기 시작하자 어디에서 나타났는지 청년과 어른과 아이들 10여 명이 나타나 우리들을 안내했다. 산 중턱에 올랐을 때는 그 수가 배로 더 늘어 있었다. 처음에는 이들도 산에 볼일이 있어 올라가는 사람인 줄 알았다. 그런데 우리의 손을 잡아주고 우리가 동굴에 도착하여 참선할 때 반대쪽에 앉아서 우리만을 구경하는 이들을 보니 우리 때문에 산에 오른 것이 분명해 보였다. 아무도 찾지 않는 작은 마을에 최근에 아수라 동굴을 찾는 사람들이 나타나면서 가이드 일은 이들에게 새로운 용돈 벌이가 된 듯하다.

현장 스님이 남긴 일화들

　동굴의 크기는 생각보다 크고 깊었다. 우리가 오기 전 일본인 그룹이 다녀갔고 그전에는 태국 불자와 베트남 불자들이 다녀갔다고 아수라 동굴을 지키는 인도인이 알려줬다. 아수라 동굴에 대해 현장 스님은 『대당서역기』에 다음과 같은 기록을 남기고 있다.

"산벽山壁 석실은 매우 넓어서 천여 명이 앉을 수 있을 정도이다. 옛날 여래께서 재세 시 이곳에서 석 달 동안 법을 설하셨다. 석실 위에 커다란 반석이 있는데, 이것은 제석과 범왕이 우두전단을 빻아서 부처님의 몸에 바르고 장식하였던 곳으로 돌에는 남은 향기가 지금도 풍기고 있다. 석실의 서남쪽으로 암굴이 있는데, 인도에서는 이것을 아수라 궁전이라고 한다."

현장 스님의 증언처럼 동굴 안에 1천여 명이 들어차도 될 것 같고, 동굴 중앙에는 전단향을 빻는 데 사용했다는 커다란 반석이 있다. 동굴 안으로 들어가니 현장 스님이 이야기한 암굴이 있었는데 히터를 틀어놓은 것처럼 열기가 후끈거렸다. 이렇게 열기 때문에 아수라 궁전이라는 이름이 붙었나 보다. 마을 가이드들은 박쥐들 때문에 더운 것이라고 설명했다. 아수라 동굴에서 바라보는 전망은 우리나라 명당의 그것처럼 툭 터져있어 호방하면서도 앞에는 수평선 같은 산등성이가 감싸고 있어 안온한 느낌이 들었다. 눈앞에 펼쳐진 광경, 산등성이에 둘러싸인 너른 들판과 연못은 그 자체로 삼매에 든 듯했다. 현장 스님의 기록처럼 동굴에 오르기 위해 계단을 쌓은 흔적이 남아 있다. 산에서 내려와 우리는 가져간 비스킷을 마을 아이들에게 나누어주었다. 늦게 나타나 비스킷을 못 받은 아이 한 명이 줄기차게 차를 따라서 달려왔다. 포기하지 않고 큰길까지 달려온 아이에게 10루피를 주었다. 제티얀에서 아수라 동굴은 왕복 2시간 이상의 시간이 소요되기 때문에 아수라 동굴을 방문하려면 반나절의 시간을 할애해야 한다. 현장 스님은 아수라 동굴과 관련하여 다음과 같은 재미있는 일화를 남기고 있다.

"옛날에 일을 꾸미기 좋아하는 사람好事者이 있었는데, 그는 주술에 깊이 통달해 있었다. 그를 포함한 열네 명의 동료들이 뜻을 함께하기로 약속하고 이 암굴로 들어갔다. 그런데 굴 안이 갑자기 크게 밝아지면서 성읍과 누각이 보였는데, 이 모든 것은 금·은·유리로 만들어졌다. 이 사람들이 그곳에 도착하자 소녀들이 문 옆에서 기다리고 서 있다가 그들을 기쁘게 맞아들이며 융숭한 예로 접대하였다. 이에 점차 앞으로 나아가서 성안에 이르렀는데, 성문에는 두 명의 하녀가 각자 금쟁반을 받쳐 들고 있었다. 쟁반 위에는 온갖 꽃과 향이 넘치도록 담겨 있었는데, 그들은 이 쟁반을 든 채 기다리고 있다가 그들이 도착하자 말했다. '연못에 들어가서 목욕하

제티얀에서 가까운 곳에 있는 붓다와나 동굴

시고 향을 바르고 꽃을 머리에 꽂으신 후에 들어가신다면 더 좋을 것입니다. 그렇지만 오직 저 술사術士만큼은 곧바로 앞으로 나아가소서.' 그리하여 남은 열세 명이 목욕하려고 못에 들어가자 황홀한 기분에 사로잡혀 그대로 마치 모든 것이 기억 속에서 지워지는 듯하였다. 그러다 문득 정신을 차리고 보니 논 한 가운데에 앉아있는 자신들을 발견하였다."

부처님이 오셔서 머무셨던 곳

제티얀에서 남서쪽으로 7km쯤에 아예르Ayer 마을에 부처님의 숲이라고 이름하는 붓다와나Buddhavana가 있다. 이곳은 바위산이 병풍처럼 늘어서 있어 멀리서 보기에도 아름다운 산이다. 차를 타고 산으로 다가갈수록 아름다움에 저절로 탄성이 나왔다. 급기야 우리는 차에서 내려서 연못과 산을 배경으로 사진을 찍었다. 우리가 산밑에 도착하자 마을 사람들이 환영이라도 하듯이 마중을 나와 있었다. 이곳을 방문하는 사람들이 제법 있었는지 아이들 중 몇몇은 수줍게 루피를 달라고 손을 내밀었다. 마침 우리가 찾아간 그날, 산에서 새로운 불상을 발견했다고 하는 아이가 있어 가이드의 조언을 받아들여 그 아이에게 상금을 주고 칭찬하는 행사를 가졌다. 다음에 방문할 때는 유물을 발견했다는 아이들이 더 늘어날지도 모르겠다. 현장 스님은 붓다와나에 대해서 다음과 같은 기록을 남겼다.

"산봉우리와 절벽이 높이 우뚝 솟아있고 벼랑은 한없이 깊다. 바위 사이에 있는 석실은 부처님께서 일찍이 이곳에 오셔서 머무셨던 곳이다. … 이곳에는 오백 명의 나한들이 보이지 않게 깃들어 있는데, 부처님의 가피를 입은 사람이면 이따금 오백 나한을 보기도 한다. 어느 때는 사미의 모습을 하고 마을로 들어가서 걸식하는데, 나타났다가 숨는 그 신비하고 영묘靈妙한 자취는 일일이 기술하기 어려울 정도이다."

이곳에 오백 나한이 깃들어 사는 이유가 이곳 경관이 아름다워서가 아닐까, 라는 생각이 든다. 언젠가 이곳에 나한을 모시는 사찰이 들어설는지도 모르겠다. 바위 사이에 있는 석실은 크고 넓었지만 높이는 낮았다. 석실에 들어가 앉아있으니 전망이 좋고 편안하고 시원하여 나오기가 싫었다. 가이드는 석실 옆에 나뒹구는 벽돌 조각을 보여주며 이곳에 큰 탑이 있었다고 말해주었다. 이곳뿐만 아니라 산 곳곳에는 스투파의 흔적인 벽돌 조각이 발견되고 있었다. 이 마을의 촌장 집에는 이곳에서 발견된 유물들을 보관하고 있었는데 문화재를 지키는데 남다른 정성을 보였다. 깨진 파편이지만 불상 조각이 인상적이다. 문화재를 모으고 지키는 촌장에게 격려금을 주려고 했더니 촌장은 손사래를 치며 한사코 받지 않았다. 다시 방문해 달라는 말만 여러 번 하였다. 인도에 와서 돈을 거절하는 인도인을 만난 것은 처음이다.

'붓다와나'와 '아수라 동굴'은 순전히 현장 스님의 기록에 따라 발견된 곳들이다. 유적지에 남아있는 벽돌이나 깨진 불상들로 이곳이 스투파나 사원이었음을 알게도 되지만, 그 유적에 얽힌 사연이나 이름 등은 현장 스님의 기록이 아니었다면 알 수가 없었을 것이다. 지금도 현장 스님의 기록에 따라 새로운 성지들이 발견되고 있다. 현장 스님은 제티얀 근처 온천에 대해서도 언급해 놓았다. 온천은 라지기르 쪽으로 산언덕을 넘어서 남쪽 마을 근처에 있는데 오늘도 따뜻한 물이 흘러나오고 있다. 이곳에서 마을 사람들이 온천물로 목욕도 하고 빨래도 하는데 빨래를 많이 한 탓에 고여있는 물은 깨끗하지 않다.

제티얀에서 가까운 곳에 있는 아수라 동굴

탄생지 룸비니

 룸비니는 까삘라왓투 왕궁에서 마야 부인의 친정 데와다하를 가기 전 중간에 있다. 어린 왕자 싯다르타가 태어난 장소에는 마하데위 사원이라 불리는 철재 보호각이 세워져 있다. 바닥에는 큰 크기의 납작한 벽돌이 보이고 벽은 기울어져 있어 발굴 당시 모습을 고스란히 보여주고 있다. 바닥에 있는 벽돌 크기를 잘 기억해 두면 다른 스투파를 방문할 때 아소까 대왕(304~232 BC) 때 세운 것인지 아닌지를 판단하기에 좋다. 아소까 시대의 벽돌은 얇으면서 넓다. 마하데위 사원을 발굴하다가 중간지점에서 돌덩이를 발견했는데, 그 돌이 아기가 태어난 정확한 장소를 표시한다고 설명한다. 그 돌에서 글자가 발견된 것도 아닌데 추측으로 그렇게 설명하는 것이다. 돌멩이 모양을 보면 그렇게 믿고 싶은 마음이 사라진다. 마야데위 사원 옆에는 아소까 석주가 있는데 브라흐미 글자로 이렇게 쓰여있다.

"신들devas의 사랑을 받는 삐야다시Piyadasi 왕이 재위 20년에 친히 방문하다. 여기에서 석가모니 부처님이 탄생하셨기 때문이다. 부처님이 태어난 곳에 돌난간을 만들고 석주를 세운다. 룸미니 마을은 세금을 ⅛만 내도록 한다."

"여기에 사카무니 붓다가 태어났다."

이 석주에 쓰인 "여기에 사카무니 붓다가 태어났다hida Budhe jāte Sakyamuni"라는 결정적인 증거 때문에 이곳이 역사적인 부처님의 탄생지임을 누구도 의심하지 않게 되었다. 아소까 석주에 기록된 글자들은 브라흐미 문자를 사용하였는데 칙령의 내용이 빠알리어와 거의 일치하여 해석하는 데 어려움이 없다. 우리는 룸비니 석주에서 본래 이름이 '룸미니Luṃmini'라는 것을 알게 되고, 꼬나가마나 석주에서는 탑을 뜻하는 '투빠thupa'가 그 당시에는 '투바thuba'라고 불리었음을 알게 된다. 현장 스님이 석주를 보았을 때는 석주 위에 빛나는 말 한 마리가 있었다고 설명하고 있다.

룸비니에서 부처님의 탄생은 놀라운 일들로 가득하다.『수행본기경修行本起經』등에서는 부처님은 마야 부인의 오른쪽 옆구리로 태어나셨다고 전한다. 그래서 룸비니 마야대위 사원에 있는 석조상에는 마하빠자빠띠고따미가 마야 부인의 옆구리에서 아이를 받는 모습이 새겨져 있다. 옆구리로 태어나는 장면은 듣기에도 특별하지만, 조각가들이 조각하기에 수월했을 것이다. 반면 과거 칠불의 행적을 다룬 『대전기경』(D14)에는 마야 부인의 자궁에서 태어났다고 전한다.

"다른 여인들은 앉아서 출산하거나 혹은 누워서 출산한다. 그러나 보살의 어머니는 그렇지 않다. 보살의 어머니는 오직 서서 출산한다. 이것이 여기서 정해진 법칙이다."

태어나자마자 일곱 걸음을 걸었다는 이야기는 남전과 북전이 동일하다. 일곱 발자국 걸으며 읊었다는 게송은 약간의 차이를 보인다. 가장 널리 알려진 것은 『불본행집경』 등에서 "천상천하유아독존天上天下唯我獨尊 삼계개고아당안지三界皆苦我當安之"로 나타나고 『대전기경』(D14)에는 "나는 세상의 최고最高이다. 나는 세상의 제일第

까삘라왓투 왕궁 근처에 흐르는 바기라티강

―이다. 나는 세상의 최상最上이다. 이것이 나의 마지막 생이다. 이제 다시 태어남은 없다."라고 전한다. "천상천하유아독존"이라는 탄생게는 부처님이 사르나트의 녹야원으로 전도하러 가는 길에 만난 사명외도邪命外道 우빠까에게 대답한 게송과 매우 유사하다.

"나에게는 스승도 없고 그와 유사한 것도 없네. 하늘과 인간에서 나와 견줄만한 이 없어 나는 참으로 세상에서 거룩한 이, 위 없는 스승이네."

『율장』대품

당신의 스승이 누구냐는 우빠까의 질문에 대한 붓다의 자신만만한 대답이다. 육체의 탄생生게와 정신의 탄생覺게가 유사하다는 것은 육체의 탄생게가 어떻게 만들어졌는가를 짐작하게 한다. 또한 "내가 마땅히 편안히 하리라."라는 선언은 그대로 다섯 비구를 제도하기 위해서 뜨거운 태양 아래서 250km를 걸어가는 붓다의 맨발을 상기시킨다. 누가 초청하지 않아도 스스로 다가가 가르침을 설하고 괴로움의 끝을 보게 하였던 붓다의 일생은 그의 탄생게를 실천하는 삶이었다. 나아가 "내가 마땅히 편안히 하리라."와 "다시 태어남은 없다."의 미묘한 차이를 음미해 보면 역사 속에 꾸준히 갈등해 왔던 대승과 소승의 입장 차이를 떠올리게 한다.

싯다르타가 어머니의 오른쪽 옆구리로 태어난 것, 일곱 걸음 걸은 것, 탄생게를 읊은 것, 용이 목욕을 시킨 것, 사당의 신들이 아기에게 절을 올린 것 등 일련의 놀라운 사건들을 어떻게 받아들여야 할까? 어머니의 오른쪽 옆구리로 태어난 것은 니까야에서 자궁으로 태어났다는 전승이 있으니까 상징으로 이해해도 좋을 듯하다. 일곱 걸음 걸으며 탄생게를 읊었다는 것은 니까야 전승에도 실려있어 난감하다. 그런데 이러한 신통과 기적은 탄생 때에만 일어난 일이 아니라, 부처님의 일생을 관통하며 수많은 신통력이 일어난다.

신통력을 어떻게 이해할 수 있을까.

이런 신통력을 어떻게 이해해야 할 것인가는 순례자가 마주치는 첫 번째 질문이다. 사위성에서 외도를 제압하려고 천불화현과 쌍신변雙神變의 신통을 보인 후에 도리천으로 올라가 어머니를 위하여 설법한 이야기, 아름다운 아내를 그리워하는 이복동생 난다 비구를 천상에 데리고 가서 아름다운 천녀를 보여주어 공부시킨 이야기, 부처님을 따라오는 릿차위들을 못 따라오게 하려고 강을 만든 이야기, 범천과 인드라 왕과 같은 많은 천신과의 대화, 자신의 미모에 집착하는 케마 왕비에게 아름다운 여인을 창조해 보여줌으로써 집착을 털어내게 한 일, 겁탈하려는 남자에게 자신의 눈알을 손으로 뽑아준 비구니가 부처님을 뵙자 눈이 원상회복되고, 병 걸린 비구에게 약속한 고기를 못 드리게 되자 자신의 허벅지를 베어내어 보시한 숩삐야 청신녀가 부처님을 뵙자 상처가 원상회복된 이야기, 일곱 살 때 출가하여 삭발하는 순간에 아라한이 된 답바 말라뿟따사미 이야기 등 수많은 신통력이 경전에서 발견된다.

우리가 순례하는 장소는 거의 신통력과 관련된 장소이며, 실제로 8대 성지를 설명하는 여행사의 안내서들은 신통을 중심으로 성지를 설명하고 있다. 많은 사람들이 부처님이 오른쪽 옆구리로 태어났다는 사실을 들어 경전이 후대에 편집되었다고 주장한다. 이러한 신통과 기적을 어떻게 바라보는가에 따라 순례의 의미와 감흥이 달라진다.

부처님을 시봉하며 같이 수행했던 다섯 비구와 야사와 야사의 친구 50인은 모두 아라한이 되었다. 우루웰라로 돌아가던 중에 만난 30인의 부잣집 자제들은 붓다의 설법으로 모두 예류과預流果를 얻었고 우루웰라로 찾아가서 만난 가섭 3형제와 1천 명의 제자들도 가야산에서 설해진 "모든 것이 불타고 있다."는 '불의 설법'으로 모두 아라한이 되었다. 1천 명의 제자들을 데리고 마가다국으로 들어가던 붓다는 제티얀에서 마중나온 빔비사라 왕과 12만 명의 일행을 만났는데 그중에 11만 명이 예류과를 얻었다. 라자가하에 살던 사리뿟따와 목갈라는 그들과 함께 출가한 2백5십 명의 수행자들이 붓다의 설법을 듣고 아라한이 되었다. 사까족과 꼴리야족의 물싸움에 대한 중재의 보답으로 출가한 5백 명의 청년들도 아라한이 되었으며, 최초의 마하빠자빠띠 비구니를 위시한 5백 명의 비구니가 다 함께 아라한이 되어 웨살리에서 다함께 열반에 들었다. 54년 동안 사람을 사형시키는 직업을 가졌던 망나니 땀바다티까는 사리뿟따의 설법을 듣고 뚜시따 천신으로 태어났고, 99명을 죽인 살인마 앙굴리말라가 부처님을 만나 아라한과를 얻었다.

과거생의 공덕과 악업

　　이렇게 부처님을 만나자마자 혹은 며칠 만에 아라한이 되고 단체로 아라한이 되는 일들은 과거생의 공덕을 끌어와 설명하지 않으면 합리적인 설명이 안 되는 경우다. 수많은 삶을 거쳐오는 동안 눈을 보시하고 손과 발을 보시하고 몸을 보시했던 자타카 이야기들, 과거불들의 삶에 관한 이야기들,『법구경』과『장로게』,『장로니게』주석서 등에서는 게송 하나하나가 전생의 공덕과 악업을 원인으로 이야기가 펼쳐진다. 경전과 주석서를 무조건 믿을 수도, 그렇다고 무조건 안 믿을 수도 없지만, 끝내 책을 내던지지 않고 경전 읽기를 지속하게 되는 것은 경전 안에는 재미있고 감동적인 부분이 더 많기 때문이다. 경전에 나타난 신통과 기적의 문제를 조선 시대 왕들도 믿지 못하는 건 마찬가지였다.『조선왕조실록』'정종실록 제3권, 정종 2년 1월 10일'에 나오는 장면이다.

　　"…(임금이 말하길) '석씨釋氏가 우협右脅에서 탄생하였다는데, 성인聖人이 어찌하여 쓰書지 않았는가? 사람이 죽으면 지옥地獄에 돌아간다는 것도 거짓인가?' 하였다. 하윤이 대답하기를, '이것은 매우 이치 없는 말입니다. 어찌 사람으로서 옆구리에서 난 자가 있겠습니까? 그러므로, 성인이 쓰지 않은 것입니다. 또 사람은 음양오행陰陽五行의 기운을 받아서 태어나고, 죽으면 음양이 흩어져서 혼魂은 올라가고 백魄은 내려가는 것이니, 다시 무슨 물건이 있어 지옥으로 돌아가겠습니까? 이것은 불씨佛氏가 미래未來와 보지 못한 것으로 어리석은 백성을 유혹한 것이니, 인주人主가 믿을 것이 못됩니다.'하니, 임금이 옳게 여겼다."

부처님이 옆구리에서 출생하였다는 것과 사람이 윤도 윤회를 한다는 것에 대하여 조선의 왕들도 믿기 어려웠던 모양이다. 요즘도 부처님의 신통력을 부정하는 학자들과 스님들이 증거로 내세우는 것은 '우협탄생右脅誕生'의 이야기이다. 부처님이 어머니 옆구리에서 태어난 것은 크샤뜨리야 출신임을 상징하고 일곱 발자국 걸은 것은 육도윤회를 벗어났다는 상징이라고 합리적으로 설명하는 경우도 있지만, 『오부 니까야』(D14)에는 '우협탄생右脅誕生'의 이야기가 없다. 『니까야』에 우협탄생의 이야기가 나오지 않는다는 사실을 비교해 보아도 『니까야』가 『아함경』보다는 원형으로 추측할 수 있다. 부처님 생애를 정리하거나 성지 순례를 할 때 『니까야』

룸비니에서 부처님의 탄생은 놀라운 일들로 가득하다.

를 중점적으로 의지하는 이유다.

『니까야』에는 수많은 기적과 신통력이 등장한다. 이러한 기적과 신통력을 믿어야 하는가? 부처님만이 행하실 수 있다는 육신통六神通은 기술이 아니라 지혜智의 영역이다. 천안통天眼通의 어원은 딥바짝쿠냐나dibbacakkhu-ñāṇa로서 천안지天眼智로 번역되어야 한다. 육신통 중에 마지막 누진지漏盡智, āsavakkhaya-ñāṇa는 사성제를 관통하는 것인데 여기서도 지혜ñāṇa로 표현된다. 그러므로 부처님의 천안통, 신족통神足通, 숙명통宿命通 등은 특별한 기술이 아니라 부처님의 지혜ñāṇa이다. 그러므로 부처님의 신통력을 믿지 않는다는 것은 부처님의 지혜를 믿지 않는 말이 되는 것이다.

부처님의 공덕은 말로 다할 수 없다.
그렇다고 하더라도 불교는 믿음을 강요하는 종교가 아니다. 믿어지지 않는 사람들에게 믿으라고 할 수는 없다. 신통력을 믿어야 불교 공부의 첫걸음을 내디딜 수 있는 것처럼 말하는 것은 바람직하지 않다. 어떤 분들은 지속으로 나타나는 경전 속의 수많은 기적, 신통력, 예지력, 전생담 등에 대해서 후대에 편집된 것이라고 치부하고 인정하지 않는다. 이성적인 판단, 합리적인 사고라는 이유로 신통력을 받아들이지 않는 것이다. 나 또한 예전에는 이러한 태도를 합리적이고 과학적이라고 생각하였지만, 시간이 지날수록 내가 모르는 것에 대해서는 판단을 미루어야 한다는 쪽으로 기울게 되었다. 이해할 수 없는 사건, 믿기 힘든 부분이 있다는 것이 불교를 공부하는 데 있어서 그렇게 혼란스러운 일이 아니라는 것, 당장 이해할 수 없는 부분을 잠시 제쳐두고도 얼마든지 재미있는 경전 공부를 할 수 있으며, 훌륭한 불자가 될 수 있다는 것을 알게 된 것이다.

  이해할 수 없는 사건은 이해할 수 없는 그대로 잠시 판단을 중지하고 "신기한 일이네." "언젠가는 알게 되겠지."라고 지나가면 어떨까? "모른다."는 것은 우리를 더 깊은 상상과 지혜로 안내해 줄 수도 있으며, 성지의 대부분은 이런 신통 기적과 관련되어 있기에 섣부른 판단은 순례의 감흥을 감소시킨다. 열린 마음은 불교 공부와 성지 순례를 하는 사람들에게 요구되는 중요한 태도이다. 혹시 아는가? 성지 순례를 하다 보면 신심이 깊어지고 이해가 높아져서 "헤아릴 수 없는 모든 티끌의 수를 헤아리고, 바닷물은 다 마셔버리고, 허공을 세어보고, 바람은 묶는다 해도, 부처님 공덕은 말로 다 할 수 없다."고 고백하게 될는지.

룸비니 석주와 그 주변

　부처님의 탄생지 룸비니를 성지 순례하는 사람이라면 룸비니에서 끝나는 것이 아니라 룸비니 주변까지 둘러보게 된다. 그 주변이란 부처님이 왕자로 살았던 '까삘라왓투 왕궁'과 부처님이 성도 후 고국을 찾아와 처음 머물렀던 '니그로다아라마(쿠단)' 그리고 쿠단 주위에 과거 부처님들을 기념하여 만든 '아소까 석주'를 순례하는 것이다. 과거 부처님이란 현겁에 출현하신 '까꾸산다 Gotihawa pillar' 부처님과 '꼬나가마나 Nighihawa pillar' 부처님의 탄생과 관련된 석주이다. 동쪽으로는 부처님의 어머니 마야 부인의 고향인 '데와다하'와 꼴리야족이 부처님 사리를 모셔 와 만든 사리탑 '라마가마(람그람)'를 순례한다. 많은 순례객이 네팔에서의 일정이 1박 정도로 잡혀있는데 룸비니 말고도 여섯 곳을 순례하려면 적어도 2일~3일의 시간이 필요하다.

아소까왕은 마우리야 왕조의 3대 왕(기원전 273년~232년)으로 41년간 인도를 다스렸다. 아소까는 재위기간에 수많은 탑과 바위 칙령과 석주 칙령을 남겼는데 그가 남긴 칙령의 내용을 평가하여 '전륜성왕'이라고 불려지고 있다. 아소까는 불멸 후 200년 후에 나타난 왕임에도 그의 전기는 『아육왕경阿育王經』이라는 아함에 포함되어 있다. 이것을 보더라도 그 당시에 아소까왕이 얼마나 대단한 사람인지 혹은 『아함경』이 얼마나 허술한지 알 수 있다. 『아육왕경』에서 부처님은 어떤 어린아이에게 이러한 예언을 하고 있다.

"아난아, 너는 아이가 손으로 모래를 받들어 발우 안에 담는 것을 보지 못했는가? 이 아이는 내가 열반에 든 지 백 년 뒤에 마땅히 빠딸리뿟따의 왕으로 태어나 '아소까'라고 이름할 것이다. 전륜성왕이 되어 정법正法을 믿으며 널리 사리舍利를 공양하여 8만 4천의 탑을 세워서 많은 사람들을 이익되게 할 것이다."

아소까왕이 세운 석주들
아소까 석주는 40개 이상이 세워졌을 것으로 추측되는데 현재 20여 개가 남아 있다. 아소까 바위 칙령에 의하면 아소까는 깔링가 전투 후에 불교에 귀의한 불자가 되었지만, 1년 동안은 그렇게 열심히 신행 생활을 하지 못했다. 즉위 10년째에 보드가야를 방문하고 즉위 12년(44세)부터 바위에 칙령을 새기기 시작하였다. 처음에 새긴 칙령은 주로 국경 근처에 작은 바위들에 새겨졌다. 처음 작은 바위에 새겨진 브라흐미 글자들은 줄도 안 맞고 띄어쓰기도 되어있지 않다. 그러다가 점점 큰 바위에 많은 문장의 글이 새겨지기 시작했으며 줄도 가지런하고 띄어쓰기도 잘 되어 나타난다. 북쪽의 칸다하르Kandahar, 만세흐라Mansehra, 깔시Kalsi 바위칙령, 서쪽의 긴나르Girnar, 동쪽의 다울리Dhauli 바위칙령 등이 그것이다.

아소까왕의 아들 마힌다 장로에 의해서 인도에서 스리랑카로 전해진 빠알리pali가 서쪽의 기르나르Girnar 바위 칙령에 쓰인 글자와 가장 비슷하다. 왜냐하면 마힌다와 상가밋따의 어릴 때 고향이 서쪽의 웃제니Ujjain였기 때문이다. 어떤 학자는 스리랑카로 전해진 빠알리는 서쪽의 긴나르 바위 칙령과 가장 비슷하기에 마가다에서 부처님이 사용하던 언어가 아니라고 주장한다. 그러나 서쪽의 기르나르 바위칙령이나 동쪽의 다울리Dhauli 바위 칙령을 비교

고티하와(Gotihawa)에 있는 까꾸산다(Kakusandha)부처님 석주

하면 거의 차이가 없다. 서쪽의 긴나르 바위 칙령은 asti, Idha, na, kiñcnhi 등과 같은 표현으로 현존 빠알리pali와 가장 가까운 느낌을 준다. 자우가다Jaugada 바위 칙령은 hida, no, kichbi 등과 같은 표현으로 구어체에 가까워 변형된 형태를 보인다. 그러나 서쪽과 동쪽의 칙령들은 같은 내용이고 단어의 차이는 미미하다. 현존 빠알리pali가 서쪽의 기르나르 칙령과 가장 비슷하다고 빠알리pali가 동쪽의 마가디에서 사용되던 언어가 아니라는 주장은 타당하지 않다. 미미한 차이를 침소봉대하여 자신이 대단한 발견을 한 것처럼 떠벌리는 것은 자신을 속이고 남을 속이는 일이다.

  불자가 된 아소까왕의 불교 장려 정책으로 승가에 풍성한 보시가 성행하자, 의식주를 해결하기 위한 목적으로 이교도들이 승단에 많이 들어 오게 된다. 이들은 승가의 일에 사사건건 이견을 제기하여 승가는 7년 동안이나 포살을 하지 못했다. 이를 알게 된 아

니그리하와(Nighihawa)에 있는 꼬나가마나(Koṇāgamana)불 석주

아소까왕은 즉위 17년(51세)에 목갈리뿟따 띳사 존자의 주도로 빠딸리뿟따에서 제3차 결집을 하게 한다. 한 사람 한 사람 불교의 요지를 묻는 문답을 하게 하여 비불교적인 대답을 한 승려들은 흰옷을 입혀서 쫓아냈다. 아소까왕은 목갈리뿟따 띳사 존자의 안내로 성지 순례를 하면서 각 성지에 거대한 돌기둥을 세우고 이 석주에 칙령을 새긴다. 하나에 50톤 이상의 무게를 지닌 석주는 만들기도 어렵고 운반하기도 어렵다. 당연히 석주 칙령은 바위 칙령보다 늦은 시기에 새겨질 수밖에 없었다. 아소까왕의 석주 세우기는 즉위 26년(60세)에 모두 끝난다. 바위 칙령이 주로 일반적인 도덕과 백성의 복지에 관한 내용이라면 석주에 새겨진 칙령은 모두 부처님 가르침과 승가의 화합에 관련된 내용들이다.

싯다르타가 살았던 왕궁 근처에 있는 고티하와Gotihawa에는 까꾸산다Kakusandha 부처님의 탄생을 기념하는 석주가 있는데 석주의 윗부분이 잘려나가 지금은 사람 키 정도의 크기로 세워져 있고, 옆에는 낮은 높이의 스투파가 있다. 니그리하와Niglihawa에 있는 석주는 꼬나가마나Konāgamana 부처님 탄생지를 표시하기 위해 세워진 것인데 돌기둥이 바닥에 누워있다. 이 석주에 새겨진 칙령에 "아소까왕이 즉위 14년 이곳에 와서 탑을 증축했다."는 내용이 있는 것으로 보아 석주를 세우기 전에 팔만사천탑을 세웠다는 것을 알 수 있다. 현겁現劫에 나타난 네 분의 부처님 중에 세 분의 부처님과 관련된 석주가 발견되고 오직 까싸빠Kassapa 부처님의 석주만 발견되지 않았다. 신심 깊은 아소까왕이 현겁에 나타난 네 분의 부처님 중에 까싸빠Kassapa 부처님의 석주만 건립하지 않았다고는 믿

"여기에서 샤꺄무니 붓다가 태어났다(hida Budhe jāte Sakyamuni ti)"라는 브라흐미 글자가 새겨진 룸비니 석주.

어지지 않는다. 어딘가에 아직 우리가 발견하지 못한 까싸빠 부처님 석주가 발견되기를 기다리고 있을 것이다. 룸비니 근처에 올 때마다 아직 발견되지 않은 까싸빠 부처님 석주에 대한 궁금증과 기대를 놓을 수 없다.

석주 상부의 사자상 의미

현장 스님의 증언과 산치대탑의 부조에 의하면 룸비니에 세워진 석주의 상부에는 말 조각이 있었고, 보드가야 석주에는 코끼리상이 있었고, 사왓티 제따와나 앞에는 황소와 법륜이 조각된 2개의 석주가 있었는데 지금은 전해지지 않는다. 쿠시나가라에 있던 2개의 석주는 어떤 동물이 모셔져 있었는지조차 전해지지 않는다. 상카싸 석주에는 코끼리상은 지금도 수투파 주위에 남아있고, 람뿌르와Rampurva에 세워진 2개의 석주에 모셔진 황소상은 대통령궁에 옮겨져 있고, 사자상은 델리 박물관 입구에 전시되고 있다. 사르나트 녹야원 석주의 네 마리 사자상은 사르나트 박물관에 전시되고 있는데, 가장 작품성이 뛰어나서 인도의 지폐, 국기 등에 사르나트 사자상의 문양이 들어가 있다. 이렇게 장소에 따라 다른 동물을 배치한 아소까왕의 의도는 무엇이었을까?

『사자경』(A5:99)에서 부처님은 "비구들이여, 동물의 왕 사자가 해거름에 굴에서 나온다. 굴에서 나와서는 기지개를 켜고, 기지개를 켠 뒤 사방을 두루 굽어본다. 사방을 두루 굽어본 뒤 세 번 사자후를 토한다. 세 번 사자후를 토한 뒤 초원으로 들어간다. … 비구들이여, 여기서 사자는 여래·아라한·정등각을 두고 한 말이다. 비구들이여, 여래가 회중들에게 법을 설할 때 이것이 그에게 있어서 사자후다."라고 말한다. 이런 경전의 근거로 보아 녹야원에 있는 아소까 석주의 네 마리의 사자상은 부처님이 사방을 두루 굽어보며 사자후를 토하는 모습이란 것을 알 수 있다. 룸비니 석주 상부에 올려져 있었던 말은 부처님을 상징하며 말을 타고 출가한 것을 상징하고, 상카싸 석주에 코끼리가 모셔진 것은 마야 부인의 태몽에 하늘에서 코끼리가 내려오는 것을 상징한다. 경에 의하면 석주 상부에 모셔진 황소, 말, 법륜도 모두 부처님을 상징한다.

과거불의 석주를 순례하다 보면 자연스럽게 의문이 들 것이다. 불교에서 겁kppa이 하나의 행성이 생겼다가 파괴되는 오랜 시간을 의미한다. 각기 다른 겁에 나타난 부처님은 각기 다른 행성에 태어나셨던 부처님들일 것이다. 그런데 아소까왕은 어떻게 지금 지구라는 행성의 룸비니 근처가 그 부처님들의 탄생처라고 확신하고 석주를 세워 기념할 수 있는가? 불교에서는 보드가야가 우주의 배꼽으로 모든 부처님이 보드가야에서 깨달음을 얻는다고 설명하고, 룸비니가 모든 부처님들의 탄생처라고 설명한다. 아마 이러한 전승에 의거하여 현겁에 나타났던 네 분의 부처님들을 고따마 부처님이 태어난 룸비니 주위에 태어난 것으로 보고 각 부처님들의 탄생을 기념하기 위해서 아소까 석주를 세운 것이 아닌가 하는 생각을 해본다. 과거불에 대한 기념물, 과거생에 대한 기념탑 등을 세우는 불교라는 종교의 시간관과 과거불까지 세세하게 마음 쓰며 챙기려는 아소까왕의 신심信心에 다시 한번 놀랄 뿐이다.

부처님이 고향 까삘라왓투Kapilavatthu를 첫 번째 방문한 것은 깨닫고 나서 2년째다. 까삘라왓투의 왕궁터에서 남쪽으로 4km 지점(현재는 네팔 쿠단)에 큰 스투파가 있는데 이곳이 부처님이 깨달음을 얻은 후 라자가하에서 걸어와 머무셨던 니그로다 숲이다. 정반왕은 부처님이 우루웰라에서 깨달음을 얻고 라자가하에서 가르침을 펴신다는 소문을 전해 듣고 사신을 보내어 고향에 방문해 주시기를 간청한다. 그러나 그 사신들은 자신들이 온 목적을 잊어버리고 부처님께 출가하여 수행하느라 정반왕의 시도는 번번이 실패한다. 마지막으로 정반왕은 부처님의 어릴 적 소꿉친구인 깔루우다이를 보내어 그 뜻을 이루게 된다.

'스님들'이 아닌 '승가'에 귀의

깨달음을 얻은 다음 해, 그러니까 라훌라의 나이가 여덟 살이 되던 해에 부처님은 2달 동안 걸어서 고향을 방문하였다. 그러한 까닭에 까삘라왓투에서 설법한 경전 중에 니그로다 승원에서 설한 것이 가장 많이 남아있다. 부처님은 뜻밖에도 이곳에서 자만심에 가득찬 사까족을 제도하기 위해서 쌍신변yamaka pāphāriya의 신통을 보이셨고, 당신이 전생에 어떠한 공덕행을 지어서 붓다가 되었는지를 설명하는 웨산따라자따까를 설하셨다. 이때 사까족의 젊은이들이 대거 출가한다. 부처님은 아버지의 유산을 요구하는 아들 라훌라를 출가시켰고, 막 결혼식을 거행하려고 준비하고 있는 부처님의 이복동생 난다Nandā를 출가시켰다. 또 부처님께서 고향 방문을 마치고 라자가하로 돌아가면서 잠시 말라국의 아누삐야Anupiya 망고 숲에 머무실 때 이발사 우빨리를 포함한 사까족 7명도 출가하였다.

붓다가 처음 까삘라왓투를 방문하였을 때 양모인 마하빠자빠띠 고따미는 부처님의 설법을 듣고 예류과를 얻은 것으로 보인다. '보시의 분석 경'(M142)에 의하면 부처님의 양모 마하빠자빠띠 고따미는 처음 고향을 방문한 부처님께 옷을 보시하지만, 부처님은 "고따미여, 승가에 보시하십시오. 승가에 보시하면 나에게도 공양하는 것이 되고 승가에도 공양하는 것이 될 것입니다."라고 답한다. 이때 아난다는 고따미를 보면서 "고따미는 완전한 믿음을 구족했고aveccappasādena samannāgatā, 괴로움에 대해 의심이 없다dukkhe nikkaṅkhā."고 표현하는데 이것은 이미 고따미가 일찍이 예류과를 얻었음을 의미한다. 이 경에서는 부처님은 설한다.

"아난다여, 미래세에 계행이 청정치 못하고dussīla, 삿된 법 pāpadhammā을 가졌으며, 노란 가사를 목에 두른 일족들이 있을 것이다. 사람들은 승가의 이름으로sangham uddissa 그 계행이 청정치 못한 자들에게 보시를 베풀면 승가를 위한 보시는 그 공덕이 헤아릴 수 없다고 나는 말한다."

승가의 의미와 역할에 대한 이해를 돕는 중요한 경이다. 부처님 당시에 스님들은 가르침을 암송하여 후배들에게 전달하였기에 승가는 법의 담지자擔持者였고 가르침을 전달하는 전승자였다. 부처님은 개인에게 하는 보시가 승가에 하는 보시하는 것이 크다고 강조하시며, 설사 계행이 청정치 못한 승려들이 속한 승가에 보시하더라도 커다란 공덕이 있다고 말한다. '승가'를 '스님들'이라고 번역하는 우리 한국불교의 현실에서 우리 불자가 되새겨 보아야 할 중요한 경이다.

양모 고따미의 출가

부처님이 깨닫고 5년 후에 숫도나다왕의 임종이 가까이 오자 부처님은 고향을 2번째로 방문한다. 숫도나다왕이 죽자 고따미는 부처님께 출가를 간청한다. 그때 까삘라왓투에는 석가족과 꼴리야족이 로히니강을 두고 싸움할 때 부처님이 다툼을 중재한 대가로 5백 명이 출가했는데, 이때 생겨난 5백 명의 과부가 살고 있었다. 니그로다 숲에서 출가하는 것을 거절당하자 고따미는 이 5백 명의 여인들과 까삘라왓투에서 웨살리까지 약 300km를 맨발로 걸어간다. 웨살리에서도 부처님은 고따미가 출가 요청하는 것을 세 번 거절한다. 이를 안타깝게 여긴 아난다가 다시 간청하게 되고 부처님은 여덟 가지 조건을 지키는 조건으로 여성의 출가를 허락한다. 마하빠자빠띠 고따미가 끝까지 출가를 포기하지 않고 찾아 올 것이라는 것을 부처님은 알고 있었을 것이다. 이미 예류과를 얻은 고따미가 출가를 선택하는 것은 운명이었을 것이다.

까삘라왓투를 방문하였을 때 마하나마 왕이 탐진치를 어떻게 벗어날 수 있는지를 질문하자 붓다는 자신이 깨달은 과정을 설명하고 고행으로써 과거의 업을 파괴하여 해탈한다는 견해는 잘못된 견해라고 설한다. 니그로다 승원을 순례하게 되면 '괴로움의 경'(M14)을 독송하면 좋을 것이다.

"니간타들이여, 나는 몸을 움직이지 않고 말을 하지 않고, 하루를 전일한 행복을 경험하면서 지낼 수 있습니다. 나는 몸을 움직이지 않고 말을 하지 않고 이틀 동안 … 사흘 동안 … 나흘 동안 … 닷새 동안 … 엿새 동안 … 이레 동안 전일한 행복을 경험하면서 지낼 수 있습니다. 니간타들이여, 이렇다면 세니야 빔비사라 마가다 왕과 나 둘 중에서 누가 더 행복하게 산다고 생각합니까?"

"그렇다면 고따마 존자께서 세니야 빔비사라 마가다 왕보다 더 행복합니다."

까삘라왓투는 어디인가?

언제부터인가 네팔과 인도에 각각 까삘라왓투Kapilavathu가 생겨서 '진짜' 논쟁을 하고 있다. 어떤 학자는 인도의 삐쁘라흐와 Piprāhwā가 진짜라고 하고, 어떤 학자는 네팔의 띨라우라콧Tilaurakot 이 진짜라고 주장한다. 인도에서 나오는 가이드북에는 네팔의 까 삘라왓투는 아예 언급하지 않는다. 가난한 약소국 네팔에서는 불 교성지 가이드북이 거의 출판되지 않으니, 인도의 주장이 대세가 되는 추세다. 한국불자들도 인도의 주장을 따르는 분들이 많다. 옛날이나 지금이나 강한 국력을 가진 나라의 영향력이 크기 때문 이다.

싯다르타가 출가 후 빔비사라왕을 만났을 때 자신을 "꼬살라국 에 속한 히말라야 자락의 주민"이라고 소개하고 있고 꼬살라국 빠 세나디 왕도 "부처님께서도 꼬살라 사람이고 저도 꼬살라 사람입니다. 부처님도 80세이시고 저도 80세입니다."라는 말하고 있듯이 정치적으로는 사까족의 까삘라왓투는 꼬살라국에 속국이었다. 사까족의 까삘라왓투는 집단적인 회의구조를 통해 지도자를 뽑고 군사력을 갖춘 민족이었다. 역사를 거슬러 올라가면 사까족과 꼴리야족은 같은 형제자매사이에서 갈라졌다.

먼 옛날 사까족의 시조인 오까까甘蔗王왕에게는 사남오녀四男五女의 자식이 있었다. 왕비가 죽고 새로운 젊은 왕비가 임신하자 왕은 그 젊은 왕비에게 어떤 소원이든 한 가지를 들어주겠다는 약속한다. 젊은 왕비는 자신의 아들에게 왕위를 물려주라는 소원을 말하는데 젊은 왕비에게 홀딱 빠져있던 왕은 그 소원을 들어주겠다고 약속한다. 왕은 죽은 왕비가 낳은 자신의 왕자와 공주들에게 이 사실을 이야기하자 순종적인 왕자와 공주들은 아버지의 약속을 지켜주려고 자진해서 왕궁을 떠나 히말라야로 떠난다.

인도쪽에서 까삘라왓투라고 주장하는 삐쁘리하와 승원터

사까족과 꼴리야족은 같은 형제자매

그곳에는 살고 있던 까뻴라 선인仙人은 왕자와 공주들에게 그 자리를 양보한다. 왕자와 공주들은 그곳에 정착하게 되고 자신들에게 땅을 양보해 준 선인의 이름을 따서 '까뻴라왓투'라고 부르게 되었다. 사까족들은 자신들의 순수한 혈통을 보존하기 위하여 형제자매끼리만 결혼하여 살았다. 공주들 중에 맏딸이 문둥병이 걸려서 숲속의 왕대추나무(koli) 속에서 홀로 살았다. 그들은 왕대추나무(koli)숲에 산다고 해서 꼴리야족이라 불리었다.

사까족의 숫도다나왕과 꼴리야족 마야 왕비가 결혼하여 싯다르타를 낳았고 싯다르타도 꼴리야족 야소다라를 아내로 맞이하였다. 그들은 평상시에는 누구보다도 사이좋게 어울려 살았으나, 사까족과 꼴리야족 사이에 흐르던 로히니 강물을 서로 끌어들이려다가 싸움하게 되었다. 꼴라야족이 사까족 농부들에게 "개나 재칼과 같은 짐승들처럼 자기 누이동생과 결혼해 사는 녀석들아!"라고 욕을 하면 사까족 농부들은 꼴리야 농부들에게 "속이 빈 왕대추 나무 속에서 짐승처럼 살았던 문둥이 자식들아!"라고 서로 비난하였다.

부처님은 이 상황을 천안天眼으로 보시고 이곳으로 오셔서 물싸움을 중재하였다. 이에 대한 보답으로 사까족과 꼴리야족 젊은이들 250명씩이 승가에 출가하였다. 졸지에 지아비를 잃은 500명의 과부들은 몇 년 후에 숫도다나왕이 죽고 마하빠자빠띠 고따미가 출가할 적에 함께 출가하게 된다. 로히니 강을 두고 두 부족이 물싸움을 했다는 것은 까뻴라왓투라는 나라가 얼마나 큰 나라였는지 알 수 있는 단서를 제공한다. 지금의 까뻴라왓투(띨라우라콧)에

인도의 까삘라왓투라고 주장하는 승원터에서 발견된 사리함. 브라흐미 글자가 새겨져있다

서 로히니강까지 거리는 약 50km이다. 이 50km가 이 나라의 반지름이라 볼 경우 까삘라왓투는 동서로 약 지름 100km 정도의 면적을 가진 나라인 것이다.

  인도의 삐쁘라흐와 사리탑에서 "이곳에 사까족 수끼띠와 형제들이 그의 자매, 아들, 아내들과 함께 불세존의 사리를 모신다."라는 사리함에 명문이 발견됨으로써 삐쁘라흐와가 까삘라왓투라는 인식이 퍼졌다. 그리고 1973년에 사리탑 동쪽 승원에서는 테라코타 인장이 발견되었는데 '까삘라왓투의 비구 상가'라는 글이 새겨져 있어 그곳이 까삘라왓투라고 하는 확신하는 분위기다. 그러나 이것은 인도와 네팔의 국경선이 그어졌기에 나올 수 있는 의문이다. 불과 16km를 사이에 있는 두 지역 중에서 한 지역을 까삘라왓투라고 주장하고 다른 하나는 까삘라왓투가 아니라고 주장하는 것은 상식적이지 않다. 인도와 네팔의 두 곳이 모두 까삘라왓투인 것이다. 그것은 마치 인사동이나 청량리 중에 어느 곳이 서울인가 묻는 것과 같다. 인사동과 청량리가 모두 서울이듯이 인도의 삐쁘라흐와도 네팔의 띨라우라콧도 모두 까삘라왓투다. '까삘라왓투는 어디인가?'라는 물음부터 애초에 잘못되었다. '어디가 까삘라왓투의 왕궁터인가?'라고 물어야한다. 네팔의 까삘라왓투는 석가족의 왕궁터이고 인도의 삐쁘라흐와는 석가족의 사리탑터라고 보는 것이 타당하다. 부처님이 열반하시던 그해에 사까족은 멸망하였

인도쪽에서 까삘라왓투 왕궁터라고 주장하는 간외리야 승원터

다. 사까족이 꾸시나가라에서 부처님의 사리를 모시고 왔을 때, 사까족의 왕궁은 꼬살라국의 위두다바왕에 의해서 철저히 파괴되어 있는 상황이었다. 그래서 사까족은 네팔쪽의 왕궁(띨라우라콧)에서 16km떨어진 인도에 사리탑(삐쁘라흐와)을 건립한 것이다.

두 곳 모두 까삘라왓투

네팔의 띨라우라콧이 부처님 시대의 왕궁터라는 증거는 여럿이다. 첫째는 인도에서 왕궁터라고 주장하는 간와리와는 건물의 형태가 승원의 형태에 가깝다. 사왓티의 제따와나 승원 구조와 비슷하다. 띨라우라콧 유적의 구조는 벽돌 담장으로 둘러 쌓인 왕궁의 형태이다. 둘째는 모든 고대도시는 강을 끼고 발달했다. 인도의 간와리아 옆에는 강이 없다. 지금처럼 펌프 시설이 없는 시대에 강이 없으면 사람들이 대규모로 사는 왕궁이 들어서기 어렵다. 네팔의 왕궁터인 띨라우라콧 옆에는 바나강가(옛이름 Bhagīrathi)강이 유유히 흐르고 있다. 셋째는 왕궁터에서 북쪽으로 500m쯤에는 숫도다나왕과 마야왕비의 쌍스투파가 있다. 넷째는 싯다르타가 출가할 때 말을 타고 아누삐야숲까지 가서 마부와 말은 다시 왕궁으로 돌아온다. 왕궁의 동문 앞에는 죽은 깐따까를 기념하는 작은 스투파가 남아있다.

 정리하면 현재의 두 지역은 모두 까삘라왓투라는 공화국이며, 바나강가 옆에는 왕궁이 있었고 남쪽 삐쁘라흐와에는 사리탑이 있었다. 이것은 이제까지 발굴된 고고학적인 성과와도 부합한다. 두 개의 까삘라왓투가 만들어진 것은 인도와 네팔의 국경이 생겨나서 까삘라왓투를 특정한 장소로 오해한 것이다. 특히 강대국인 인도 정부가 뒤늦게 간와리야를 왕궁터라고 주장하여 생긴 것이다. 강대국의 횡포라고 할 수 있다. 사까족이 살았던 평야 지역에는 짜뚜마 Cātaumā, 코마두싸 Khomadussa, 사마가마 Sāmagāma, 데와다하 Devadaha, 실라와띠 Sīlavatī, 나가라까 Nagaraka, 메다따룸빠 Medatalumpa, 사카라 Sakkhara, 울룸빠 Ulumpa 등 많은 마을의 이름이 전해온다. 이 모든 도시는 하나의 공화국 까삘라왓투를 이루고 있었다.

사까족의 왕궁터를 거닐면서 순수혈통에 대한 자만심 때문에 멸망하게 된 그들의 운명을 생각한다. 꼬살라국의 빠세나디왕은 자신이 "부처님의 친척이다."라는 말을 들으려고 사까족에게 공주를 보내줄 것을 요청한다. 그러나 자존심이 강한 마하나마왕은 노예 여인과 자신 사이에서 얻은 딸(와사바갓띠야)을 빠세나디왕에게 보냈다. 그 둘 사이에서 위두다바 Vidudabha 왕자가 태어났다. 왕자는 자라서 자신의 출생 비밀을 알게 되었고, 꼬살라국을 속인 사까족에게 복수를 맹세한다. 위두다바는 왕권을 찬탈하고 군대를 일으켜 사까족을 멸망시킨다. 부처님은 사까족들이 파멸의 위기를 맞게 된 것을 아시고 군대가 지나가는 길목의 반얀나무 아래에 앉아 위두다바를 기다렸다. 길가에서 부처님을 발견한 위두다바는 부처님께 머리를 땅에 대고 인사를 올린 뒤 여쭈었다.

"부처님, 이 더운 날씨에 왜 이렇게 그늘이 없는 곳에 앉아 계십니까?"

부처님께서 말했다.

"대왕이여, 여래에 대해 상관하지 마시오. 내 종족의 그늘이 나를 시원하게 해주고 있소."

위두다바는 곧 부처님의 말씀이 무엇을 뜻하는지 알고서는 군대를 이끌고 사왓티로 돌아갔다. 얼마 뒤 위두다바왕은 두 번째로 군대를 이끌고 진격하였다. 이번에도 부처님은 같은 장소에 앉으셔서 군대를 막아내었고, 세 번째도 같은 장소에서 위두다바의 군대를 막아냈다. 네 번째에 위두다바가 군대를 이끌고 사까족을 치러 가자 부처님은 승원에 남아 계셨으며, 끝내 사까족이 멸망하는 것을 막을 수 없었다. 순수 혈통에 대한 자만이 불러들인 그 과보가 너무 크다. 부처님도 끝내 사까족의 멸망을 막아내지 못했다는 사실은 우리에게 업에 대한 사유를 심화시킨다. 부처님이 끝내 막아내지 못할 것을 알고서도 기꺼이 세 번이나 그곳에 가셨다는 관점으로 보면 우리에게 부처님의 행위가 다르게 다가온다. 원하는 목적을 달성하지 못할지라도 해야만 하는 일은 해야 한다는 그 당위當爲를 아득하게 느낄 수 있다.

싯다르타의 출가 행로

싯다르타 왕자가 29세까지 살았던 까삘라왓투 왕궁터에서 그의 출가를 생각한다. 그는 동쪽 문을 향하여 떠났다. 라훌라가 태어난 지 일주일 뒤라고 전한다. 아들이 태어났다는 소식을 듣고 "장애로다!Rahula!"라고 탄식했다. 출가를 마음에 둔 사람에게 핏줄이 더 늘어났다는 것은 애착의 대상이 더 늘었다는 것이므로 '장애'라는 탄식이 나올만하다. 그런데 싯다르타는 아들이 태어났으므로 출가하기가 더 어려워졌다고 생각했을까? 아니면 이제 가문을 이을 아들이 태어났으니 출가의 기회가 왔다고 생각하였을까? 아들이 태어나고 얼마 되지 않아 출가한 것으로 봐서 후자일 것이다. 싯다르타가 16세에 결혼했으니 14년 만에 얻은 아들이다. 이제 가문을 이을 수 있는 아들이 태어났으니 오랫동안 품어왔던 출가를 미룰 이유가 없다. "라훌라!"라는 싯다르타의 외마

람뿌르와(Rampurva) 아소까 석주 상부의 사자상과 '생명의 나무' 조각상

디 탄식을 아들의 이름으로 사용한 것은 남아있는 이들의 선택이었다. 아기의 이름을 "라훌라로 지어라."라고 부탁하고 떠난 것이 아니기에 어떻게 자기 자식에게 '장애'란 이름을 지어줄 수 있느냐는 비판은 타당하지 않다. 싯다르타는 이렇게 출가 이유를 밝히고 있다.

"비구들이여, 내가 깨달음을 이루기 전 보살이었을 때, 나는 스스로 태어남과 늙음과 병듦과 죽음 그리고 슬픔과 번뇌에 묶여 있으니, 그것들의 재난을 알고 안온한 열반을 구해야겠다고 생각했다."(M26)

싯다르타는 왕궁의 동쪽 문으로 나가 하룻밤 사이에 아노마Anomā강을 건너 아누삐야Anupiya에 도착하였다. 밤새도록 달린 거리는 6요자나Yojana인데 이 거리는 현재 까삘라왓투에서 간다끄Gandak강까지의 거리이다. 그는 이 강을 건너고 나서야 안심安心하고 머리와 수염을 자르고 수행자의 옷으로 갈아입었다. 밤새 동행해 준 마부 찬나Channa와 애마 깐따까Kantaka를 왕궁으로 돌려보내며 가족들에게 안부를 전했다. 아누삐야 머무르면서 '박가와'라는 고행자를 만나고 일주일 뒤에 웨살리로 떠났다. 흥미롭게도 지금 간다끄강 옆에 '박가와Bagaha'라는 지명이 남아있다.

싯다르타는 보리수에서 깨달음을 얻고 까삘라왓투로 가는 길에 다시 이곳 아누삐야의 박가와를 찾아와 이야기를 나눈다. 그의 첫 번째 스승인 알라라깔라마는 웨살리에 다다르기 50km 전에 깔라마인들이 사는 께사뿟따 출신이었을 것이다. 께사뿟따에서는 유명한 '깔라마경'이 설해졌고, 80세에 대열반의 길을 떠나셨던 부처님이 건네준 발우를 봉안하기 위해 께사리야탑이 세워진다. 알라라깔라마의 가르침에 만족하지 못하고 다시 라자가하로 내려온 그는 웃따까라마뿟따에게 최고의 선정을 배운다. 거기에서도 만족할 수 없었던 그가 마지막에 도달한 곳은 우루웰라 네란자라강 근처였다.

설산수도의 오해

싯다르타가 왕궁의 동문에서 출발하여 밤사이에 아노마강을 건너고 다시 웨살리와 라자가하로 내려온 것을 보면 처음부터 그의 목적이 분명해 보인다. 그가 웨살리와 라자가하로 남하한 것은 분명 당신이 만나볼 만한 수행자들이 그곳에 있다는 정보가 있었을 것이다. 이것이 그가 북문北門으로 나가서 만년설이 쌓인 히말라야 설산 동굴로 가지 않고 동문東門으로 나와서 그 당시 가장 번화한 도시로 남하한 이유이다. 흔히 부처님의 일대기를 그림으로 표현하는 팔상도八相圖에서는 부처님의 수행을 설산수도상雪山修道相으로 표현한다. 이러한 표현은 마치 싯다르타가 히말라야 설산에서 6년 수행한 것처럼 오해하게 만든다. 그러나 부처님은 설산으로 가지 않고 아노마강을 건너 곧장 남쪽으로 갔다.

그렇다면 왜 "싯다르타가 설산수도 했다."는 오해가 생겨났을까? 수따니빠따의 출가 경(Snp3.1)에서 싯다르타가 빔비사라왕에게 "저쪽에 히말라야가 보이는himavantassa passato 한 나라가 있습니다. 꼬쌀라국의 주민으로 재력과 용기를 갖추고 있습니다."라고 자신의 고향을 소개하고 있다. 또한 쌍윳따 니까야(S4:20)에서 "한때 세존께서 꼬쌀라 국의 히말라야가 보이는himavanta passe 숲속 꾸띠에 머무셨다."라고 설명하듯이 '히말라야가 보이는'이라는 설명은 자주 등장한다. 그때나 지금이나 히말라야는 워낙 거대하고 유명하기에 곧잘 히말라야를 언급하여 장소를 설명하는 것이다. 히말라야가 랜드마크landmark 역할을 하는 것인데 예를 들어 충청도의 수덕사를 외부에 소개할 때 '예산 수덕사'라고 표현한다. 그러나 막상 예산 터미널에 내려서 수덕사를 찾아보면 수덕사는 없다. 수덕사는 예산에서 멀리 떨어진 덕산면 사천리에 있는데 정확하게 설명한답시고 '사천리 수덕사'라고 말하면 알아듣는 사람이 거의 없게 된다.

싯다르타의 출가행로에 서 있는 라우리야 난당가르(Lauriya-Nandangarh) 석주

이처럼 설산수도상은 "설산이 보이는 어딘가에서 수도했다."는 말이지 설산으로 들어가서 눈 쌓인 동굴에서 수행했다는 말이 아니다. 싯다르타가 수행했던 지역이나 45년 동안 전도했던 지역은 대개가 설산이 보이는 지역이었다. 니까야를 번역하는 사람들도 이 부분을 "히말라야가 보이는"으로 번역하지 않고 "히말라야 기슭 혹은 히말라야 중턱" 등으로 번역하고 있는데 이러한 번역들은 싯다르타가 설산에서 수도했다는 오해를 불러들이게 하고 있다. 그러나 싯다르타의 출가 행로를 확인하면 싯다르타는 산이 아니라 도시로 출가했으며, 스승을 찾아서 출가했음을 알 수 있다. 싯다르타가 출가할 때도 그리고 붓다가 되어 고향을 방문하고 돌아갈 때도 아노마강과 아누삐야를 지나간 것을 보면 당시에 이 길은 사람들이 자주 이용하는 길이였을 것이다.

스승을 찾는 여정

웨살리와 라자가하는 그 당시 가장 번성한 도시들이었고 수행자들도 많이 거주하고 있었다. 싯다르타는 그 많은 수행자들 중에는 자신이 스승으로 삼을 만한 사람도 있을 것이라고 생각했다. 이렇게 싯다르타가 남쪽으로 출가 행로를 확인하고 다시 『화엄경』의 「입법계품」을 상기한다면 선재동자의 구법 여행이 싯다르타의 구법 여행과 상당히 닮았다는 것을 발견하게 된다. 대승의 사상가들은 싯다르타의 출가 행로를 확인하고 '출가'라는 것이 어떠해야 하는지 선재동자를 등장시켜 재현하고 있다. 싯다르타의 출가 행로를 추적해 본 결과 그의 출가 행로는 '스승을 찾는 여정'임을 알 수 있다.

부처님께서는 수행자들이 머무는 승원을 마을에서 너무 멀리 떨어져도 안 되고 마을 속에 있어도 안 된다는 기준을 제시하셨는데, 실제로 죽림정사와 기원정사는 마을과 2~3km 사이에 세워졌다. 우리가 자주 사용하는 입산 출가라는 말도 단순히 산으로 들어가는 행위가 아니라, 산속 사찰에서 수행하는 수행자를 만나기 위해 출가하는 것이다. 다행스럽게 부처님이라는 스승과 그 가르침이 세상에 전해지고 있으므로 우리는 먼저 부처님 제자가 된 어른 혹은 선배 수행자들에게 교리와 수행 방법을 배우기 위해 출가하는 것이다.

싯다르타가 출가의 노선을 따라 아소까 석주들이 세워져 있다. 북쪽에 람뿌르와Rampurva 석주가 있고, 그곳에서 남쪽으로 30km 지점에 라우리야난당가르Lauriya-Nandangarh 석주가 있고, 그곳에서 남쪽으로 50km 지점에 라우리야아레라즈Lauriya-Areraj 석주가 있고, 그곳에서 남쪽으로 30km 지점에 께사리야Kesariya 수투파가 있고, 그곳에서 남쪽으로 40km 지점에 웨살리 수투파와 석주가 있다. 이 석주들은 길을 따라 거의 일렬로 세워져 있는데 이 길은 싯다르타의 출가 행로와 겹친다. 연달아 세워진 석주들에 새겨진 내용을 보면 불교적인 내용은 없고 일반 백성에게 당부하는 말들이 새겨져 있다.

이 길이 많은 사람들이 오가는 무역로였기에 많은 이들이 볼 수 있도록 길가에 세웠을 것으로 추측한다. 또한 싯다르타의 출가 행로와 겹친다는 시각에서는 싯다르타의 출가 행로를 기념하기 위해서 석주를 세웠다고 볼 수도 있다. 아소까왕은 부처님이 올라간 전정각산 정상에도 13개가 넘는 수투파를 세웠고, 우유죽을 받은 곳, 목욕하신 곳, 빔비사라왕을 만난 곳, 심지어 자타까에 나타난 주인공들이 살았던 곳, 과거 부처님들이 태어난 곳, 부처님 제자들이 태어난 곳등에 석주와 탑을 세우는 정성을 보여주고 있다. 가히 팔만사천탑을 세웠다는 것이 허언으로 들리지 않는다. 그런 아소까왕이라면 당연히 부처님의 출가 행로를 따라 기념물을 세웠을 것이라는 생각이 드는 것이다.

스승을 선택하는 기준

싯다르타가 스승을 찾아 떠났다면 그가 스승을 선택하는 기준은 무엇이었을까? 그것은 그가 우루웰라로 오기까지 만난 최소 세 명이 넘는 스승을 대하는 태도에서 드러났지만, 구체적으로는 '일곱 명의 결발고행자의 경'(S:11)에서 엿볼 수 있다. 부처님은 누구 믿을만한 스승인지 당황해하는 빠세나디왕에게 이렇게 충고하고 있다.

"그들이 '계행'을 지니고 있는가 하는 것은 함께 살아보아야 알 수 있습니다. 그것도 오랫동안 같이 살아보아야 알지 짧은 동안에는 알 수가 없습니다. 주의 깊어야 알지 주의가 깊지 않으면 알 수 없습니다. 지혜로워야 알지 우둔하면 알 수가 없습니다. 그들이 '청정'한가 하는 것은 같이 대화를 해보아야 알 수 있습니다. 그것도 오랫동안 대화를 해야 알지 짧은 동안에는 알 수가 없습니다. 주의 깊어야 알지 주의가 깊지 않으면 알 수 없습니다. 지혜로워야 알지 우둔하면 알 수가 없습니다. 그들이 '평정심'이 있는가, 하는 것은 재난을 만났을 때 알 수가 있습니다. 그것도 오랫동안 재난을 만났을 때 알지 짧은 동안에는 알 수가 없습니다. 주의 깊어야 알지 주의가 깊지 않으면 알 수 없습니다. 지혜로워야 알지 우둔하면 알 수가 없습니다. 그들이 '지혜'가 있는가, 하는 것은 논의를 통해서 알 수가 있습니다. 그것도 오랫동안 논의함으로써 알지 짧은 동안에는 알 수가 없습니다. 주의 깊어야 알지 주의가 깊지 않으면 알 수 없습니다. 지혜로워야 알지 우둔하면 알 수가 없습니다."

싯다르타의 출가행로에 서 있는 라우리야 아레라즈(Lauriya-Areraj) 아소까 석주

이렇게 싯다르타는 스승을 찾아 떠났고 스승이라고 생각되는 사람을 만나게 되면 이렇게 4가지 기준으로 스승을 점검하여 판단했다. 스승에 대한 은혜를 입었어도 스승의 가르침에서 부족함을 느끼면 스승의 만류에도 불구하고 지체없이 그곳을 떠났다. 싯다르타가 걸어간 출가의 길을 더듬어 보며 오늘날 현실을 생각해 보지 않을 수 없다. 정말 스승을 찾아서 출가한 것인지, 스승 같은 사람을 만나면 이렇게 4가지로 점검해 보았는지, 그래서 스승이 아니다 싶으면 주저 없이 떠나왔는지를 되묻게 되는 것이다. 출가 정신을 잊어버리고 돈과 명예를 다 갖추고 있으면서 더 많은 돈과 명예를 추구하는 자들을 스승이라고 모시고 있지는 않은지, 오히려 그들의 그늘에 기생하면서 나도 그들처럼 돈과 명예를 향해서 달려가고 있는 건 아닌지, 수행이라는 이름으로 무사안일에 빠져 이기심만 키우고 있는 건 않은지….

이러한 진리로 모두 편안하기를

웨살리(바이샬리)는 남북으로 지나는 교통의 중심지여서 상업도 발달하였다. 상업의 발달로 화폐가 빈번하게 통용되다 보니 불멸 후 100년이 지나면서 스님들도 보시를 금전과 은전 등으로 받는 일이 나타나기 시작한다. 출가자가 화폐로 보시받는 것이 계를 어기는 것은 아닌지 등 사회 변화에 따른 다양한 논의가 일어나면서 이곳 웨살리는 제2차 결집의 장소가 되기도 하였다. 부처님이 웨살리를 방문한 것은 깨달음을 얻은 후 5년째가 되는 해였다. 웨살리에 가뭄, 질병, 악귀 등이 출몰하자 마할리는 빔비사라왕에게 부처님을 초청하고자 하는 뜻을 전달한다. 웨살리의 마할리와 말라족의 반둘라왕자 그리고 라자가하의 빔비사라왕은 딱실라Takkasilā에 같이 유학한 도반이었기에 가까운 사이였다. 빔비사라왕의 도움으로 부처님은 웨살리를 방문해 『보배경Ratanasutta』을 설하여 가품, 질병, 악귀를 쫓아내기도 했다. 부처님의 위력을 체험한 웨살리의 릿차위족 사람들은 부처님이 열반하실 때까지 부처님께 감사한 마음을 갖게 되었다.

보배경이 설해진 이유

부처님이 열반하실 때가 되어 꾸시나가라로 향할 때 웨살리 사람들은 50km가 넘는 거리를 따라오면서 부처님을 배웅한 것만을 봐도 웨살리 사람들이 부처님을 얼마나 존경했는지 알 수 있다. 부처님은 지칠 줄 모르고 따라오는 그들에게 돌아가라고 여러 차례 말했지만, 그들이 계속 따라오는 것을 막을 수 없자, 당신의 발우를 건네주는 것으로 그들이 더 이상 따라오지 못하게 하였다. 릿차위족 사람들은 그 발우를 왕궁으로 가져가지 않고 부처님과 헤어진 바로 그 자리에 발우를 모신 케사리야 탑을 세웠다. 웨살리와 꾸시나가라 사이에 있는 이 탑은 인도에서 가장 규모가 큰 탑으로 그 크기만큼 릿차위족 사람들의 슬픔을 말해주는 듯하다.

웨살리 사람들이『보배경』을 외움으로써 나라의 안정과 평화가 찾아왔듯이 그 이후로 개인적으로나 집단적으로 고난을 겪으면 부처님이 설하신 이 경을 읽어 액난을 물리치려는 전통이 생겨났다. 그렇다면 웨살리의 모든 액난을 물리친『보배경』은 그 자체에 어떤 힘을 가지고 있을까?『보배경』은 세 가지 보배를 이야기한다. 그 보배는 부처님, 가르침, 상가이다. 간단히 말하면『보배경』은 삼보에 귀의한다는 내용인데 삼보에 귀의하는 공덕이 그만큼 크고

가장 완벽한 모습으로 남아있는 웨살리의 아소까 석주

부처님의 사리가 모셔졌었던 웨살리의 사리 탑

탁월하다는 것이다. 단순히 불법승은 보배이므로 귀의하라는 식으로 말하는 것이 아니라, 부처님은 어떠한 분이시고, 가르침은 어떠한 것이고, 귀의 대상이 되는 승가는 어떤 단체라고 설명하면서 "이러한 진리로 평안하게 되어지이다."라는 축원이 반복되고 있다. "나를 믿어라!" 또는 "나의 가르침을 믿어라!"라고 말하지 않고도 '있는 그대로의 사실'을 '있는 그대로'로 말하는 것만으로도 이렇게 큰 힘을 발휘한다.

"이러한 진리로 인해서 편안해 지기를Etena saccena suvatthi hotu!"이라고 말하는 것은 진실바라밀이다. 자신들은 부처님을 초청한 것뿐인데 질병과 기근이 물러갔으니 이보다 더 타력他力이 없고 큰 축복이 없다. 이 부분이 타력불교의 시작이라고 보여진다. '밀린다팡하'에서 밀린다왕은 "존자 나가세나여, 그대들은 '백 년 동안을 나쁜 행위를 했더라도, 죽는 순간에 한 번이라도 부처님을 염하는 마음챙김을 확립할 수 있다면, 그는 천상에 태어날 것이다.'라는 이 말을 믿지 않습니다."라고 말하자 나가세나는 "대왕이여, 백 대의 수레에 실은 돌들이라도 배에 실으면, 물 위에 뜰 수 있습니까?"라고 물으며 자력自力이 아니라 타력他力에 의해서도 천상에 태어날 수 있다고 말하는 장면이 나온다. 부처님 입장에서는 다만 진리를 말하는 '진실바라밀'이지만, 웨살리에 사는 주민들 입장에서는 타력으로 이루어진 축복이다. 극락세계를 만든 법장비구의 십념왕생원+念往生願도 이와 같은 타력에서 시작되었을 것이다.

스리랑카에서도 기근과 질병이 들었을 때『보배경』을 밤새워 독경함으로써 기근과 질병을 물리쳤다는 이야기가 전해온다.『보배경』은 『행복경Mangala sutta』, 『자애경Metta sutta』과 함께 대중적으로 알려진 보호주문保護呪文이 되어 우리나라의 『반야심경』처럼 법회나 행사 때에 자주 독송한다.

삼보에 귀의한다는 의미

부처님은 '달의 비유경'(S16:3)에서 믿어야 한다고 말하는 것을 청정하지 못한 설법이라고 하셨다. 청정한 설법과 청정하지 못한 설법을 이렇게 설명하신다.

"비구들이여, 어떤 비구의 설법이 청정하지 못하며, 어떤 비구의 설법이 청정한가? 어떤 비구든지 '저들이 내가 설하는 법을 듣기를, 듣고는 법에 대해서 청정한 믿음을 내기를, 청정한 믿음을 가지면 나에게 청정한 믿음의 표시를 드러내기를.'이라는 마음으로 남에게 법을 설하면 그러한 비구의 설법은 청정하지 못하다. 그러나 비구가 '법은 세존에 의해서 잘 설해졌고, 스스로 보아 알 수 있고, 시간이 걸리지 않고, 와서 보라는 것이고, 향상으로 인도하고, 지자智者들이 각자 알아야 하는 것이다. 저들이 내가 설하는 법을 듣기를, 듣고는 법을 완전하게 알게 되기를. 완전하게 안 뒤에는 이와 같이 되기 위해서 도를 닦기를.'이라는 마음으로 남에게 법을 설한다면 이러한 비구의 설법은 청정하다."

진실로 이 세상에서는 부처님, 가르침, 승가와 견줄만한 의지처가 없고 보배가 없기에 이 세 가지에 귀의하고 보시하면 마음이 편안해지고 많은 공덕이 있다.

대승불교권에서 조석으로 외우는 칠정례도 『보배경』의 확장 버전이다. 간단하게 말한다면 삼보에 대한 귀의가 그 내용이다. 그러나 칠정례는 삼보에 대한 설명이 부족하다. 어찌 보면 "상주常住하는 삼보를 믿어라!"라는 느낌이 강하다. 이러한 태도는 '깨달음의 종교'를 '믿음'으로 가두게 된다. 구체적으로 비교해 보면 『보배경』에는 부처님은 지멸止滅과 소멸消滅과 불사不死와 승묘勝妙를 얻은 분이기에 보배이며, 가르침은 사성제로서 보배이며, 상가 속에는 사쌍팔배四雙八輩 등 바르게 수행하는 수행자가 있기에 보배이다. 특히 『보배경』의 17게송 중에 상가의 내용은 8번이나 등장하고 그중에서 성인의 첫 단계인 수다원과의 내용을 설명하는 게송이 5개나 된다. 그만큼 성인聖人의 무리에 진입한 예류과預流果가 중요하기에 『보배경』에서 설명이 자세하다.

예류과는 과위果位를 얻는 즉시 개아가 있다는 견해有身見, 계율의식에 대한 집착戒禁取, 법에 대한 의심疑이 사라진다. 그는 윤회를 하더라도 지옥, 축생, 아귀, 아수라 등의 세계로 떨어지지 않으며, 어머니와 아버지와 아라한을 살해하고, 부처님의 몸에 피를 내고, 승단의 화합을 깨뜨리고, 외도外道의 교리를 추종하는 6가지를 저지를 수 없다. 이처럼 『보배경』은 구체적으로 예류과와 아라한과에 대해 설명하고 있어서 『보배경』을 독송하는 불자들은 자연스럽게 승가를 잘 이해하고 승가에 귀의하고 공양하게 된다. 반면 칠정례에는 상주일체승가常住一切僧伽를 강조하는 것만 있을 뿐, 승가에 대한 구체적인 설명이 없다.

　이러한 까닭에 우리는 아직도 삼귀의를 한글화하면서 승가를 바르게 번역하지 못하고 있는지도 모른다. 한글 삼귀의에서 '스님들'은 문법적으로 복수인 비구bhikkhu 비구니hikkhuni의 번역이지 '승가saṅgha'의 번역이 아니다. 지금 우리 종단에서는 '승가'의 의미를 잘 모르고 있기에 "스님들께 귀의한다."라고 설명하고 있는데 여기에서 파생되는 허물은 막대하다. 이번 성지 순례 기간에 우리는 델리에 머물 때를 제외하고 한국, 미얀마, 태국, 베트남 등의 사찰에서만 머물렀다. 나라와 인종이 달라도 우리 수행자들은 부처님의 제자라는 '사방승가四方僧伽' 정신에 의해서 당당하게 찾아갔고, 그들은 우리를 환영해 주었다. 처음 보는 한국의 스님들을 도반, 불자로 인식하고 따듯하게 맞이하여 무료로 재워주고 먹여주는 그들을 보며 새삼스럽게 '승가'의 의미를 확인하였다. 부처님이 최초의 승원인 죽림정사를 기증받을 때부터 승가의 이름으로 기증받았기 때문이며, 오늘날까지 전 세계의 모든 사찰이 승가에 보시하고 승가를 위해서 사찰이 건립되었기에 가능한 일이다.

제2차 결집지 웨살리에서

웨살리vesali는 '넓은 지역'이라는 뜻이다. 그 뜻처럼 웨살리는 넓은 평야 지역으로 교통의 중심지였다. 웨살리에는 어떠한 일들이 일어났는가? 부처님 성도 후 3년에 웨살리에서는 기근과 질병이 창궐하였는데 부처님이 『보배경』을 설함으로써 질병이 사라졌다. 성도 후 5년에 웨살리에서 마하빠자빠띠를 상수로 하는 500여 명의 비구니 승단이 생겨났다. 모든 남성을 사로잡았던 암바팔리 기녀가 살았고, 자이나 교주인 니간타 나타뿟다가 이곳에서 태어났다. 위대한 영웅이라 불리는 마하비라가 이곳에서 12안거를 지냈다. 그만큼 웨살리는 자이나교도들이 많이 살았기에 교주의 제자들과 부처님의 만남이 자주 있었다. 자이나 교주의 제자들이 부처님과의 대화를 통해서 많이 개종하였는데 삿짯까경(M35), 큰 삿짯가경(M36), 왓차곳따경(M71), 수나캇따경(M105), 니간타경

부처님이 마지막 안거를 나신 웨살리의 웰루가마

(A3:74), 왑빠경(A4:195), 시하 경(A8:12) 등에서 그 사실을 확인할 수 있다.

니간타 나따뿟따의 제자 중에 시하 장군과 부처님의 만나는 시하 경(A8:12)의 내용은 흥미롭다. 부처님이 웨살리에서 큰 숲의 중각강당에 머무실 때 니간타 나타뿟따의 제자 시하 장군은 대중들의 만류에도 기어코 부처님을 만나러 갔다. 그는 부처님께 묻는다. "부처님을 '업 지음 없음을 말하는 자', '단멸을 말하는 자', '혐오를 말하는 자', '고행자'라고 말하는 것이 사실입니까."

그러자 부처님은 말씀한다. "그렇다. 나는 '몸과 입으로 나쁜 행위로 업을 짓지 말라.'는 의미에서 '업 지음 없음을 말하는 자'이고, 탐욕과 성냄과 어리석음을 단멸시키라고 하는 의미에서 '단멸을 말하는 자'이고, 나쁜 행위를 혐오하므로 '혐오를 말하는 자'이고,

불선不善법들을 제거하기 위해서 고행을 하라는 의미에서 '고행자'
라고 대답한다."

다른 종파의 수행자들을 배려하는 태도

이를 듣고 부처님을 비방하는 내용들이 모두 헛된 소문이었음을 확인한 시하 장군은 "오늘부터 목숨이 붙어 있는 그날까지 세존께 귀의합니다. 세존께서는 저를 재가신자로 받아주소서."라고 청한다. 부처님은 "시하여, 그대와 같이 잘 알려진 사람은 심사숙고하는 것이 좋다."라며 신중히 생각할 것을 당부한다. 시하는 심사숙고하라는 말을 듣고 다른 스승들은 저를 제자로 얻은 뒤 "시하 장군은 우리의 제자가 되었다.'라고 온 웨살리에 깃발을 들고 다닐 것인데 부처님은 심사숙고하길 당부하시니 더욱 믿음이 가서 부처님의 제자가 되고 싶다며 다시 청한다.

그러자 부처님은 "시하여, 그대의 가문은 오랜 세월 동안 니간타들을 위하여 보시를 해왔으니, 설사 나의 제자가 되더라도 그들이 오면 그들에게도 음식을 공양해야 한다."고 말한다. 이 말을 듣고 시하 장군은 더욱 기뻐하며 세 번째 귀의한다. 부처님은 시하 장군에게 보시의 가르침, 계의 가르침, 천상의 가르침, 감각적 욕망들의 위험과 타락과 오염원, 출리에 대한 공덕에 대한 가르침을 설하고 마지막으로 괴로움苦과 일어남集과 소멸滅과 도道라는 법의 가르침을 설하여 시하 장군이 "일어나는 법은 그 무엇이건 모두 멸하기 마련인 법이다."라는 법의 눈法眼을 얻게 한다.

부처님이 다른 종파의 수행자들을 배려하는 태도는 마우리야 왕조의 아소까왕에게 이어져서 아소까왕도 여러 종파의 수행자들에게 공양을 베풀고 심지어 동물과 식물을 위해서 우물을 파고 나무를 심는 일까지 하였다. 또한 시하 장군이 부처님을 초청하여 성대하게 음식을 대접하자 니간타들은 "오늘 시하 장군이 짐승들을 잡아서 사문 고따마를 위한 음식을 만들었다. 사문 고따마는 그것이 자신을 위하여 만들어진 것을 알면서도 자신 때문에 준비한 고기를 먹는다."고 비난하며 여기저기서 소문을 내었다. 부처님은 이 사건을 계기로 몇 가지 조건을 붙여서 육식을 허용한다. 즉, 수행자 대접하기 위해 죽인 고기, 수행자를 대접하기 위해 죽였다고 들은 고기, 수행자를 대접하기 위해 죽였다고 의심이 드는 고기를 먹지 말라는 율을 제정하였다. 니간타들의 온갖 비난에도 불구하고 그 세력이 점점 줄어들자, 니간타들은 부처님을 모함하여 엉뚱한 죄를 덮어씌우는 등 계속 나쁜 짓을 저지른다. 자객을 시켜서 마하목갈라나 존자를 살해한 것도 니간타들이 꾸민 짓이다.

불멸 후 100년경에는 금과 은을 받는 웨살리 비구를 목격한 야사 비구의 제안으로 제2차 결집이 있었다. 웨살리 제2차 결집으로 승단이 상좌부와 대중부로 나뉘게 된다. 아난다의 제자였던 야사 존자가 웨살리로 유행을 하다가 마하와나의 중각강당kūṭāgārasālā에 머물게 되었는데 웨살리 비구들이 신도들에게 금전, 은전을 요구하는 등 10가지 계율을 지키지 않고 있는 것을 보게 되었다. 10가지란 뿔에 소금을 저장하는 것, 세 가지 경우에 오후 불식을 완화하는 것, 동일 결계 안에서 별도의 포살을 하는 것, 불완전한 대중이 갈마를 하고 사후 승인을 구하는 것, 은사와 계사에 관련된 것을 관례에 따라 처리하는 것, 완전하게 숙성되지 않은 술을 먹는 것, 테두리 없는 좌구의 사용 그리고 금과 은을 소유하는 것이다. 이들 가운데 가장 핵심적인 쟁점은 금과 은을 소유하는 것인데 금화 은화를 가지게 되면 다른 모든 것들을 허용하는 것이 되기 때문이다.

금과 은을 받는 웨살리 비구

웨살리 비구들이 객스님인 야사 비구에게도 자신들이 탁발한 금과 은을 나누어 주려고 하자 야사 비구는 계율이 아니라며 받지 않았다. 웨살리 비구들은 금과 은을 받지 않는 야사의 행위가 보시한 재가자들을 업신여기는 것이라며, 보시한 재가자에게 사

최초로 생겨난 비구니 승단이 머물던 웨살리의 대림정사

죄해야 하는 사죄謝罪 결정을 내렸다. 야사 비구는 재가자들을 만나러 가서 그들을 설득하다가 이번에는 웨살리 승가로부터 권리정지權利停止를 당하였다. 야사 비구는 혼자서는 웨살리 비구들을 설득할 수 없음을 알고, 자신에게 동조하는 비구들을 모으기 위하여 다른 지역으로 가서 비구들을 찾아 나선다. 그는 빠와pāvā 지역에서 60명, 아완띠avanti 지역에서 80명의 스님을 모으고, 미리 레와따 존자를 찾아가서 협조를 구했다. 레와따 존자는 웨살리에 사는 아난다 존자의 직계 제자 삽바까민 존자에게 미리 동의를 구하여 놓았다. 드디어 금화를 받는 등의 10가지 문제에 대해 대중공사를 진행하였다. 비구들 간의 논쟁이 끝나지 않자 웨살리 승가를 대표하는 4인과 야사 비구 쪽 승가를 대표하는 4인을 선출하여 심사위원회를 구성하였다. 그들은 웨살리 남쪽에 있는 '왈리까 아라

제2차결집이 행해진 '왈루까 승원'이 있었던 장소

마'에서 대중이 지켜보는 가운데 10가지 계율들은 모두 비법非法이라고 결정하였다. 이것은 '제2차 결집' 혹은 7백 명이 참석하였다고 하여 '7백 결집'으로 불린다.

현장 스님은『대당서역기』에서 "웨살리성의 동남쪽으로 14~15리를 가다 보면 커다란 솔도파(스투파)에 이르게 되는데, 이곳은 7백 명의 현성賢聖들이 다시 한번 모여서 결집한 곳이다."라는 기록을 남겼다. 지금은 야자수와 연못만이 남아있다. 이곳은 오랫동안 정글로 남아있어서 현지인들에게는 '정글리 마트'라고 불리어 왔다. '왈리까 아라마'가 있던 자리는 현재 힌두교 사원이 건립되어 있다. 다행히 그곳 건물 벽에 왈루까 승원이었다는 기록이 남겨져 있어 그곳이 제2차 결집지임을 알게 해준다. 현지 가이드에 의하면 이곳에 안치된 불상이 있었는데 힌두교인들에 의해서 다른 힌두사원으로 옮겨졌다고 한다. 조금 떨어진 사원에서 가이드의 도움으로 옮겨진 불상을 확인할 수 있었다.

승가 안의 부익부 빈익빈, 각자도생

제2차 결집지를 찾았다는 기쁨도 잠시 순례자는 깊은 허망함을 느낀다. 왈루까 승원은 흔적도 없이 사라져 힌두교 사원이 그 자리를 대신하고, 제2차 결집에서의 결정은 현재 승가에서 지켜지지 않는다. 10가지 비법非法이라고 결정되었던 문제들이 현재는 아무런 거리낌 없이 행해지고 있다. 대승불교권은 물론이고 남방불교권에서도 승려들이 돈을 소유하고 보시받는 것이 일반화되었다. 야사 비구가 이 사실을 안다면 "내가 이러려고 결집을 주도했나!"라고 한탄했을 것이다. 더구나 한국불교에서는 이제 소유의 문제가 아니라 승가의 부익부 빈익빈이 더 큰 문제다. 승려 간의 빈부 차이가 서로서로 고용주와 노동자의 갑을관계를 만들고 있다. 사찰 관람료, 임대료, 주차료, 상품 판매 등으로 일부 출가자들이 재가자들보다 더 많이 소유하고, 그 재산을 이용하여 자본을 투자 관리하는 자본가가 되었다. "이 정도의 토굴은 장만해 놓아야지", "이 정도 자가용은 타고 다녀야지."라고 말하며 재가자들보다 더 귀족이 되었다.

이런 면에서 보면 현재의 한국불교 승가는 야사 비구 쪽의 후예가 아니고 웨살리 비구들의 후예라고 보아도 좋을 것이다. 한국불교의 스님들이 개인 토굴을 소유하고, 고급 승용차를 소유하고 있는 현실에서 다시 야사 비구처럼 "스님들은 금은을 받으면 안 된다."고 주장하는 것은 타당할까? 그 당시 가장 상업이 번성하였던 웨살리에서 금은 소유 논쟁이 발생한 것은 우연이 아니다. 지금은 모든 곳에서 화폐와 카드가 사용되고 스님들의 월 보시, 객스님 차비, 병원비, 사찰운영비 등도 모두 현금과 카드로 지급된다. 이제는 금은을 갖지 말아야 한다는 원론적인 주장을 할 것이 아니라, 승가 안의 부익부 빈익빈의 문제를 어떻게 해결하고, 각자도생의 문화를 어떻게 풀어낼 것인지를 고민해야 한다. 승가의 공유물이 공유물로 사용되지 못하고 일부 승려들과 개인이 사유화하는 것, 그래서 승려 사이에 빈부차이가 심각해지고 서로 반목하는 것이 가장 큰 문제이다. 현재 승가가 구성원들끼리 화합하고 사회적인 역할을 다하기 위해서는 대중공의를 모아서 승가를 운영하면 된다.

제2차 결집은 다수결의 원칙을 따른 것

부처님은 대중공사에서 "대중 스님들은 동의하시면 침묵하시고 이의가 있으면 말씀하십시오."라고 물음으로서 대중공의를 모으는 방법을 가르쳤다. 대중공의를 모은다는 것은 승가 구성원을 평등하게 대한다는 것이다. 구성원 스스로 승가 대중공의를 모으는 일에 참여하였다면 그 결정이 불만족하더라도 따르게 된다. 승가 구성원들이 서로 신뢰하게 되고 만족도가 높아진다. 승가가 화합하게 된다. 사회인들이 승가를 존중하게 된다. 구성원끼

유마거사의 탑이라고 전해지는 봉분탑

리 서로 신뢰하고 화합하고 만족도가 높고 사회의 존중을 받으면 왜 포교가 안 되겠으며, 왜 출가자들이 들어오지 않겠는가? 조계종의 승가 구성원 1만 명이 뜻을 모으면 승려 노후 복지가 실현되고, 승려 간의 빈부의 차이가 줄어들 확률이 높다. 현재 종단은 구성원들의 주소와 연락처를 모두 확보하고 있으므로 이것을 이용하면, 안거 때마다 시행하는 정기적인 포살 시간을 활용하면, 승가의 공의를 모으는 것은 어렵지 않을 것이다.

만장일치도 그렇다. 야사 비구의 의견에 동의하는 700명의 입장에서는 만장일치라고 할 수 있겠지만, 웨살리 비구를 포함한 전체 승가의 입장에서는 제2차 결집은 다수결의 원칙을 따른 것이다. '사마가마 경'(M104)에서도 부처님은 "만일 그 대중공사를 그 처소에서 가라앉히지 못하면 그 비구들은 많은 비구들이 머무는 그런 처소로 가야 한다. 거기서 모두 화합하여 모이고 법도를 만들어 다수결에 의해서 대중공사를 해야 한다."라고 가르친다. 조계종의 종헌 종법도 대부분 다수결에 의해 결정하도록 하고 있다.

스님들 중에는 만장일치가 승가 고유의 전통이라고 잘못 알고 있는 분들이 의외로 많은 것 같다. 승가의 갈마羯磨 원칙은 다수결이며 대중공의를 모으는 원칙도 다수결이어야 한다. 부처님은 승가의 다툼을 가라앉히는 일곱 가지 원칙, 즉 칠멸쟁법七滅諍法의 하나로 다수결을 천명하셨다. 오늘날 승가는 만장일치가 이 칠멸쟁법에 들어있지 않은 이유를 잘 이해해야 한다.

최초의 비구니 승단

웨살리(바이샬리)는 세계의 비구니스님들에게 특별한 장소다. 그 이유는 이곳에서 부처님께 여성 출가를 어렵게 허락받았기 때문이다. 이러한 사실 때문에 뜻있는 비구니스님들이 이곳에서 사찰을 건립하여 비구니 수계를 이어가려고 노력하고 있다. 베트남 비구니스님은 이곳에 큰 사찰을 짓고 비구니 수계살림을 하고 있다. 비구니계가 끊긴 태국도 이곳에서 수계한 비구니스님이 사찰을 짓고 있다. 비구니 파워가 상대적으로 강한 한국 비구니스님들의 활동이 거의 보이지 않아 아쉽다.

최초의 비구니로 알려진 부처님의 양모이자 이모인 마하빠자빠띠는 깨달음을 얻은 다음 해에 고향으로 찾아온 부처님을 뵈었다. 부처님은 첫 방문에서 거만한 사까족들에게 쌍변신雙變身의 신통을 보이고 많은 가르침을 설했는데, 이때 마하빠자빠띠와 숫도다나왕

등은 수다원과를 얻었다. 그러나 이때는 숫도다나왕이 살아있었기 때문에 출가할 마음을 내지 못하였다. 부처님이 다시 고향을 방문한 것은 사까족과 꼴리야족의 농부들이 가뭄으로 물싸움이 일어났을 때다. 부처님은 물싸움을 중재했고 그 보답으로 사까족과 꼴리야족 남자 500명이 출가하게 되어 과부가 500명이 생겨났다.

부처님이 성도한 지 5년 후 연로한 숫도다나왕의 임종이 가까이 오자 부처님은 부친의 임종을 보려고 두 번째로 고향을 방문한다. 이때 숫도다나왕이 세상을 떠나자 홀로 남겨진 마하빠자빠띠는 니그로다 숲에 계시던 부처님을 찾아가 세 번이나 출가를 요청하였지만 거절당한다. 그녀는 포기하지 않고 과부 500명의 사까족과 꼴리야족 여인들과 함께 삭발하고 가사를 걸치고 웨살리로 찾아갔다. 이때 부처님은 웨살리의 중각강당重閣講堂, kutagarasalaya에 머물고 있었다. 이 승원은 부처님이『보배경』을 설하여 질병을 없

웨살리에는 최근 각국의 비구니 사찰이 세워지고 있다

앤 보답으로 만들어진 승원이다. 여기서도 부처님은 그녀의 출가를 세 번이나 거절하지만, 아난다의 도움으로 8가지 규칙을 지키겠다는 조건으로 출가하게 된다. 부처님과 비구니들은 이곳에서 첫 안거를 나게 된다. 지금도 중각강당 옆에는 비구니들이 살았다는 만卍자 모형의 절터가 남아있고 비구니들이 살던 승원 터에서 발견된 수세식 소변기는 방문자들의 흥미를 끈다. 이 소변기는 웨살리 박물관에 전시되고 있다.

여성 출가가 시작된 곳

아난다가 마하빠자빠띠를 대신해서 여성의 출가를 요청했다는 이유로 여성 출가는 아난다가 부처님의 정식 시자가 된 이후라고 말하는 사람도 있다. 그러나 부처님의 고향 방문 시기, 중각각당의 건립 시기, 500명의 사까족과 꼴리야족 여인들이 나타난 시기, 니그로다 숲에서 여성의 출가를 요청한 시기, 부처님의 웨살리 안거 시기 등의 사건을 살펴보면 비구니 승가가 탄생한 것은 비구 승가보다 겨우 5년 정도 늦은 것으로 봐야 한다. 부처님이 여섯 번이나 여성의 출가를 거절하고 팔경법八敬法, garudhamma을 내세우고, "여성의 출가로 정법이 500년 단축될 것"이라는 예언까지 하신 걸 보면 여성의 출가가 얼마나 큰 결단이었는지 알 수 있다. 어떤 이들은 '정법 500년 단축설'과 비구니가 비구에게 지켜야 할 여덟 가지 규범인 '팔경법'은 부처님이 설한 것이 아니라고 말하며 무시하려고 한다. 그러나 빠알리 율장을 비롯한 모든 율장 전통에 전해지고 있는 팔경법을 후대에 첨가된 것으로 보는 것이 더 억지스럽다. 부처님이 제시한 팔경법은 다음과 같다.

① 비구니는 구족계를 받은 지 백세가 되어도 오늘 구족계 받은 비구에게 인사하고 자리에서 일어나 합장하고 응대해야 한다. 이 법을 목숨이 다할 때까지 어기지 않도록 공경하고 존중하고 숭앙하고 존숭해야 한다.
② 비구니는 비구가 없는 주처住處에서 우기雨期를 지내서는 안 된다.
③ 비구니는 보름마다 비구 승가에게 포살布薩에 대한 질문과 훈계하는 비구를 요청해야 한다.
④ 비구니는 우안거雨安居가 끝나면 양승가兩僧伽에서 보거나 듣거나 의심가는 일에 대해서 자자自恣를 행해야 한다.
⑤ 비구니가 팔경법을 범하면 양승가兩僧伽에서 보름 동안 속죄mānatta를 행해야 한다.
⑥ 정학녀sikkhamānā가 2년 동안 육법六法의 학처學處를 배우고 나면 양승가에서 구족계를 청해야 한다.
⑦ 비구니는 어떠한 이유로도 비구를 비웃거나 비난해서는 안 된다.
⑧ 오늘부터 비구니의 비구에 대한 충고는 막히고, 비구의 비구니에 대한 충고는 막히지 않는다.

이 팔경법의 특징은 비구 승가는 비구 승가에서 독자적으로 포살과 자자 등을 행하는데, 비구니는 비구 승가와 비구니 승가 양쪽으로부터 통제 혹은 보호를 받아야 한다는 것이다. 여성 출가의 전제조건인 팔경법은 이미 부처님 당시에 팔경법의 대부분이 부처님에 의해서 무효화되거나 완화되었다. 재가자들은 비구니가 비구에게 무릎을 꿇고 참회하고 충고를 듣는 모습, 밤늦게 비구니들과 같이 모여있는 모습을 보고 심각하게 오해하고 비난하였기 때문이다. 이러한 재가자의 비난으로 인해서 팔경법 ③~⑧번은 다음과 같이 수정하면서 비구니 승가의 독립성이 강화되었다.

- 비구니들이 비구니들에게 의무 계율을 송출하는 것을 허용한다.
- 비구니들이 비구니들에게 죄를 받아들이는 것을 허용한다.
- 비구니들이 비구니들을 위해 갈마하는 것을 허용한다.
- 비구니들이 비구니들을 위해 죄를 처분하는 것을 허용한다.
- 비구니들이 비구들과 자자를 행해서는 안 된다. 행하면 악작죄가 된다.

비구니 승가의 독립성

또한 율장 뒤편으로 가면 "비구들이 비구니들에게 포살을 차단시켜서는 안 된다." "자자를 차단시켜서는 안 된다." "명령을 내려서는 안 된다." "권위를 세워서도 안 된다." "허가를 받아서도 안 된다." "비난을 해서도 안 된다." 등의 표현이 나오는데 이것은 비구와 비구니에게 똑같은 권한을 준 것이다. 백번 양보해서 팔경법 ①번이 비구니에 대한 차별이라 해도 비구에게 인사 잘하고 존중하는 모습을 보이라는 것이지, 다른 종교 성직자들에 나타나는 여성 성직자에 대한 차별은 아니다. 평소에 하심하고 인사 잘하는 스님이라면 아무런 불편 없이 살아갈 수 있는 것이다. 비구니

스님들은 "팔경법이 후대에 만들어진 비구니 차별법이니 없애야 한다."는 주장보다 팔경법이 만들어진 의도와 내용 그리고 어떻게 수정되고 변화되었는지를 파악하는 노력을 기울이는 것이 더 현명할 것이다.

　부처님은 비구 비구니의 육체적 차이를 아시고 팔경법을 두셨지만, 정신적으로는 비구 비구니가 동등하게 과위果位를 얻을 수 있기에 출가를 허락하셨다. 특히 팔경법 ②번은 비구니들을 구속시키기 위한 조항이 아니라, 비구니를 보호하기 위한 조항이다. 현대처럼 선방이나 강원처럼 비구니들이 단체생활을 하거나 시골 말사에 살더라도 경보장치가 작동되는 시스템이라면 ②번도 자연스럽게 무효화되었다고 볼 수 있을 것이다.

　부처님은 "만약에 여인의 출가가 허용되지 않았다면, 천 년 동안 정법이 존속할 것인데 여성의 출가로서 단지 500년 지속될 것이다."라는 말씀도 남기셨지만, '열반경'(D16)에서는 "수밧다여, 이

웨살리 비구니 승원터에서 발견된 소변기.

법과 율에는 여덟 가지 성스러운 도가 있다. 그러므로 오직 여기에만 사문이 있다. 여기에만 두 번째 사문이 있다. 여기에만 세 번째 사문이 있다. 여기에만 네 번째 사문이 있다. 다른 교설들에는 사문들이 텅 비어 있다. 수밧다여, 이 비구들이 바르게 머문다면 세상에는 아라한들이 텅 비지 않을 것이다."라고 말하고 있다. 이러한 두 가지 모순되는 듯한 설명은 난문難問이라고 여겨져서『밀린다팡하』에서도 거론되고 있다.

"대왕이여, 세존께서는 '아난다여, 정법은 5백 년간 존속할 것이다.'라고 말하면서 또한 완전한 열반에 드실 때에 유행자 수밧다에게 '수밧다여, 이 비구들이 바르게 머문다면 세상에는 아라한들이 텅 비지 않을 것이다.'라고 말씀하셨습니다. 대왕이여, 하나는 정법의 기한(sāsanapariccedo)을 말한 것이고, 하나는 수행에 대한 설명(patipatti paridīpanāti)입니다. 그 양자는 서로 의미가 다릅니다."

여기서 말하는 정법(saddhamma)은 무엇일까? 정법(saddhamma)과 법(dhamma)이 어떻게 다른가? 부처님은 정법(saddhamma)이 사라진다고 말했지 법(dhamma)이 사라진다고 말하지 않았다. 정법으로 번역되는 사담마(saddhamma)는 'sad(올바른, 진실된, 완벽한)' 'dhamma(가르침)'이라는 뜻이다. 한문 경전에서는 백법白法, 정법正法, 묘법妙法으로 번역하였다. 그러므로 정법은 오염되지 않은 깨끗한 가르침, 진실하고 완벽한 가르침으로 이해할 수 있다. 정법이 사라지는 시기는 깨달음(adhigama)이 사라지는 시기, 수행(patipatti)이 사라지는 시기, 가사를 입은 수행자(liṅga)가 사라지는 시기로 나눈다. 불교 역사에 보이듯이 부처님 시대와 불멸 후 오백 년은 가르침(敎)과 수행(行)과 증득(證)이 함께 나타났다. 불멸 후 오백 년 후부터는 가르침(敎)과 수행(行)은 있어도 증득(證)하는 자가 적어졌다. 이것은 어느 종교단체에서나 자연스러운 현상이다. 그런데 정법이 사라지는 이유를 여자의 출가 때문이라고 말한다. 아마도 여성 출가자는 당시의 사회적 관습, 사회불안, 전쟁 등으로 계율을 지키기 어렵게 된다는 것을 의미하는 게 아닌가 싶다. 불멸 후 오백 년에 대승불교가 나타나고, 『금강경』에서 반복적으로 후오백세後五百世를 말하는 것을 보면, 제자들이 정법 오백 년 설을 무시하는 것은 무척 어려웠나 보다. 『법화경』을 『묘법(saddhamma)연화경』으로 지은 것도 새로운 경전을 만들어 정법(saddhamma)을 이어가고자 했던 것으로 보인다. 잃어버린 정법을 다시 되살리려 했던 것으로 보인다. 현재 남방불교에서는 비구니 승단이 사라졌다. 그들이 단절된 비구니 승단을 회복시키지 않는 이유는 "만약에 여인의 출가가 허용되지 않았다면, 천 년 동안 정법이 존속할 것인데 여성의 출가로서 단지 오백년 지속될 것이다."라는 말씀의 영향으로 보인다.

팔경법은 부처님께서 완화하거나 무효시켰다

이 경에서 밀린다왕의 질문에 대답하는 나가세나의 설명

은 대부분 명쾌하다. 그러나 위와 같은 설명은 흡족하게 받아들여지지 않는다. 이어서 나가세나는 정법이 사라지는 세 가지 시기를 설명한다. 하나는 깨달음adhigama이 사라지는 시기, 수행patipatti이 사라지는 시기, 가사를 입은 수행자linga가 사라지는 시기이다. 부처님의 제자들은 정법이 불멸 후 5백 년에 사라질 것으로 예측하고 있었던 듯하다.『금강경』에서 반복적으로 '후 오백세'를 말하며 그때가 되면 부처님의 가르침을 알아듣는 이가 없을 것이라고 염려하는 표현이 등장하는 것과 실제로『금강경』이 편집된 시기가 불멸 후 약 5백 년이라는 것도 우연은 아닐 것이다. 부처님의 두 가지 말씀 중에서 우리는 어느 쪽을 선택할 것인가? 확실한 것은 어느 쪽을 선택하느냐에 따라서 우리의 삶은 달라질 것이다.

웨살리는 자이나 교주인 니건타 나타뿟다가 태어나 12안거를 지낸 곳이다. 부처님은 이곳에서 2번의 안거를 지내셨는데 이곳에서 설해진 '작은 사짯까경'(M35), '큰 사짯까경'(M36)은 부처님이 니간타의 제자들과 문답을 주고받은 내용이다.

웨살리에 있는 태국 사찰에 머무는 동안 만난 한국 비구니스님들은 고맙게도 웨살리에 한국 사찰을 짓겠다는 마음을 내었다. 그래서 나와 비구니스님들은 태국 사찰 주지스님이 주신 정보를 바탕으로 며칠 동안 웨살리의 땅을 보러 다니기도 했다. 웨살리는 다른 성지들에 비해 전기사정도 안 좋고 교통도 좋아 않아, 외국인들이 살기에 불편한 곳이지만, 그런 이유로 다른 곳보다는 땅값이 싸다. 모쪼록 어려운 마음을 낸 비구니스님들이 역경을 이겨내어 이곳에 비구니 사찰을 건립해 주길 기원한다.

아찌라와띠 강가에서

부처님은 강을 비유로 들며 설법할 때 항상 다섯 개의 강을 언급한다.

"비구들이여, 강가Gaṅgā, 야무나Yamunā, 아찌라와띠Aciravatī, 사라부Sarabhū 그리고 마히Mahī 같은 강들이 큰 바다에 이르면, 이전의 이름과 성을 버리고 큰 바다라는 하나의 이름을 얻는 것처럼, 끄샤뜨리야, 바라문, 와이샤, 수드라의 네 가지 계급이 여래의 법과 율에 출가하면 이전의 이름과 성을 버리고 사꺄의 아들이라는 하나의 이름을 가지게 된다."

(A8:18)

인도 대륙에는 5백여 개의 강이 있다. 그 강들 가운데 부처님이 언급한 아찌라와띠강은 다른 강들에 비해서 작은 편이다. 그런데도 부처님은 인도 대륙의 강을 열거할 때 항상 아찌라와띠강을 포함시킨다. 그 이유를 밀린다팡하에서 나가세나는 이렇게 말한다. "대왕이여, 히말라야산에서 5백개의 강이 흘러내리는데, 그 가운데 강가gaṅgā, 야무나yamunā, 아찌라와띠aciravatī, 사라부sarabhū, 마히mahī, 신두sindhu, 사라싸띠sarassatī, 베뜨라와띠vetravatī, 위땀사vitaṃsā, 짠다바가띠candabhāgāti 이렇게 열 개만이 강으로 취급됩니다. 왜냐하면 다른 강들은 항상 물이 있는 것은 아니기 때문입니다." 우리는 이것을 근거로 보면 아찌라와띠강은 비록 크기가 작았지만, 상류에 있었던 까닭에 한 번도 강의 물이 마르지 않았다는 것을 알 수 있다. 이 다섯 개의 강은 모두 동쪽 바다로 향하고 있음을 알 수 있다.

그 중에 꼬살라국의 사위성 앞을 흐르는 강이 아찌라와띠(현재 이름은 Rapti)강이다. 빠세나디왕은 아찌라와띠강이 보이는 누각에서 왕비 말리까와 이야기를 즐겨 나누였고 사왓티(사위성) 백성들과 제따와나에 거주하는 스님들도 이 강에서 자주 목욕하였다. 경전에서 이 강과 관련된 이야기가 많이 나오는 이유다. 인도의 고대도시는 모두 강 근처에 세워졌는데 그로 인해 물의 범람으로 피해를 보곤 하였다. 꼬살라국의 아짜라와띠강은 유독 홍수의 피해를 많이 입었다.

부처님은 홍수 피해로 울부짖는 농부 바라문을 부처님이 찾아가서 위로한다. 부처님은 그 농부가 봄에 씨앗을 뿌리고 가을에 추수할 때까지 여러 번 찾아갔다. 봄에 찾아가서는 이렇게 물었다.

홍수 피해가 많이 일어났던 아찌라와띠강

"바라문이여, 무슨 일을 하고 있는가?" "사문 고따마여, 저는 농사지을 준비를 하고 있습니다." 그러자 부처님은 아무 말 없이 갈 길을 가셨다. 그 뒤 다시 바라문을 찾아가서 "바라문이여, 무슨 일을 하고 있는가?" "사문 고따마여, 쟁기질을 하고 있습니다." 부처님은 또 아무 말도 없이 갈 길을 가셨다. 이렇게 몇 달 동안 계속해서 부처님은 그 농부에게 가서 질문을 던졌고 바라문은 그때마다 "사문 고따마여, 저는 씨앗을 뿌리고 있습니다. 저는 잡초를 제거하고 있습니다."라고 대답했다. 바라문은 자신에게 많은 관심을 보이는 부처님에게 "사문 고따마여, 당신은 제가 농사를 시작할 때부터 여기에 오셨으니, 곡식을 추수하면 나누어 드리겠습니다. 당신에게 올리기 전에 먼저 먹지 않겠습니다."라고 약속했다.

부처님이 농부를 찾아간 까닭

그런데 추수하기 전날 밤 사나운 비바람과 폭풍이 쏟아지더니 모든 곡식이 태풍에 휩쓸려 가버렸다. 농부는 몹시 낙담해서 밥 먹는 것도 잊어버리고 누워 괴로워했다. 이때 부처님께서 그의 집으로 찾아가서 물었다.

"바라문이여, 이 슬픔이 어디서 오는지 아는가?"
"저는 모릅니다. 당신은 아십니까?"
"그렇다. 바라문이여, 슬픔과 두려움은 집착에서 일어나는 것이다."

부처님께서는 이렇게 말씀하시고 게송을 읊으셨다.

"집착이 슬픔을 낳고, 집착이 두려움을 낳는다.
집착에서 벗어나 슬픔이 없는데 어찌 두려움이 있겠는가?"

(Snp146)

부처님께서 이 게송을 마치자, 농부 바라문은 수다원과를 성취하고 부처님의 재가 신도가 되었다. 부처님이 이렇게 누군가를 여러 번 찾아가서 친분을 쌓았던 적이 있던가? 이 농부에 대해서는 1년 내내 찾아갔다. 아마 탁발 나가는 길에 그 바라문 농부의 논이 있어서 오고 갈 때 자연스럽게 얼굴을 마주쳐야 했는지 모르겠다. 그럼에도 마주칠 때마다 먼저 말을 걸고는 침묵하며 지나갔다는 것은 예사롭지 않다. 사람마다 깨달음의 인연을 아시고 성인의 지위를 얻게 하시는 부처님, 부르지 않았어도 기꺼이 찾아가신 부처님, 그분의 지혜와 자비가 잘 드러나는 사건이다. 잦은 홍수 때문이었는지 중국 당나라의 현장 스님이 이곳을 방문했을 때는 왕궁이나 왕원정사Rājakārāma 등이 그 터만 남아있었다고 전한다. 왕원정사는 비구니들을 위해서 왕이 특별히 왕궁 안에 만들어 기증한 비구니 승원이다. 노을이 지는 저녁에 무너진 토성에서 바라보는 사왓티는 적막하고 황량하다. 여기가 한때 번영했던 꼬살라국의 수도였다는 것이 믿어지지 않을 정도로 저녁 무렵의 사왓티는 여우 울음소리만 요란하다.

잡목과 잡풀이 무성한 사위성을 걷다 보면 온통 바닥이 마른 진흙으로 뒤덮여 있음을 발견하게 된다. 이 두꺼운 진흙층은 아찌라와티강의 범람으로 생겨난 것이다. 현장 스님의 증언대로 이곳에

동원정사가 있었던 자리에 남아있는 아소까 석주 부분

사람이 살지 않게 된 것은 대규모 홍수 탓이었을 것이라는 생각이 든다. 이곳처럼 강가에 세워진 도시들은 한결같이 유적지가 진흙으로 덮여 있다. 바나강 옆에 세워진 까뻴라왓투의 왕궁터도 그랬고, 마히강 옆에 위치한 웨살리의 왕궁과 마지막 안거를 나신 벨루가마 승원도 강물의 범람으로 무너졌다. 사람이 사는 데 필수적으로 물이 필요하므로 강 가까이에 도시를 세울 수밖에 없었다면, 그 강물이 범람해서 생겨나는 피해를 감수해야 했던 것이 그 도시들의 운명이었다.

사왓티에서 태어나 70세에 이른 노인의 증언에 의하면 60년 전에는 아찌라와띠강이 사위성 앞 500m 정도 가까이에서 흐르고 있었는데, 지금은 강 위치가 변해 사위성에서 4km 정도 멀리 떨어져 흐르고 있다고 한다. 지금도 한바탕 홍수가 휩쓸고 가면 논밭의 경계가 없어져 버려 농민들은 자신의 논밭을 구분할 수 없게 되는데 그때마다 인도 정부는 새롭게 측량해서 농부들에게 논밭을 재분배한다고 한다.

한국의 사찰, 천축선원

사왓티에 머무는 동안 한국의 사찰 천축선원에서 한국 음식을 먹으며 편안하게 머물렀다. 해외에서 장작 때는 온돌방에 머무는 호사를 누렸으니, 이보다 더한 호사가 어디 있으랴. 대인 스님이 세운 사왓티의 천축선원은 룸비니의 대성석가사와 함께 가장 모범적으로 운영되고 있는 한국 사찰이다. 매일 아침에 머물고 있는 전체 대중이 참여하는 차담 시간이 있어, 사위성과 기원정사에 대한 궁금증도 풀 수 있고 자연스럽게 순례객들과 소통하게 된다. 몇 년 전에는 이곳에서 한국스님들이 모여 안거를 나기도 했으나 지금은 운영하지 않는다. 이곳에서 외국인들과 밥 먹고 차 마시는 풍경은 자연스럽다. 외국인들에게 숙소를 제공하고 공양을 대접하는 것만으로 훌륭한 포교를 하고 있는 셈이다. 인도는 세계 각국의 불자들이 해마다 끊임없이 모여들고 있어 세계 불자들과 교류하기에 최적의 장소이다. 천축선원처럼 인도에 사찰을 세워 열린 공간으로 운영하는 것은 한국에서 사찰을 세워 운영하는 것보다 몇십 배의 포교 효과가 있으리라.

제따와나에 있는 아난다 보리수

아찌라와띠 강가에서 일어난 사건들

사위성 가까이에 흐르고 있는 아찌라와띠강에서는 많은 일들이 일어났다. 수많은 이야기들 중에서 가장 나그네의 호기심을 자극하는 이야기는 하룻밤 사이에 가족을 모두 잃고 미쳐버린 빠따짜라Patacara 여인의 이야기다. 빠따짜라는 사왓티의 부유한 상인의 딸이었는데 그녀는 자기 집에서 일하는 하인을 사랑하게 되었다. 그 당시 계급사회에서는 이루어질 수 없는 운명임을 안 그들은 아찌라와띠강 너머로 도망쳐서 자신들의 신분을 숨기고 살았다. 그러다가 아이를 갖게 되어 배가 점점 불러오자 여인은 남편의 반대를 무릅쓰고 친정에 가서 아이를 낳고자 했다. 친정집으로 가다가 갑자기 아찌라와띠 강가에서 아들을 낳게 되어 어쩔 수 없이 집으로 돌아오게 되었다. 이후 둘째 아이를 임신했을 때 남편과 첫째 아이와 함께 친정으로 가다가 강가에서 산기를 느꼈다. 남편은 아

내의 쉴 곳을 찾기 위해 강가 주변에 거처를 마련하는 중 안타깝게 뱀에 물려 죽었다.

모든 것을 잃은 여인

여인은 홀로 강가에서 아이를 낳았고, 두 아이와 함께 친정으로 가기 위하여 강을 건너게 되었다. 비가 와서 강물이 불어나 한 번에 두 아이를 업고 강을 건널 수 없게 되자, 첫째 아이를 강둑에 놔두고 갓 낳은 아이를 업고 강을 건너게 되었다. 강을 건넌 그녀는 풀을 뜯어서 아이가 누울 자리를 만들고 그 위에 아이를 뉘어놓았다. 다시 첫째 아이를 데려오려고 다시 강을 건너기 시작했다. 강의 중간쯤 왔을 때 되돌아보니 독수리가 갓난아이를

수도 사위성을 둘러싼 토성

고깃덩어리로 보고 공중에서 쏜살같이 내려오고 있었다. 그녀는 독수리가 덮쳐오는 것을 보고 두 손을 뻗어 휘저으며 큰소리로 외쳤다. "저리 가! 저리 가!"하고 크게 소리쳤지만, 독수리는 갓난아이를 낚아채서 하늘로 날아가 버렸다. 강둑에 남아있던 첫째 아이는 어머니가 강 가운데 서서 두 손을 흔들고 소리치는 것을 보고 '엄마가 나를 부르고 있다.'라고 생각하고 강으로 뛰어들어 강물에 휩쓸렸다.

 졸지에 두 아이를 잃은 그녀는 서럽게 울면서 친정집으로 가다가 마침 고향 사람을 만났다. 그녀는 고향 사람에게 간밤의 폭우로 그녀의 친정집이 무너져 내리면서 아버지와 어머니 그리고 오빠까지 모두 죽었다는 소식을 전해 들었다. 하루아침에 남편과 두 아이 그리고 부모님과 오빠까지 잃은 그녀는 제정신이 아니었다.

그녀는 미쳐서 자신이 발가벗겨진 것도 모르고 울부짖으며 돌아다녔다. 그러다가 그녀는 부처님과 제자들이 있는 제따와나에 이르렀다. 그녀가 부처님과 승가 대중 앞에서 있을 때, 비로소 자신이 발가벗고 있다는 것을 인식하고 부끄러움에 두 손으로 자신의 몸을 가렸다. 이때 어떤 비구가 자신이 입고 있던 가사를 가져다가 그녀를 덮어주었다. 이때부터 발가벗은 상태였다가 비로소 옷patta을 입은 사람ācārā이라는 의미인 '빠따짜라Patācārā'가 그녀의 이름이 되었다. 그녀는 웅크리고 땅바닥에 엎드려 부처님께 외쳤다.

"부처님, 저의 의지처가 되어 주소서! 저의 보호처가 되어 주소서!"

부처님은 자비로운 음성으로 대답했다.

"빠따짜라여, 더이상 괴로워하지 말라. 이곳이 너의 피난처이다."

부처님은 그녀를 위해 다음과 같은 법구경 게송(DhP288)을 읊었다.

"아들도 지켜줄 수 없고, 부모나 친척도 지켜줄 수 없다.
죽음이 닥친 이를 어느 누구도 지켜줄 수 없다.
이와 같은 사실을 잘 알아 지혜로운 이는
계율을 잘 지키고 열반으로 가는 길을 빨리 닦아야 한다."

부처님의 말이 끝나자 빠따짜라는 가르침이 끝날 때 빠따짜라는 예류과를 성취했으며 스승께 출가를 요청했다. 빠따짜라 비구니는 어느 날 물통에 물을 가지고 와 발을 씻으면서 물을 조금 흘렸다. 그러자 첫 번째 물은 가까운 곳에서 멈추었다. 두 번째 물을 흘렸는데 조금 멀리 갔다. 세 번째 물을 흘려보냈는데 더 멀리 갔다. 그녀는 물이 흐르다가 멈추는 것을 보고 인간의 초년, 중년, 말년과 같다고 생각했다. '첫 번째 흘려보낸 물과 같이 중생들은 초년에도 죽는다. 두 번째 흘려보낸 물과 같이 중년의 나이에도 죽는다. 세 번째 흘려보낸 물과 같이 오래 살아도 결국 죽는다.'고 생각했다. 부처님은 이러한 빠짜짜라의 생각을 알아차리고 그녀의 면전에서 이야기하시는 것처럼 말했다.

"오온五蘊의 일어남과 사라짐을 보지 못하고 백 년 동안 사는 것보다 그 이치를 보고 하루를 사는 것이 더 낫다."

(DhP113)

그녀는 오온의 일어나고 사라지는 이치를 관찰하여 아라한이 되었고 비구니 중에서 계율을 가장 잘 지키는 비구니였기에 '지계 제일 비구니'라는 명성을 얻었다.

아찌라와띠 강변에서는 빠세나디왕과 아난다의 은밀한 대화를 나눈 적도 있었다. 부처님이 기원정사에 계실 때 이교도들에 의한 살인사건이 일어났다. 이교도들이 부처님과 승가를 망신시키려고 '순다리'라는 여자를 살해하고 시신을 기원정사의 뒤편에 버린 것이다. 얼마 지나지 않아 이교도들은 마치 순다리의 주검을 찾아낸 척 시늉하며, 그녀의 주검을 메고 사왓티 시내로 들어가며 부처님이 순다리를 살해하고 암매장하였다고 소리치며 다녔다. 부처님을 존경하는 빠세나디왕은 난처한 상황에 처하게 되었다. 이전부터 이교도들의 사주를 받은 유행녀 순다리는 항상 제따와나를 출입하며 "저는 사문 고따마에게 갑니다. 저는 항상 그이와 함께 간다꾸띠에서 밤을 보낸답니다."라고 소문내고 있었다. 더군다나 시신이 부처님이 머무시던 간다꾸띠 근처에서 발견되었기 때문에 부처님이 의혹을 받는 것은 당연한 일이었다.

헐뜯는 자와 비열한 자의 고통

빠세나디왕은 부하들을 보내 이 일을 조사하게 했지만, 부처님을 심문할 수는 없었다. 그래서 사위성에서 탁발을 끝내고 동원정사Pubbārāma로 들어가는 아난다를 사람이 없는 아찌라와띠 강가로 모셔서 몇 가지 질문을 하게 된다. "세존께서는 사문 바라문들에게 비난받을 만한 그러한 신체적 행위를 하시겠습니까?"(M88)라고 묻는 것으로 부처님이 살인 용의자가 될 수 있는지를 물었다. 아난다는 "결코 세존께서는 사문 바라문들에게 비난받을 만한 그러한 신체적 행위를 하시지 않습니다."라고 말했다. 빠세나디는 아난다의 답변을 듣고 왕궁으로 돌아갔다. 부처님과 승가에 덧씌운 살인 의혹은 시간이 지나서 벗겨지게 된다. 이교도들의 부탁으로 청부살인을 한 범인들이 술을 마시다가 자기들끼리 싸움이 붙어 자기들이 순다리를 죽였다고 실토해 버린 것이다. 그 일로 인해 부처님의 부처님은 이런 게송을 남겼다.

"남을 헐뜯는 자도 자신이 해놓고 하지 않았다고 말하는 자도 나쁜 세상에 태어난다. 비열한 짓을 저지른 두 사람은 다음 세상에도 똑같은 고통을 겪는다."

아찌라와띠 강가는 석가족을 멸망시키고 돌아온 위두다바의 군대가 이 강가에서 잠을 자다가 홍수에 떠내려간 곳이기도 하다. 또 날아가는 기러기를 죽인 비구 이야기, 전생에는 교학에 달통한 비구였지만 자만심 때문에 죽어서 입에서 악취를 풍기는 황금색 물고기로 태어난 비구 이야기, 부처님과 신통력 대결을 하던 빠꾸다 까짜야나가 부처님이 보이신 천불화현千佛化現의 기적을 보고 좌절감으로 강에 투신한 이야기, 비구니들이 강가에서 알몸으로 목욕하는 것이 부처님께 보고되어 목욕옷을 입지 않고 목욕하는 것을 금지하는 율律이 생긴 이야기, 보이지 않고 확인되지 않은 범천을 믿고 범천의 나라에 태어나고자 하는 바라문들의 어리석음을 통쾌하게 반박하는 '삼명경'(D13)도 여기 아찌라와띠 강가에서 설해졌다.

부처님께서는 이곳에서 보이지 않는 신(범천)을 말하고 신의 나라인 천국에 태어나는 길을 가르친다는 브라만들에게 그들의 논리가 허구라는 것을 여러 가지 비유를 통해서 가르쳤다. 장님 줄서기 비유, 얼굴도 이름도 모르는 사람을 사랑하는 제일가는 미녀의 비유, 누각이 어디에 있는지도 모르는 사람이 사다리만 만드는 사다리의 비유, 저쪽 강 언덕을 이쪽에서 부른다고 저쪽 강둑이 오지는 않는다는 아찌라와띠강의 비유들이 그것이다.

부처님께서는 '우리가 알지 못하고 우리가 보지 못하는' 천국梵

아찌라와띠강에서 부처님 당시를 회상하는 순례단

天은 맹목적인 믿음만으로 가는 것이 아니라, 오계를 지키고 사무량심四無量心을 닦으면 자연스럽게 천국에 가게 된다고 가르친다. 이러한 이야기들을 음미하며 아찌라와띠강을 걸으면 강이 다르게 보일 것이다. 사위성과 기원정사를 참배하게 되면 시간을 내어 이 강변을 거닐어 보자. 사위성의 유일한 한국사찰 천축선원에서 아찌라와띠강까지는 걸어서 30분 정도 걸린다.

사왓티와 금강경

사왓티(사위성)는 꼬살라국의 수도였다. 이 도시는 "무엇이 있나?"라고 물었을 때 "모든 게 Sabbam 있다 atthi."라고 대답한다고 해서 '사왓티 Sāvatthi'라는 도시 이름이 생겨났다고 한다. 부처님 당시에 사왓티는 상업이 발달하여 물품이 풍부하고 인구가 많은 매우 번영하던 도시였다. 사왓티는 부처님의 후반기 삶에서 24번의 안거를 여기서 나실 만큼 오래 머무셨던 곳이기에 부처님과 제자들과 관련된 수많은 사건 사고가 전해져온다. 율장에서 일어난 사건 중에서 600여 사건이 사위성에서 일어났고, 맛지마니까야 152경 중에서 89개의 경, 상윳따니까야 300여 개의 경이 이곳에서 설해졌다. 눈물 없이는 들을 수 없는 참으로 안타깝고 기구한 이야기들이 전해져 내려온다.

내가 하는 불교가 최고일까?

하룻밤에 남편과 두 아들 그리고 부모와 오빠를 잃은 충격에 미쳐서 발가벗은 채 사위성을 배회하던 여인 빠따짜라 이야기, 이교도異敎徒의 사주를 받고 자신이 부처님의 아이를 임신했다고 모함한 여인 찐짜마나 이야기, 이교도들이 부처님에게 살인 누명을 씌우고자 일으킨 순다리 살인 사건, 부처님의 조언을 듣고 죽은 외아들을 살리기 위해서 겨자씨를 얻으러 다녔던 여인 끼사꼬따미, 이교도들을 교화하고자 망고 동산에서 부처님이 보이신 쌍신변雙神變과 천불화현千佛化現의 기적, 99명을 죽이고 손가락을 잘라 목걸이를 만들어 목에 걸고 다니던 앙굴리말라가 마지막으로 어머니를 죽이려 할 때 그를 제지해 깨달음을 얻게 한 앙굴리말라 이야기, 기원정사를 보시한 아나타삔디까 장자 이야기, 동원정사를 짓고 승가에 보시를 많이 해서 보시 제일로 칭송받은 위사카 보살 이야기, 남편과 아들들이 죽었다는 소식을 받고도 침착하게 공양을 보시하던 신심이 깊고 지혜로운 말리까부인 이야기, 젊은 부처님이 위없는 깨달음을 얻었다는 사실을 믿지 못하다가 어려도 조심해야 하는 것들이 있다는 법문을 듣고 독실한 후원자가 된 빠세나디왕, 왕위를 찬탈하고 사꺼족을 멸망시킨 위두다바왕 등 수많은 이야기가 전해 내려온다.

그러나 한국의 불자들에게 사위성은 더 특별하게 생각되는 이유가 있으니 그것은 이곳이 『금강경』의 설법 장소이기 때문이다. 『금강경』은 조계종의 소의경전所依經典이고 불자들이 가장 많이 독송하는 경전이다. 한국의 불자들은 『금강경』에 항하사恒河沙의 비

기원정사 안에 있는 연못

유가 나온다는 이유로 유리병에 갠지스강 모래를 담아 가는 불자도 있다. 이와 마찬가지로 『법화경』을 사경하거나 독송하는 불자들은 라자가하 영축산을 특별하게 생각한다. 그러나 남방불자들은 기원정사에서 『금강경』을 독송하지 않고 영축산에서 『법화경』을 독송하지 않는다. 그들은 왜 최상승의 『금강경』과 『법화경』을 모르고 니까야만 죽어라 독송하는 것인가?

 이제는 '소승'이라는 말이 사라져가는 추세이지만, 여전히 한국의 스님들과 불자들은 대승 경전이야말로 최상승最上乘이고 선불교야말로 최고最高로 수승한 수행법이라고 믿고 강조하는 경향이 있다. 『금강경』이나 『화엄경』이 초기 경전보다도 더 심오한 경지를 말하고 있는 것처럼 설명하기도 한다. 우리 것이 최고이므로 우리 것을 자랑하고 널리 알리고 싶어한다. 그것이 한국불교의 세계화라는 말이고 언어의 장벽만 넘으면 한국불교가 세계화될 것처럼 말하기도 한다.

  모두가 아는 이야기이지만, 부처님은 기원정사에서 『금강경』을 설한 적이 없다. 그 이유를 말하자면 첫째는 『금강경』은 산스끄리뜨어로 문자화되어 나타났다는 것, 둘째는 『금강경』에서 자주 등장하는 '후오백세後五百歲'는 『금강경』이 나타난 시기가 불멸 후 500년이라는 것이고, 셋째는 니까야에 한 번도 나타나지 않는 표현인 서사수지독송書寫受持讀誦 즉, 책을 베껴 쓰라는 표현이 등장한다는 것, 넷째는 표현 방법이 인무아人無我의 표현보다 법무아法無我를 강조하여 중생, 장엄, 열반, 사과四果 등을 새롭게 정의하고 있다는 것, 다섯째는 부처님 시대에는 없던 사상四想이나 구상九想의 부정으로 무아無我를 설명하고 있다는 것, 여섯째는 칠보七寶로 탑을 쌓는 것보다 사구게四句偈를 법보시法布施하는 것이 수승하다면서 아소까왕 이후 나타난 외형적인 보시 공덕 쌓는 것을 비판하고 있다는 것, 일곱째는 새롭게 나타난 『금강경』을 수지독송하면 천대

남방불자들은 왜 최상승의 『금강경』과 『법화경』을 모르고 니까야만 죽어라 독송하는 것인가?

받고 멸시받을 것을 미리 알고 염려하여 비난받고 멸시받음으로써 업장 소멸될 것이기에 더욱 이 경을 유포하라고 강조한다는 것, 여덟째는 경 자체에 편집상의 기법인 기승전결이 나타나고 있다는 것, 아홉째는 보시가 아니라 보시바라밀을, 반야가 아니라 반야바라밀을 강조함으로써 보살의 바라밀을 재천명하고 실천을 강조하고 있다는 것 등등 이렇게 『금강경』 자체의 내용과 표현에서 『금강경』이 불멸 후 500년에 나타난 이유와 증거를 드러내 보인다.

금강경은 불멸 후 500년에 나타난다.

인도에서 불멸 후 500년경의 불교가 어떠했는지 알 수는 없지만, "여성의 출가로 인해 1천 년 동안 지속될 정법正法이 오백년으로 감소하게 되었다."는 율장의 내용을 사람들은 잊지 않고 있었을 것이다. 불멸 후 400년경에 나타난 『밀린다팡하』에서도 나가세나는 밀린다 왕에게 "세존께서 '아난다여! 만일 비구니가 출가하지 않았다면 정법은 일천 년 동안 존재할 것이다. 그러나 여인이 출가하였기 때문에 정법은 오백 년 동안만 존속할 것이다'라고 설하신 것은 이미 잃어버린 것을 보여주시고 나머지 것을 설하여 보여주신 것이고, 수밧다에게 '비구들이 올바르게 생활한다면 이 세상에 아라한이 없는 일은 없을 것이다'라고 설하신 것은 수행자들의 실천을 설한 것입니다."라고 대답하고 있다. 이렇게 정법의 사라짐을 믿는 이들에게 대승불교가 나타나고 『금강경』도 불멸 후 500년에 나타나게 된 것이다. 다르게 말하면 『금강경』은 정체되고 혼탁해진 불교, 정법이 사라진 시대에 다시 불교를 되살리고 민중에게 다가가려는 시대정신의 산물이라고 볼 수 있다. 여기에 『금강경』을 만들어 낸 대승 보살들의 고뇌가 있었으며, 달을 가리키는 손가락에 집착하고 있던 부파불교의 수행자들을 안타까워하는 보살들의 자비가 있다. 그럼에도 『금강경』이 부처님이 천명한 깨달음의 경지보다 더 깊고 높은 경지를 말하거나, 기존의 가르침과 차별되는 특별한 가르침을 전해주고자 하는 것은 결코 아니다. 대승 경전에서 이야기하는 최고, 최상승이라는 표현들은 어느덧 오염되어 버린 경들에 대한 해석을 본래의 부처님 뜻에 맞게 해석하라는 강조로 이해하는 것이 적절할 것이다. "탐진치貪瞋癡 없음이 열반"이라는 표현이나 "이름하여 탐진치이므로 탐진치가 본래 없음을 아는 것이 열반"이라는 표현은 그 내용이 다르지 않다. 그런데 대승불교권의 스님들과 불자들은 최고, 최상승이라는 표현에 함몰되고, 이중 삼중 부정의 논리에 도취해 대승 우월주의에 빠져있는 경우를 종종 접하게 된다. 이분들은 대승 경전이 초기의 아함이나 니까야보다 더 깊은 뜻이 있으며 선불교로 얻은 깨달음이 위빠사나를 통해 얻은 깨달음보다 더 깊은 깨달음이라고 말한다. 요즘도 선지식이라는 분들은 공공연히 그렇게 법문하고 있다. 마치 최상승 경전을 공부하는 사람들은 선택받은 사람이고, 화두를 드는 사람만이 최상의 공부를 하는 것처럼 말한다.

우리의 불교는 우리의 선택이 아니다.

　이제 처음에 던졌던 질문으로 되돌아 가보자. 왜 기원정사에서 스리랑카와 미얀마 불자들은 『금강경』을 독송하지 않을까? 왜 그들은 영축산에서 『법화경』을 독송하지 않을까? 대승의 최상승 공부를 하지 않는 그들은 근기가 하열下劣하고 복福이 없는 것인가? 우리가 읽고 있는 대승 경전과 간화선법은 최고이고 최상이어서 우리는 최상승 근기이고 최고의 복을 갖춘 사람들인가? 만약 지금 우리가 하는 불교, 수행법, 우리가 가진 경전이 우리의 선택이었다면 그렇게 말할 여지가 있을 것이다. 그러나 우리는 백화점에 진열된 몇천 개의 상품 중에서 마음에 드는 것을 고르듯이 우리가 가장 마음에 드는 경전을 선택한 것이 아니다. 대승 경전을 모르는 그들이나 『금강경』이나 『화엄경』, 『법화경』이 최고의 경전으로 배운 우리나 모두 자신들의 선택이 아니다. 남방불교든 대승불교든 누구에게도 그런 선택의 기회가 없었다. 우리는 '전통'이라는 이름으로 선불교를 배워야 했고 대한민국에 태어났다는 이유로 대승 불자가 되어야 했다. 남방불교를 하든 대승불교를 하든 그것이 전혀 우리의 선택이 아니었음에도 마치 우리가 선택한 것인 양 착각하고 우열을 나누는 것은 얼마나 어리석은 일인가? 그런 불교를 마치 가장 우월하듯 세계화해야 한다는 것은 또 얼마나 웃기는 일인가?

아함 경전과 대승 경전은 우열이 아니다.

왜 스리랑카와 미얀마와 태국 등은 니까야nikāya를 기본 경전으로 삼고 위빠사나 수행을 하는 불교가 되었을까? 지도의 동그라미 B에서 보듯이 그들은 지리적으로 인도 가까이에 존재했고 일찍 불교가 전파되었다. 지금 이들 나라는 니까야를 기본으로 하는 테라와다Theravada 불교권이다. B그룹의 나라들은 불멸 후 200년이 지나 아소까왕이 보낸 전파사가 도착한 나라들이다. 그러나 중국이나 베트남이나 대한민국이나 일본, 티베트에 속하는 C그룹은 인도에서 거리가 멀어서 아소까왕이 보낸 전파사가 도착하지 못했다. 불멸 후 500년이 지나 인도 중심의 A그룹에서 산스끄리뜨로 대승 경전이 만들어지고, 빠알리 경전인 니까야도 산스끄리뜨 경전인 아가마āgama로 변화된다. 이렇게 불멸 후 500년부터는 아가마와 대승 경전이 뒤섞여서 전해지니 중국에서는 나름대로 경이 설해진 시기를 나누는 '교상판석敎相判釋'이라는 것을 시도하게 되었고, 자연스럽게 아함 경전과 대승 경전을 우열의 입장에서 바라보게 되었다.

이런 경전 번역의 역사에서 중국 한국 일본 등에서는 최상승이라는 대승 경전이 유행하게 된 것이다. 티베트는 인도와 더 멀리 떨어져 있어서 더 늦게 불교가 전파되었으므로 후기 대승불교인 금강승과 날란다 대학의 학풍이 전해져서 중관, 유식, 설일체유부, 경량부의 같고 다른 점을 치열하게 토론하고 분석하는 불교와 만트라를 외우는 불교가 된 것이다. 소승과 대승 경전을 함께 받아들인 대승불교권 불자들은 "불교는 시간이 흐름에 따라 발전해 왔

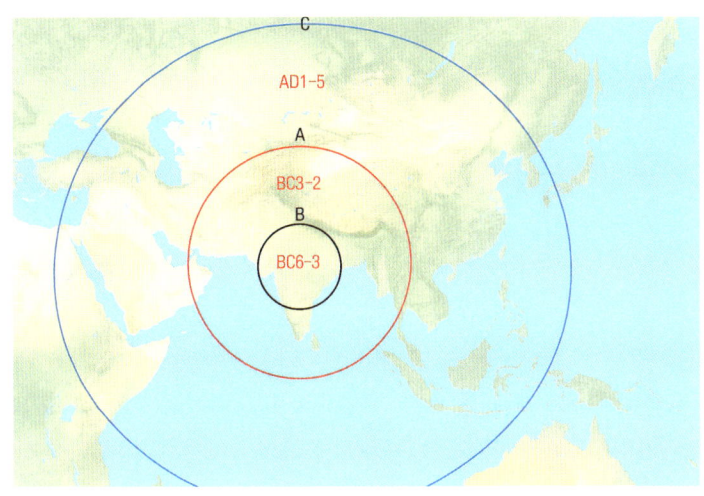

불교가 전래된 시기에 따라서 다른 불교를 받아들이게 된다.

다."는 인식을 갖게 되었고, 인도와 가까워서 불교를 일찍 받아들인 남방국가들은 대승불교는 애초의 불교에서 변질된 것이라는 인식을 갖게 되어 대승불교가 자국에 전파되는 것을 적극적으로 막았다. 이렇게 각 나라의 불교 전통은 불교가 전파된 시기에 따라서 독특한 특색을 갖게 된 것이며, 그 전통은 본인들의 선택이 아니다. 마치 오리가 알에서 깨어나 처음 본 사람을 엄마인 것처럼 따라다니듯이 우리의 선배들이 받아들인 경전과 수행법을 후배들에게 물려준 것이 우리의 전통인 것이다. 우리나라가 스리랑카처럼 인도 가까이 위치했다면 우리는 상좌부불교를 하게 되었을 것은 의심의 여지가 없다. 이 사실을 알지 못하면 전통이라는 미명 아래에 다른 수행법을 배척하고 불이익을 주는 것을 마치 자신의 전통을 지켜내는 자랑스러운 일인 줄 착각한다. 적어도 지금 내가 수행하는 불교가 나의 선택이 아니란 것만 알아도 그런 배타심은 없어질 것이다.

기원정사에서 읽는 경전들

    이제 이곳 기원정사에서 『금강경』을 독송하는 불자와 '들숨날숨에 대한 마음챙김 경'(M118)을 읽는 불자들은 서로서로 빈번하게 만나고 있다. 정보가 개방되고 어느 나라든지 갈 수 있는 시대에 대승 경전을 보다가 초기 경전을 보는 일은 자연스럽다. 반대로 초기 경전을 보다가 대승 경전을 보는 일도 자연스럽다. 각 나라의 전통 수행법을 경험해 보는 것도 자연스럽다. 시간과 공간을 초월하여 교류하고 소통하는 시대가 된 만큼 각 불교 전통은 서로 보완되고 수정되어 새로운 불교를 만들어 갈 것이다. 티베트 불교를 공부하거나 남방 불교를 공부하는 것이 마치 변절자처럼 취급받아서는 안 된다. 애초에 나의 선택이 아니었으므로 이제 진지하게 내 취향에 맞는 것이 무엇인가 하고 탐색하는 시간이 필요하다. '내가 하는 불교가 최상승법이다.'는 생각에 묶여서 열린 마음을 갖지 못하면 시대를 읽지 못하는 어리석은 사람일 뿐이다. 배타적이며 닫혀있는 마음을 가진 개인이나 집단은 쇠락한다. 다양한 장소에서 다양한 인연으로 찾아오는 출가자를 있는 그대로 받아들일 수 없게 되면 결국 내 수행법에 맞지 않는다고 수행자를 쫓아버리는 실수를 하게 된다. 화두를 들지 않으면 전국 선방에 방부를 허용하지 않는다고 규정하고 있는 '전국선원수좌회'가 그 청규를 버리지 못하고 있는 한국불교 선원문화가 그런 예일 것이다.

  요즘 출가자들은 세계를 여행하다가 불교를 접하거나 책을 읽고 명상 센타를 찾아가서 불교와 인연을 맺게 되는데 그들의 다양한 환경과 처지를 배려하지 못하고 무조건 화두를 들지 않으면 선방에 못 오게 하는 것은 횡포라고 할 수 있다. 더 비겁한 것은 출가할 때는 어떤 수행법이든 문제 삼지 않다가 출가자가 비구계를 받자 간화선이라는 잣대를 들이대며 선원에 오지 못하게 하는 것은 출가자를 쫓아내는 것과 다름없다. 어리석은 사람은 자신은 잘한다고 하는 일이 자신이 속한 집단에는 손해를 끼치는 일을 한다.

기원정사에서 사미니를 가르치는 인도 출신 비구니

앙굴리말라와 데와닷따

사왓티에서 일어났던 사건들을 이야기할 때 빼놓을 수 없는 것은 부처님이 앙굴리말라를 제도한 사건이다. 99명의 사람을 죽였으나 부처님을 만나 깨달음을 얻은 앙굴리말라와 평생 부처님과 수행자로 살았으나 이익과 명예에 눈이 어두워 무간지옥에 떨어진 데와닷따는 대조적이다. 이 두 이야기는 업karma에 대한 사유를 자극한다. 앙굴리말라는 바라문의 아들로 태어나 딱까실라로 유학가서 공부하고 있던 촉망받는 젊은이였다. 이 영민한 청년은 스승이 출타한 사이에 스승의 부인을 범했다는 누명을 쓰게 되고 그 소문을 믿은 스승은 제자를 파멸시키기 위해서 "너의 수행이 완성하려면 1백 명의 사람을 죽여 1백 개의 손가락으로 목걸이를 만들어야 한다."는 잘못된 가르침을 내린다.

그때부터 데와닷따는 숲속에 숨어 살면서 닥치는 대로 사람을 죽여 손가락 목걸이를 만들었다. 앙굴리말라는 '손가락(앙굴리) 목걸이(말라)를 가진 자'라는 뜻이다. 그가 99명을 죽이고 마지막으로 자신에게 음식을 가져다주러 오는 어머니를 죽이고자 결심했을 때, 부처님은 잘리니 숲으로 앙굴리말라를 찾아갔다. 다가오는 부처님을 보고 데와닷따는 "멈추어라!"라고 소리쳤지만, 부처님은 "앙굴리말라여, 나는 멈추었다. 너도 멈추어라."라고 말했다.

앙굴리말라는 물었다.

"그대는 가면서 '나는 멈추었다.'고 말하고, 도리어 멈춘 나에게 '그대는 멈춰라.'고 말한다. 어찌하여 그대는 멈추었고 나는 멈추지 않았는가?"

"앙굴리말라여, 나는 일체의 폭력을 멈추었다. 그대는 살아있는 생명에 대하여 자제함이 없다. 그러므로 나는 멈추었고 그대는 멈추지 않았다."(M86)

앙굴리말라와 데와닷따의 이야기는 업에 대한 사유를 자극한다.

부처님이 앙굴리말라를 제도한 사건은 죄라고 하는 것은 "본래 실체가 없고 다만 마음을 따라 일어났다가 사라지는 것(罪無自性從心起 心若滅是罪亦忘)"이라는 가르침을 떠올리게 한다. 아무리 큰 죄를 지었어도 용서받을 수 있고, 깨달을 수도 있다는 이 사실은 전생, 업장, 근기를 탓하는 사람들에게 벼락같은 가르침이다. "너의 행위를 보지 않고 다만 너의 바른 안목만을 볼 뿐"이라는 선종禪宗의 가르침도 이해될 수 있을 것이다. 사위성 안에는 수닷따Sudatta 스투파 옆에 앙굴리말라의 스투파가 있다. 안내문에는 "그 스투파 자리가 앙굴리말라가 부처님을 만나 회심한 자리다."라고 설명하고 있다.

아라한이 된 앙굴리말라

그런데 이런 설명은 고개를 갸우뚱하게 만든다. 앙굴리말라는 잘리니 숲에 숨어서 살았는데 어떻게 사왓티성 안에서 부처님을 만났고 회심했겠는가? 아마 이곳은 아라한이 된 앙굴리말라가 탁발하러 나갔다가 앙굴리말라 비구를 보고 두려워서 아이를 낳지 못하게 된 산모에게 "나는 출가한 이래로 산목숨을 해친 일을 기억하지 못합니다. 이러한 공덕으로 그대와 그대의 뱃속 아기가 무사하기를!"이라고 축원하였던 자리라고 보는 것이 타당할 것이다.

기원정사 남쪽에는 아이들이 고기를 잡고 노는 웅덩이가 있는데 이곳은 데와닷따가 말년에 부처님을 만나러 왔다가 죽은 곳이라고 전해진다. 데와닷따는 말년에 이익과 명예의 노예가 되어버린 나머지 승가의 지도자인 부처님의 자리를 탐하다가 이루어지지 않자, 부처님을 죽이려는 시도를 여러 차례 하였다. 『법구경』에서 데와닷따가 아비지옥에 떨어져 고통을 받는 것을 두고 부처님은 다음과 같은 게송(DhP17)을 읊는다.

"악행을 저지른 자는
금생에도 괴롭고 다음 생에서도 괴롭고
두 생에서 모두 괴로워한다.
'악행을 저질렀구나!'라고 되새기며 괴로워하고
악처에 떨어져 더욱 괴로워한다."

부처님을 살해하려 시도하고 승가를 분열시킨 데와닷따의 죄는 크고 무겁다. 붓다는 자신을 오랫동안 괴롭힌 데와닷따에게 단호하게 말했다.

"데와닷따는 지옥에 떨어질 것이고 용서받을 수 없다."

이렇게 단호한 부처님의 태도에 의심을 품은 어느 비구가 있었다. 그 비구는 "부처님이 정말 데와닷따가 용서받지 못할 것이라고 확실하게 말했는가."를 아난 존자에게 물었다. 이런 질문을 받았다는 것을 들으신 부처님은 더욱 단호하게 말했다.

"아난다여, 그 비구는 출가한 지 얼마 되지 않는 신참이거나, 장로

사위성에 있는 유일한 한국 사찰 천축선원

라면 어리석고 영민하지 못한 자일 것이다. 그 비구는 어떻게 내가 분명하게 설명한 것을 두 조각을 내버린단 말인가? 나는 데와닷따에게 털끝만큼도 밝은 법을 보지 못했기 때문에 그는 악처에 떨어질 것이고, 지옥에 떨어질 것이고, 겁이 다 하도록 지옥에 머물 것이고, 참회로 용서받을 수 없다고 설명한 것이다."

(A6:62)

바른 견해를 갖는 것이 구원

데와닷따는 말년에 병이 들어 혼자서 걷지도 못할 만치 쇠약해졌다. 죽음이 다가오자, 마지막으로 부처님께 자기의 잘못을 빌러 가기 위해 가마를 타고 사왓티로 출발했다. 데와닷따가 사왓티에 도착하여 제따와나 부근에 다다랐을 때 갑자기 연못에 빠져 죽었다. 현장 스님은 『대당서역기』에서 "기원정사의 동쪽으로 1백여 걸음 가면 크고 깊은 구덩이가 있는데, 이곳은 데와닷따가 독약으로 부처님을 살해하려다 산 채로 지옥으로 빠져들어 간 곳이다."라고 설명하고 있다. 자기의 잘못을 뉘우치고 용서를 빌기 위해서 부처님을 찾아간 게 아니라, 용서를 비는 척하다가 독약을 묻힌 손톱으로 부처님을 다시 살해하려 했다는 설명이다. 데와닷따가 타고 가던 가마에서 발을 땅에 내려놓는 순간 그의 발이 땅속으로 꺼지기 시작하여 목까지 빠져들었다. 그러나 다른 전승에서는 데와닷따가 땅속으로 빠져들 때 마지막 숨을 토하면서 부처님을 찬탄하는 게송을 읊었다고 한다.

"사람 가운데 가장 존귀하신 분
신들 중의 신, 인간을 가장 잘 길들이시는 분
모든 것을 알고 보시는 분
과거의 공덕으로 삼십이상을 갖추신 분
그분 부처님께 아직 남아있는 턱뼈와
아직 살아 숨 쉬고 있는 목숨을 바쳐 귀의합니다."

이렇게 데와닷따가 산채로 땅에 삼켜졌지만, 밀린다팡하에서는 마지막 순간에 참회함으로써 부처님의 확고한 예언과는 다르게 십만 대겁이 지난 뒤에 앗팃사라는 이름을 가진 벽지불이 될 것이라고 전한다. 『법화경』에서도 "데와닷따가 '천왕여래天王如來'라는 이름의 부처가 되리라."고 수기 받는 것으로 나타난다. 이렇게 정반대의 설명을 어떻게 이해할까? 데와닷따는 전생담에도 끊임없이 부처님을 괴롭히는 역할로 등장한다. 데와닷따는 평생을 부처님과 같이 살았지만 지옥에 떨어졌고, 앙굴리말라는 사람을 99명이나 죽였지만 아라한이 되었다. 언제든 어디서든, 한순간만이라도 바른 견해를 갖는 것, 그게 구원이라는 걸, 불교가 그렇게 가르치고 있다는 것을 앙굴리말라와 데와닷따 이야기가 말해주고 있다.

천불千佛을 나투시다

어느 때 왕사성(라자가하)에 사는 바라문이 갠지스강으로 물놀이를 갔다가 상류에 떠내려오는 붉은 향나무 토막을 주었다. 그는 그 향나무로 발우를 만들어 긴 대나무 장대 끝에 발우를 매달아 놓고 "누구든 이 발우를 가져가시오."라고 선전하였다. 이른바 육사외도六師外道의 지도자들이 차례차례 찾아와서 발우를 가져가려고 노력했으나, 너무 높이 매달아 놓은 발우를 가져갈 수 없었다. 이때 부처님의 제자 중에 삔돌라 바라드와자 존자가 공중을 날아서 발우를 손에 넣은 뒤 라자가하 도시의 하늘을 일곱 바퀴를 돈 다음 내려왔다. 바라문은 존자를 공경하며 발우를 선물로 올렸고, 사람들은 장로를 보고 환성을 지르고 찬탄했다.

이 소식은 부처님에게 알려졌을 때 부처님은 그 발우를 부숴버리라고 말하며 앞으로 제자들에게 신통력을 사용하지 못하는 율律

을 제정했다. 이 사실을 알게 된 이교도들은 부처님과 제자들이 더 이상 신통을 보일 수 없게 되었다며 매우 좋아하며 일부러 자신들과 신통력을 겨루자고 도전해 왔다. 이 소식은 들은 빔비사라왕은 부처님께 "만약 다른 사문들이 부처님과 신통을 겨루겠다고 도전해 오면 그때는 어찌하시겠습니까?"라고 물었다. 부처님은 "신통력을 금하는 율을 제정했지만, 그 율은 나에게는 해당하지 않는다."고 말한다. 그리고 이교도들의 도전을 받아들여 앞으로 4개월 후에 사왓티의 간담바Gandamba 숲에서 신통을 보이겠다고 선언한다.

부처님이 신통력을 보인 이유

약속한 날이 다가오자 수많은 사람들이 간담바 숲에 모여 들었다. 부처님은 재가자가 올린 망고를 드시고, 그 씨앗을 땅에 심었다. 부처님께서 망고를 심은 곳에서 갑자기 망고나무가 자라나더니 나무에서 꽃이 피고 잘 익은 망고들이 주렁주렁 매달리기 시작했다. 부처님은 망고나무 위 공중으로 올라서 천불千佛을 나투더니 물과 불이 동시에 분출되는 쌍신변雙神變, yamaka pāphāriya의 신통을 선보였다. 부처님의 신통력을 보고 부처님께 대항하던 이교도의 지도자인 뿌라나 까사빠는 충격을 받아 자신의 목에 항아리를 매달고 강물 속으로 몸을 내던졌다고 한다.

부처님은 망고나무 위에서 신통력을 보인 후 33천에 올라가서 당신의 어머니를 위해 법을 설한다. 사왓티에 모인 군중들은 부처님께서 갑자기 시야에서 사라져 버리자 마치 해와 달이 갑자기 사라진 것처럼 놀랐다. 그리고 3개월이 지난 뒤 사리뿟다와 5백 명의 제자가 머무르고 있는 상카싸Sankassa로 내려온다. 부처님께서 천상에서 지상으로 내려오기 전에 수미산 정상에 서서 쌍신변을 나투시어 위로는 범천에서 무간지옥까지 하나가 되었고, 천신과 범천은 인간을 볼 수 있었고 인간은 범천과 천신을 볼 수 있었다. 이 광경을 목격한 많은 군중은 부처님의 위대함을 보고 자신도 붓다가 되겠다고 모두 서원을 세운다. 부처님은 제석천과 범천의 호위를 받으며 상카싸 성문 근처의 땅에 오른발을 내딛자 사리뿟따 장로가 다가와 삼배를 올렸다.

부처님이 도리천에서 어머니를 위해 설법하시다가 3개월 만에 내려오셨다는 이야기를 믿지 못하는 분들이 많다. 부처님이 설명

부처님이 천불화현의 기적을 보여준 곳에 세워진 천불화현탑

한 삼계三界에 대해서도 회의적이다. 천상에 대한 믿음은 윤회를 인정하는 것과 연관되어있다. 부처님은 천상세계에 대해서 자세한 설명을 하였고 '팔관재계 경'(A3:70)에서 각각의 천신들 수명을 정확하게 설명해 놓았다.

"위사카여, 인간들의 50년은 사대왕천의 단 하루 밤낮과 같고, 그 밤으로 계산하여 30일이 한 달이고, 그 달로 계산하여 12달이 1년이다. 그 해로 계산하여 사대왕천의 신들의 수명의 한계는 500년이다. 위사카여, 인간들의 100년은 삼십삼천의 신들의 하루 밤낮과 같고, 그 밤으로 계산하여 30일이 한 달이고, 그 달로 계산하여 12달이 1년이다. 그 해로 계산하여 삼십삼천의 신들의 수명의 한계는 1000년이다. 위사카여, 인간들의 200년은 야마천의 신들의 하루 밤낮과 같고, 그 밤으로 계산하여 30일이 한 달이고, 그 달로 계산하여 12달이 1년이다. 그 해로 계산하여 야마천의 신들의 수명의 한계는 2000년이다. 위사카여, 인간들의 400년은 도솔천의 신들의 하루 밤낮과 같고, 그 밤으로 계산하여 30일이 한 달이고, 그 달로 계산하여 12달이 1년이다. 그 해로 계산하여 도솔천의 신들의 수명의 한계는 4000년이다. 위사카여, 어떤 여자나 남자가 팔관재 포살를 준수하고서 몸이 무너져 죽은 뒤 도솔천의 신들 가운데 태어나는 것은 가능하다."

천상세계와 윤회

위 경전을 토대로 계산하면 사천왕의 수명은 9백만 년이고 33천의 수명은 3천6백만 년이고 야마천의 수명은 7천2백만 년이고 도솔천의 수명은 5억7천6백만 년이고 화락천의 수명은 23억400만 년이다. 미래의 부처 미륵보살은 지금 도솔천에 머무시는데 그분이 아무 사고 없이 수명을 다 누리시면 5억7천6백만 년을 사시게 되므로 미륵부처님이 사바세계에 오시는 시간은 인간의 시간으로는 5억7천6백만 년 후가 되는 것이다. 한문 경전 등에는 도솔천의 수명을 잘못 계산하여 56억7천만 년이라고 되어 있는 곳이 많다.

천상세계를 인정하는 것은 윤회와도 밀접한 관련이 있다. 윤회하는 세계가 욕계의 천상도 있도 색계와 무색계의 천상도 있기 때

사위성을 걷다가 만난 마을 아이들

문이다. '확실한 가르침 경'(M60)에서는 "저 세상이 실제로 있기 때문에 '저 세상은 없다.'라는 견해를 가지면, 그는 그릇된 견해를 가진 것이다. 저 세상이 실제로 있기 때문에 '저 세상은 없다.'라고 사유하면, 그는 그릇된 사유를 하는 것이다. 저 세상이 실제로 있기 때문에 '저 세상은 없다.'라고 말을 하면, 그는 그릇된 말을 하는 것이다. 저 세상이 실제로 있기 때문에 '저 세상은 없다.'라고 하면 그는 저 세상을 아는 아라한들에게 대항하는 것이다."라고 말하고 있다.

사성제 중 고집성제에서 갈애는 '다시 태어남을 가져오는ponobbhavikā 갈애'라고 언급되고 있으므로 사성제에서 괴로움에서 해탈은 윤회의 괴로움에서 해탈하는 것임을 보여준다. 부처님이 보리수 아래서 읊은 오도송에서도 "많은 생生을 윤회saṁsāra하면서 나는 치달려왔네. 집 짓는 자를 찾았지만 찾지 못하고, 거듭되는 태어남은 괴로움이었네."라고 당신이 윤회해 왔음을 밝히고 있다. 천상세계와 윤회를 설명하는 경전은 그 숫자를 헤아릴 수 없을 만큼 많다.

꼭 가보고 싶은 순례처

이러함에도 천상세계와 윤회를 받아들이지 못하는 사람들이 많다. 자기만 받아들이지 않는 것이 아니라 공개적으로 윤회는 부처님의 가르침이 아니라고 말한다. 천상세계나 윤회에 대하여 이해가 안된다면 "나는 아직 모르겠다."고 말하는 것이 정직한 부처님이 하늘에서 상카싸로 내려오는 조각상.
부처님을 계단 위에 발자국으로 표현하였다.

천불千佛을 나투시다

181

태도이다. 마치 윤회를 부정하는 것이 지성인이 되는 것처럼 착각하는 스님과 불자들이 많이 보인다. 그들은 천불화현의 사건이나 부처님이 도리천에서 상카싸로 내려온 곳을 참배하려고 하지도 않을 것이다.

부처님이 천불화현千佛化現한 자리에 천불 스투파가 만들어지고 3개월 후 부처님이 도리천에서 하강한 상카싸에는 그것을 기념하는 스투파가 만들어진다. 그 후 상카싸는 부처님이 도리천에서 하강한 곳이라는 하나의 이유로 8대 성지에 포함되게 된다. 조각가들은 부처님이 하강하는 모습을 표현하기 위해 사다리와 우산 그리고 사다리 맨 위와 맨 아래에 부처님의 발자국을 새겨 넣는다.

삔돌라바라드와자(나반존자)의 신통력에서 시작해서 부처님의 신통력 즉, 3개월 도리천 안거 후 상카싸로 하강하는 이야기로 상카싸가 8대 성지에 포함되게 된 것이다. 이러한 부처님의 신통력 이야기를 믿지 않는 사람들에게 상카싸는 방문할 필요성을 못 느끼는 순례처가 될 것이고 부처님의 신통력을 확고하게 믿는 사람들에게는 상카싸는 꼭 들르고 싶은 순례처가 될 것이다. 그런데 대개 사람들은 이런 이유가 아니라 사위성에서 상카싸까지 거리가 멀어서 순례를 포기한다. 사위성에서 상카싸까지는 280km쯤 떨어졌다.

부처님의 불운한 말년

부처님의 말년은 불운했다. 출가했을 때부터 좋은 인연을 맺어 온 빔비사라왕은 아들 아자따삿투Ajātasattu에 의해서 감옥에 갇혔다가 끝내 굶어 죽었다. 빔비사라왕은 52년간 통치하다 67세에 죽었는데, 부처님과 승가에 보시를 많이 하고 수다원과를 얻은 사람이다. 빔비사라왕이 굶어 죽자, 왕비였던 꼬살라데위Kosaladevi도 따라 죽었다. 이때 부처님의 나이는 72세였다. 빔비사라왕은 데와닷따와 밀약으로 자신을 죽이려 했던 아자따삿투 왕자에게 신하들의 만류에도 불구하고 왕위를 물려주었다. 인자했던 빔비사라왕이 아들에 의해 죽게 된 것에는 다음과 같은 이야기가 전한다.

아들이 없던 빔비사라왕은 아들을 원하게 되었는데, 그때 한 바라문이 빔비사라왕에게 히말라야의 선인仙人이 3년 후에 죽으면 당신의 아들로 태어날 것이라고 말해주었다. 빔비사라왕은 그 3년을

부처님은 '잘 가신 분(善逝)'이라는 명호를 갖고 계시다.
부처님은 스스로 "불사不死는 성취되었다"라고 말했다.

부처님의 불운한 말년

기다리지 못하고, 선인仙人을 죽이면 더 빨리 아들을 얻으려는 마음에 사람을 시켜서 그 선인을 죽이고 만다. 후에 어느 예언가는 "왕의 아들이 태어나더라도 전생에 살해당한 원한으로 왕에게 복수할 것"이라는 말을 듣고 후회하며, "태어나지 말라Ajāta 적이여!Sattu"라고 외쳤던 것이다. 임신한 왕비도 이 사실을 알고 아이를 지우려고 절벽에서 뛰어내린 등 갖은 노력을 다하였으나, 아기는 태어났고 '아잣따삿투'라고 불리게 되었다. 그 후 데와닷따에게 포섭된 아자따삿투는 아버지인 빔비사라왕을 감옥에 가두어 굶어 죽게 만든다. 대신에 가야산에 자리를 잡은 데와닷따 승가에게는 3년 동안 매일 5백 대의 수레로 음식을 실어 나르며 공양을 올렸다.

당신 종족의 학살을 막을 수 없었다.

부처님이 80세가 되던 해에 부처님의 후원자였던 꼬살라국의 빠세나디왕도 죽는다. 빠세나디왕이 부처님을 찾아와 이야기를 나누고 있는 사이에 아들 위두다바는 신하의 도움으로 왕위를 찬탈한다. 왕위를 빼앗긴 빠세나디왕은 아자따삿투에게 도움을 청하러 왕사성에 갔다가 북쪽 성 밖에서 쓸쓸하게 죽는다. 그해 꼬살라국의 위두다바왕에게 사까족은 몰살을 당했다. 부처님은 80세의 노구를 이끌고 나무이파리가 없는 나무 밑에 앉아, "친족의 그늘은 나무 그늘보다 시원하다."라는 말을 3번이나 하며 꼬살라국의 위두다바왕을 말렸지만, 당신의 종족들이 학살당하는 것을 막을 수 없었다. 당신의 아들 라훌라 그리고 당신의 아내였던 아쇼다라, 양모였던 마하빠자빠티도 당신보다 일찍 세상을 떠났다. 당신이 열반 들기 6개월 전에는 제자인 사리뿟다와 목갈라나의 입적을 보아야 했다.

   사촌 동생인 데와닷따는 끝임없이 당신을 괴롭혔다. 그는 부처님 면전에서 "이제 부처님은 늙으셨으니 삼매를 즐기시고, 저에게 승단을 맡겨주십시오."라고 요구했다가 "다른 사람이 뱉은 가래를 삼키는 자."라는 꾸중을 들었다. 그 뒤 데와닷따는 부처님이 받아들이지 않을 걸 뻔히 알면서 다섯 가지 새로운 규칙을 만들어 부처

모든 존재는 태어났고 늙었고 병들었고 죽었다.
부처님도 그 길을 가셨고 수많은 제자들도 생로병사의 길을 갔다.

부처님의 불운한 말년

님께 제안했다.

첫째, 비구는 평생 숲속에서만 생활하고 사원에서 살면 안 된다.

둘째, 비구는 오직 탁발해서 먹어야 하고 일체 신도들의 공양청에 응해서는 안 된다.

셋째, 비구는 남들이 입다 버린 누더기로만 가사를 만들어 입어야 하고 재가자들이 보시한 새 천으로 가사를 만들어 입어서는 안 된다.

넷째, 비구는 평생 나무 아래에서 머물러야 하며 지붕 아래에서 자서는 안 된다.

다섯째, 비구는 생선이나 고기를 먹어서는 안 된다.

이 다섯 가지 엄격한 규칙을 부처님이 거부하시자, "부처님도 사치에 물들어 있다."고 비난하며, 500명의 새내기 승려를 이끌고 가야산으로 가서 승가를 분열시킨다. 부처님은 사리뿟다와 목갈라나를 보내서 그들의 대부분을 데려오기는 했지만, 현장 스님의 기록에 의하면 데와닷따의 무리들은 7세기까지 존재했다고 한다.

사촌동생은 끊임없이 부처님을 괴롭혔다.

데와닷따의 꾀임에 빠진 아자따삿투는 부처님을 살해하려고 활을 잘 쏘는 자객 31명을 몇 개의 팀으로 나누어 보내서 5번이나 살해할 기회를 노렸지만, 그때마다 자객들은 부처님과 가르침과 승가에 귀의했다. 데와닷따는 영축산을 거니시는 부처님께 바위를 굴려 살해하려 했지만, 부처님의 발등에 상처를 입히는 정도에 그쳤다. 마지막으로 코끼리 조련사를 꾀어 부처님이 오시는 길에 술 취한 날라기리 코끼리를 풀어놓아서 코끼리가 부처님을 향해 돌진하도록 만들었지만, 코끼리마저 부처님 앞에 무릎을 꿇는 모습을 보임으로써 모두 작전은 실패로 돌아갔다. 이후 술 취한 코끼리를 제도하려고 한 손을 들어 올리는 부처님의 모습은 시무외인施無畏印으로 정착되어 많은 조각상에 왕사성王舍城을 상징하게 되었다. 부처님은 데와닷따의 행동을 보고 "데와닷따는 악처에 떨어질 것이고, 지옥에 떨어질 것이고, 겁이 다 하도록 지옥에 머물 것이고, 용서받을 수 없다."(A6:62)고 말했다.

데와닷따가 승가를 분열시킬 목적으로 다섯 가지 계율을 제안했을 때까지만 해도 재가자들은 데와닷따의 본심을 파악하지 못했다. 부처님을 살해하려는 세 번의 시도를 모든 왕사성 사람들이 알게 되자 아자따삿투도 데와닷따에게 공양하는 것을 지속할 수 없게 되었다. 그는 아버지를 죽인 과보로 매일 악몽을 꾸었다. 아자따삿투는 주치의 지와까의 안내로 부처님을 찾아가게 되고 부처님께 귀의한다. 이 내용은 『사문과경沙門果經』으로 남아있다. 아자따삿투가 불자가 됨으로써 마하까싸빠 존자는 라자가하에서 왕의 후원으로 제1차 결집을 하게 된다.

아끼는 왕의 비참한 죽음도 보았다.

부처님은 빠와에서 대장장이 쭌다의 공양을 받고 설사가 나서 죽을 듯한 괴로움을 받았다. 부처님은 부드러운 돼지고기

sūkaramaddavaṃ를 먹어보기도 전에 "쭌다여, 부드러운 돼지고기로 만든 음식은 나에게 공양하고, 다른 여러 음식은 비구 승가에게 공양하여라."라고 말했다. 공양물을 맛보기 전에 그렇게 말씀하는 건 이미 그 음식이 문제가 있음을 아신 것인데, 그것을 아시고도 그 음식을 드신 것이다. 남은 음식은 깊은 구덩이를 파서 묻으라고 부탁하시면서도 부처님은 "쭌다여, 나는 사문과 바라문, 신과 인간들 가운데서, 여래를 제외한 어느 누구도 이 음식을 먹고 바르게 소화시킬 사람을 보지 못한다."라고 말한다. 문제가 있는 음식임을 알고도 그 음식을 드셨고 부처님만이 바르게 소화 시킬 수 있다고 말씀하시고도 죽음에 다다를 정도의 극심한 병에 걸리신 것을 어떻게 이해해야 할까?

부처님은 쭌다에게 찾아가 다음과 같이 말하여 자책감을 없애주라고 아난다에게 부탁한다.

"쭌다여, 그대가 드린 마지막 음식은 그대의 공덕이고 행운입니다. 그대는 긴 수명을 가져다줄 업을 쌓았고, 좋은 용모와 행복과 명성과 천상에 태어날 업을 쌓은 것입니다."

부처님의 말년에 여러 가지 불행한 일을 당하셨다. 데와닷따가 굴린 바위 조각에 맞아 발에 피를 흘리셨다. 쭌다의 공양을 받고 이질에 걸리셨다. 그러나 부처님은 분명히 그 음식이 문제가 있다는 것을 알고 드셨으므로 음식을 드신 후 극심한 병에 걸리신 것을 과거생의 업보業報로 이해하면 안 될 것이다. 또한 데와닷따가 산에서 굴린 바위 조각에 맞아 발에 피를 흘리신 것도 업보로 보지 않는다. 부처님은 누군가에게 어떤 고통스러운 느낌이 일어나는 것은 바람(vāta)과 담즙(pitta)과 점액(semha)의 혼합(sannipātikā), 온도(utu), 부적절한 관리(visamaparihāra), 돌발상황(opakkamikā), 업보(kammavipāka) 등 여덟 가지 이유가 있다고 설명하였다. 밀린다팡하에서 나가세나는 바위 조각에 맞아 발에 피를 흘린 것은 업보가 아니라 돌발상황에 의해서라고 설명한다. 왜냐하면 업보만이 과거의 원인이고 나머지 일곱 가지는 지금 여기에서 나타난 현상이기 때문이다. 부처님은 말년에 당신에게 깊은 믿음을 보였던 빔비사라왕과 빠세나디왕이 비참하게 죽는 것을 보았고, 사까족이 멸망하는 모습을 보았다. 상수 제자인 사리뿟따와 목갈라나를 먼저 보냈다. 그럼에도 부처님은 잘 가신 분(善逝)이라는 명호를 갖고 계시고, 스스로 "불사不死를 성취했다."고 말했다. 꾸시나가라 살라나무 아래에 누워 죽는 그 순간까지 제자들에게 "궁금한 것이 있으면 서슴없이 물어라."고 말씀하시고, 마지막 제자 수밧다에게 가르침을 주고 대열반에 들었다. 그렇다면 우리는 부처님의 말년이 불행했다고 말할 수 있을까?

최초의 승원, 왕사성에서

부처님은 라자가하(왕사성)에서 다섯 번의 안거를 나셨고, 쉬라바스티(사위성)에서 스물네 번의 안거를 나셨지만, 순례객인 나로서는 다섯 번을 안거한 왕사성이 둘러볼 때가 더 많고, 나눌 이야기도 더 많다. 왕사성은 부처님이 많은 제자를 교화한 곳, 혹은 원숭이에게 꿀 공양을 받은 곳이라는 이유로 8대 성지에 들어가 있는데 『대승본생심지관경』에는 라자가하가 『반야경』과 『법화경』을 설한 곳이기 때문에 보탑을 세웠다고 한다.

이처럼 왕사성은 초기불교 또는 대승불교를 신봉하는 모든 불자에게 유서 깊은 곳이다. 사방이 산으로 둘러싸인 왕사성은 다른 성지들과 사뭇 다르다. 우리나라 충청도의 산을 닮아있어 포근하고 친근하다. 부처님 당시 크고 작은 16개국이 영토전쟁을 벌일 때 마가다국이 최후까지 살아남은 것은 이곳이 다섯 개의 산으로 둘러싸인 천하의 요새였기 때문일 것이다. 지금도 왕사성을 둘러쌓은 다섯 개 산등성이를 잇는 성벽이 남아있다.

이 성벽에는 32개의 큰 출입문과 64개의 작은 출입문이 설치되어 있어서 저녁이면 모든 문을 다고 출입을 통제했다고 한다. 이러한 까닭에 아들에게 왕의 자리를 찬탈당한 코살라국의 빠세나디왕이 아자타삿투왕에게 도움을 청하러 성문 앞까지 왔으나, 굳게 닫힌 성문 안으로 들어갈 수 없었고, 그 날밤 빠세나디왕은 추위에 떨다 죽고 말았다. 이러한 천혜의 환경조건은 훗날 마가다국이 마우리야 왕조를 건립하는 기반이 되었을 것이다.

너무 멀지도, 가깝지도 않은 곳

부처님은 1천 명의 아라한들과 라자가하에 들어와서 빔비사라왕으로부터 죽림정사를 기증받는다. 죽림정사를 기증받는 사건은 세 가지 중요한 의미가 있다. 첫째는 승원의 위치를 정할 때 수행자의 입장과 재가자의 입장을 모두 고려했다는 사실이다. 빔비사라왕은 마을에서 너무 멀지도 않고, 너무 가깝지도 않고, 원하는 사람들이 오기 쉽고, 낮에는 번잡하지 않고, 밤에는 조용하고, 홀로 명상하기에 알맞은 곳을 기증하기로 선택했다. 현재 왕사성의 죽림정사와 사위성의 기원정사 위치를 조사하니, 각각 도시에서 2km~3km 내에 있다. 사찰의 위치가 고요한 수행처를 찾는 수행자의 입장과 사찰을 방문하는 재가자의 입장을 함께 고려했다는 것이 중요하다. 지금은 자동차를 타고 쉽게 사찰을 찾아갈

왕사성을 둘러싸고 있는 산성

수 있기에 부처님 당시처럼 사찰의 위치를 도시에서 2~3km 떨어진 곳을 고집할 필요는 없을 것이다. 수행자는 혼자서 깨달음을 구하는 수행 上求菩提을 성실하게 하되 법문을 청하거나 어려움을 호소하는 이들이 있으면, 언제든지 아는 만큼 이야기 下化衆生 해 줄 수 있는 자세를 갖고 살아야 할 것이다.

두 번째는 최초의 승원은 부처님 개인에게 보시한 것이 아니라, 승가 공동체에 보시되었다는 점이다. 빔비사라왕은 "저는 이 웰루와나 숲을 부처님을 상수로 하는 비구승가 bhikkhusaṅgha에 보시하겠습니다."라고 말한다. 죽림정사가 승가에 보시된 이후로 모든 승원 승가에 보시하는 전통이 만들어졌다. 승가에 보시한 것은 지역과 국가를 초월하고 시간을 초월해서 모든 출가자가 사용할 수 있는 공유물이기에, 승가는 풍족해도 수행자는 가난하게 살 수 있게 되었다.

죽림정사 같은 승원뿐만이 아니라, 개인이 사용하는 '꾸띠(수행처)'도 개인에게 보시하는 것을 부처님은 허락하지 않았다. 어느 날 왕사성에 사는 장자는 스님들이 아침에 이슬을 맞으며 나무 밑이나 동굴에서 깨어나는 모습을 보았다. 그는 스님들이 이슬을 맞지 않고 안전하게 수행할 수 있도록 60개의 꾸띠를 지어 스님들께 보시하려는 마음을 일으켰다. 막상 그 꾸띠를 스님들에게 보시하려고 했을 때 부처님은 "그 60개의 꾸띠는 현재와 미래의 사방승가四方僧伽에 보시하시오"라고 말했다. 개인 수행처인 꾸띠가 스님, 혹은 스님들 몇 명에게 보시되지 않고 승가에 보시하도록 한 것은 꾸띠 조차도 공유물로서 현재와 미래의 다른 수행자가 사용할 수 있도록 배려한 것이다.

현전승가, 화합승가

부처님은 꾸띠뿐만 아니라 옷도 승가에 보시해야 한다고 말한다. '보시의 분석 경'(M142)에서 부처님의 양모 마하빠자빠띠는 한 벌의 새 옷을 부처님께 보시하기를 간청한다. 부처님은 "나에게 보시하지 말고 승가에 보시하라."고 말한다. 그리고 "승가에 보시하면 나에게도 공양하는 것이 되고 승가에도 공양하는 것입니다."라고 말한다.

셋째는 죽림정사를 중심으로 하는 현전승가現前僧伽가 만들어졌다는 것이다. 죽림정사가 기증되고 얼마 되지 않아 빔비사라왕의 제안으로 안거 제도가 도입되고 포살과 자자를 하게 되었다. 안거와 포살을 하려면 특정 지역을 하나의 생활공간으로 확정해야 한다. 이것을 '결계結界'라고 하는데 이 결계 공간 안에서 사는 대중을 '현전승가'라고 한다. 승가의 모든 결정은 이 현전승가 대중들에 의해서 진행된다. 승가가 어떤 결정을 할 때 절차가 정당한 것을 '여법如法'이라고 하고, 구성원이 다 모인 것을 '화합和合'이라고 한다. 승가를 '화합 승가'라고도 번역하는데, "전원참석으로 결정하는 집단"이라는 뜻이다. 정당한 절차如法라고 하는 것은 만장일치나 다수결에 의하여 결정하는 것이다.

이렇듯이 라자가하의 죽림정사에서는 사찰의 위치, 역할을 되새겨 보기에 최적의 장소이다. 더구나 한국의 조계종에서 한글 삼귀의를 잘못 만들어 놓아서 '승가'와 '스님들'을 혼동하고 있는 것은 시급히 수정해야 할 일이다. 마치 자동차 부품이 모여있다고 자동차가 아니듯이 스님이 모여있다고 '스님들'을 '승가'라고 부르지 못한다. 자동차 부품이 각 용도에 맞게 조립되고 기름이 채워져야 차가 굴러가듯이 승가도 승가로서의 역할(안거, 포살, 자자, 대중갈마)을 해야 '승가'라 불리게 된다. 승가는 단순한 모임, 공동체라는 번역으로는 감당할 수 없는, 넓고 크고 총괄적인 의미가 있다.

부처님 당시 스님들은 가르침을 암송하여 후배들에게 전달하였기에 승가는 법의 담지자擔持者였고, 가르침을 전달하는 전승자였다. 또한 이 세상에서 부처님 법이 사라지지 않도록 출가자를 배출하는 터전이며, 인간의 갈등과 고통을 치료하는 병원이며, 사람들이 불자가 되기 위해서 반드시 알아야 하는 귀의처, 가장 큰 공덕을 짓게 하는 복전福田이며, 승가를 염念하면 공포가 사라지는 효과를 내는 보호처이다. 승가는 포살을 통하여 스스로 자정 능력을 발휘하는 모임이며, 현전승가現前僧伽 전체가 모여 결정되어야 '화합和合'이라고 규정하는 가장 민주적인 집단이다. 부처님 사후에는 부처님 대신에 법法과 비법非法을 판단하고 계율과 비계율을 판단할 수 있는 유일한 모임이다.

승가의 이름으로 보시한다는 것

이러한 승가의 전통은 현대 한국불교에서는 어떤 모습으로 변했을까. 승가에 보시된 재산이 점차 많아짐에 따라 승가의 공유재산을 관리하는 관리자의 역할, 사찰이 국립공원으로 지정됨에 따라 산야山野의 자연유산을 보호하는 역할, 사찰의 전각이나 조각물이 국가의 보호를 받는 문화유산이 되자 문화유산을 관리하고 보호하는 역할도 맡게 되었다. 이렇게 승가의 재산과 문화재 관리에 더 많은 신경을 쓰다 보니 승가 본연의 역할인 법의 담지자, 전승자라는 역할을 소홀히 하게 된다. 부처님 때부터 내려왔던 승가 공동체 전통의 의미를 잃어버리고 '스님들'이라는 개개인에게 귀의하라는 잘못된 삼귀의를 만들어 내고 말았다. 부처님은 설사 계행이 청정치 못한 자들이 있더라도 승가의 이름으로 스님들에게 보시하면 공덕이 크다고 말한다.

"미래세에 계행이 청정치 못하고 dussīla, 삿된 법 pāpadhamma을 가진 노란 가사를 목에 두른 일족들이 있을 것이다. 승가의 이름으로 그 계행이 청정치 못한 자들에게 보시를 베푼다면, 그 공덕이 헤아릴 수 없고 잴 수 없다고 나는 말한다."

보시의 분석 경(M142)

승가의 이름으로 보시하면 그 공덕이 헤아릴 수 없다는 가르침에서 다시 승가의 의미와 승가의 공덕을 확인할 수 있다. 개인에게 보시하면 보시받는 사람만 사용할 수 있고 사유재산이 되지만, 승가에 보시하면 누구나 사용할 수 있는 공유물이 된다. 공유물은 누구나 평등하게 사용할 수 있다. 이 말은 수행자는 그 사람의 지위나 용모나 능력에 따라 차별받아서는 안 되며, 수행자는 누구나 승가의 주인이라는 말이다. 수행자가 사찰을 찾아가도 방을 내어주지 않고, 승려 간에도 빈부의 차이로 화합이 되지 않는 현 종단의 상황에서 죽림정사가 우리에게 시사하는 바가 크다. 왕사성의 죽림정사가 승가 앞으로 기증되었고, 그 후 모든 전답田畓과 승원과 꾸띠가 승가에 기증되었기에 현재 우리나라의 천년고찰이 공유물로서 남아있고, 미래에 누군가 사찰을 창건해도 공유물이 되어야 한다는 것이다. 죽림정사에서는 '보시의 분석 경'(M142)을 독송하며 승가와 사찰의 역할을 생각해 보면 좋을 것이다.

라자가하에서 생긴 일

부처님은 녹야원에서 다섯 비구와 야사와 그의 친구들을 제도하고 전도선언을 하셨다. 전도선언에서 우루웰라 세나니 마을로 가겠다고 약속한 것처럼 곧바로 우루웰라로 돌아와 가섭 3형제인 우루웰라 가섭, 나디 가섭, 가야 가섭과 그들을 따르던 1천 명의 배화교拜火敎 수행자를 제도하였다. 가야산에서 이들 1천 명에게 '불타오름 경'(S35:28)을 설하였을 때 모두 아라한이 되었고, 빔비사라왕과 약속을 지키려고 1천 명의 아라한과 함께 라자가하로 향했다. 빔비사라왕은 왕사성에서 14km쯤 떨어진 제티얀Suppatittha까지 마중을 나왔고, 빔비사라왕은 1천 명의 수행자들 중에서 붓다가 스승인지 우루웰라 가섭이 스승인지 알지 못하였다. 그때 부처님은 우루웰라 가섭에게 이렇게 물었다.

"우루웰라에 사는 빼빼 마른 수행자여, 그대는 무엇을 보았기에

불의 제사를 버렸습니까?"

"불의 제사는 형상과 소리 등에서 생겨나는 달콤함과 감각적 쾌락을 추구합니다. 저는 이것이 집착의 티끌이라고 알고 제사와 희생제를 버렸습니다. 세존이시여! 세존은 저의 스승이고, 저는 제자입니다."

율장의 『마하왁가』에서 보이듯 부처님이 우루웰라 가섭을 제도하는 과정은 쉽지 않았다. 우루웰라 가섭은 그 당시 나이가 120세였고, 마가다국과 앙가국에서 동시에 존경받는 스승이었다. 그 자리에서 빔비사라왕과 신하들은 부처님의 차제 설법을 듣고 수다

영축산 정상에서 명상하는 불자들

원과를 성취하거나 삼보에 귀의한 재가 신자가 되었다. 1천 명의 아라한과 11만 명의 예류자와 삼보에 귀의한 1만 명의 재가 신자가 동시에 라자가하에 걸어서 입성하는 모습을 상상해 보라. 라자가하는 삽시간에 불국토가 되었다. 빔비사라왕은 부처님을 상수로 하는 승가에 최초의 승원인 죽림정사(웰루와나)를 기증하였다.

곧이어 사리뿟따가 탁발하던 앗싸지(assaji,마승) 존자를 인연으로 출가하였다. 『팔대영탑명호경』에서 왕사성을 부처님이 많은 제자를 교화한 곳이라고 설명하는 것은 아마도 사리뿟따와 목건련 그리고 그의 도반들 250명이 출가한 사건을 의미할 것이다.

사리뿟따가 아라한과를 얻은 정월 보름날에 죽림정사에서 대집회 Dhammābhisamaya가 열렸다. 우루웰라에서 제도된 가섭 3형제와 1천 명의 제자들, 사리뿟따와 목건련과 250명의 도반들이었다. 이날 모인 1,250명은 이후 경전이나 예불문에 이 숫자가 정형화되어 나타나고 있다. 이들은 모두 부처님께서 "오라 비구여 ehibhikkhu!"라는 한 마디로 비구계를 수지한 아라한들이었다.

부처님은 왕사성에서 다섯 번의 안거를 나셨다. 성도 후 2년째 아버지 숫도다나 대왕의 요청으로 고향 까빨라왓투를 방문하였다. 이때 이복동생 난다와 여덟 살 아들 라홀라가 출가하였다. 또한 라자가하로 돌아가던 중 사끼야 왕자들 밧디야, 아누룻다, 아난

마하 까싸빠 존자가 수행하던 동굴

다, 바구, 낌빌라, 데와닷따와 이발사 우빨리가 부처님을 뒤따라와서 말라국의 아누삐야 망고 숲에서 만나 출가한다. 도시인 웨살리에 가뭄과 질병이 나돌자, 웨살리 사람들의 초청으로 웨살리에 가서 『보배경』을 설하였고, 사끼야와 꼴리야족이 로히니강의 물을 가지고 싸우는 것을 중재하였다. 이때 사끼야족 250명 꼴리야족 250명 총 500명의 젊은이들이 출가하여 500명의 과부들이 생겼는데, 이들 500명은 후에 마하빠자빠띠 고따미와 함께 웨살리에 있는 부처님을 찾아가서 비구니가 된다.

부처님은 왕사성에서 다섯 번의 안거를 나셨다.

사왓티에 사는 수닷따 장자가 왕사성에 들렀다가 부처님께 귀의한 것은 이 3년째 되던 해의 일이다. 그는 자선가로 유명해 아나타삔디까 즉 '의지할 곳 없는 사람들을 돌봐 주는 분'이라는 이름으로 불리게 되었다. 그는 부처님이 출현하셨다는 얘기를 듣고 시따와나Sītavana로 찾아가 부처님께 법문을 듣고 신심 깊은 재가 신자가 되었다. 수닷따 장자는 마하까싸빠 존자처럼 부처님께 아무런 설법을 듣지 않고도 '부처님!'이라는 소리만 듣고도 부처님께 믿음을 갖게 된 거사님이다. 수닷따 장자는 자기가 살고 있는 사위성 근처에 기원정사(제따와나)를 지어 승가에 기증하였다. 라자가하에 있던 시따와나는 '시원한Sīta 숲vana'이라는 뜻인데 사람들이 시체를 버리는 공동묘지였다. 시따와나는 시타림으로 음사되었고 지금은 '시달림'이라는 용어로 남아있는데 사람이 죽으면 스님들이 찾아가서 염불을 해주는데 이때 망자亡子의 집에 가는 것을 "시달림간다."고 말한다.

두타 제일로 알려진 마하까싸빠가 부처님을 만난 것도 부처님이 왕사성에 머물 때 일어난 일이다. 까싸빠는 출가하기 전에 '삡빨리Pippali'라는 이름을 가졌는데 엄청난 부자였다. 그는 부모님의 성화로 '밧다Bhaddā'라는 어여쁜 처녀와 결혼하였지만, 그들은 서로 순결을 지키고 함께 출가하기로 약속하였다. 어느 날 그들은 모든 재산을 버리고 같이 출가했으며, 출가자로서 남녀가 같이 다니는 것이 적절치 않다는 것을 깨닫고 길에서 헤어졌는데, 이때 지진이 일어났다. 부처님은 이 지진이 무엇을 뜻하는지 아시고 왕사성과 날란다 사이에 있는 곳에 마중을 나가서 까싸빠를 만났다.

까싸빠는 부처님이 자신의 스승이란 것을 즉시 알아보고 스승

멀리서 바라본 영축산 전경

앞에 엎드려 절을 하였다. 부처님은 까싸빠의 가사를 만져보고 부드럽다고 말하자, 까싸빠는 자신이 입은 가사를 부처님께 드렸고, 부처님은 당신이 입고 있던 분소의를 까싸빠에게 주었다. 이 가사를 바꾸어 입은 사건은 까싸빠를 선종의 초조로 자리매김하는 일화가 되었다. 다행히 가사를 교환한 장소가 최근에 발견되어 인도 라닥에서 온 아난다 스님의 주도로 사찰이 건립되고 있다.

부처님은 왕사성의 유명한 기녀였던 시리마Sirima가 죽었을 때 "그 시체를 살 사람을 찾는 공고를 내어 달라."고 왕에게 부탁하였다. 왕은 사후에도 여전히 아름다운 시리마를 데려가는 대가로 1천 냥을 내야 한다고 공지하도록 했으나, 아무도 나서지 않았다. 가격을 200냥, 100냥, 50냥, 1냥까지 줄여도 아무도 나타나지 않았다. 살아있을 때 그토록 많은 사람을 매혹시켰던 그 몸뚱이였지만, 죽은 시신은 돈은커녕 거저 주겠다는데도 누구도 시신을 가져가려 하지 않았다. 이런 사정을 듣고 부처님은 말씀하셨다.

"비구들이여, 바로 이 도시에서 이 여인과 하룻밤을 보내기 위해서 남자들은 수천 냥의 돈을 지불했다. 지금은 그냥 주어도 가져가는 사람이 없다. 이처럼 아름다움은 무상하여 괴멸하는 것이다."

부처님은 아름다운 시리마를 보고 상사병을 앓고 있는 비구를 위하여 이러한 일을 꾸미신 것이다.

아름다운 기녀가 죽은 후

왕사성은 데와닷따가 승단의 리더가 되기 위해 부처님

을 살해하려고 술취한 코끼리인 날라기리 코끼리를 부처님께 보내고, 자객을 보내고 직접 바위를 굴려서 부처님 발에 피가 나게 했던 곳이다. 이시길리 산에는 나간타교의 수행자들이 고행터였고, 영축산은 중병에 걸린 찬나존자가 자결한 곳이며(S35:87), '삭까의 질문 경'(S35:118)이 설해진 곳이다. 빔비사라왕이 말년에 갇혀 있던 감옥이 있고, 부처님의 주치의 지와까가 기증한 망고 숲이 있다. 부처님과 제자들과 빔비사라왕이 목욕하였던 따뽀다 온천이 있는데, 지금도 칠엽굴로 올라가는 길목에 이 온천을 볼 수 있다. 아직도 현지인들이 이 온천에서 온천욕을 즐기고 있는데 상층 계급인 브라만은 물이 깨끗한 위에서 목욕하고 하층 계급은 더러운 아래에서 목욕하고 있다. 공식적으로는 사라졌다는 인도의 카스트 계급을 이 목욕탕에서는 다시 볼 수 있다. 부처님은 열반의 길을 떠나기 전에 마가다왕 아자따삿투가 보낸 신하 와싸까라 Vassakāra에게 일곱 가지 쇠망하지 않는 법을 설하였고, 부처님께서 돌아가신 후에는 이 칠엽굴에서 마하까싸빠의 주도로 제1차 결집이 있었다.

앗싸지 존자의 연기 게송

우빠띠싸Upatissa(사리뿟다의 옛 이름)는 왕사성에서 탁발하고 있던 앗싸지Assaji 존자를 발견하고 범상치 않은 인물임을 직감한다. 탁발이 끝나기를 기다렸다가 물었다. "당신의 스승은 누구이고 무엇을 가르칩니까?" 앗싸지 존자는 처음에는 사양하는 듯 겸손을 보이면서도 간략하게 불법의 요점을 설한다. 이것이 그 유명한 '법신게法身偈'다.

"모든 법은 원인에 의해 생겨납니다.
여래는 그 원인을 설합니다.
또한 그 법의 소멸함도 설합니다.
이것이 대사문의 가르침입니다."

『마하왁가』

사리뿟따(사리불)는 이 게송의 두 줄을 들었을 때 이미 수다원과를 얻었다. 게송을 다 듣고는 감격하여 말했다.
"만약 가르침이 이것뿐이라도 이것은 진리입니다."
사리뿟따는 이 게송을 목갈라나(목련)에게도 들려주었고, 목갈라나 또한 이 게송을 듣자마자 수다원과를 증득하였다. 사리뿟따는 이 게송을 들려준 스승 앗싸지에 대한 무한한 존경심으로 늘 스승을 생각하며, 스승이 계신 곳을 향해 머리를 두고 잠을 잤다고 한다. 앗싸지 존자가 설한 게송은 법신게法身偈, 법신사리게法身舍利偈, 연기법송緣起法頌 등으로 전해지며 많은 사람들에게 환희심과 영감을 주었다. 후대에는 이 법신사리게를 돌이나 동판에 새겨서 부처님의 사리와 함께 스투파에 모시는 것이 유행이었다. 산치대탑, 녹야원의 다메크탑 등에서 이 게송을 쓴 흙으로 구운 도장, 동판, 석판 등이 발견되었다. 때로는 불상이나 탱화 등에도 이 법신게가 보인다.

부처님의 계승자, 사리뿟따

브라만 가정에서 장남으로 태어난 사리뿟따에게는 6명의 형제자매가 있었는데 모두 출가하여 아라한과를 성취하였다. 사리뿟따는 자신이 열반할 때가 되었을 때 부처님께 알려 허락을 얻고 고향으로 돌아가 열반에 들었다. 고향에는 홀로 계신 삿된 견해를 가진 어머니가 살고 있었는데 어머니를 제도하고 그곳에서 열반하였다. 사리뿟따가 태어나고 열반한 장소에는 커다란 사리탑이 세워졌는데 그 탑을 중심으로 날란다 대학이 건립되었다. 사리뿟다의 열반 장소에 대해 현장 스님의 기록은 조금 다르다. 현장 스님의 기록에 의하면 지금의 기리약Giriyak hill이 열반 장소다. 매년 음력 시월 보름 사리뿟다 존자의 열반일에는 세계평화를 기원하는 걷기대회가 이곳에서 열린다. 부처님은 사리뿟다와 목갈라나를 매우 중요하게 생각했으며 두 제자를 특별히 아꼈다.

"셀라여, 내가 굴린 위없는 담마의 바퀴를 여래의 뒤를 이어 사리뿟따가 굴릴 것입니다."

(Stn3.7)

"비구들이여, 사리뿟따와 목갈라나를 따라 배우라. 비구들이여, 사리뿟따와 목갈라나를 섬겨라. 이 두 비구는 현자요 청정범행을 닦는 동료 수행자들을 도와주는 자이다. 비구들이여, 사리뿟따는 낳아준 친어머니와 같고 목갈라니는 태어난 자를 길러주는 유모와 같다."

(M141)

부처님은 "누가 당신의 계승자인가."라는 셀라의 질문에 사리뿟따가 계승자라고 대답하고, 사리뿟따와 목갈라나를 친모와 양모라고 비유한 것을 보면 부처님이 사리뿟따를 더욱 중요하게 생각했음을 알 수 있다. 사리뿟따 존자는 부처님보다 6개월 일찍 열반에 들었고, 목갈라나 존자는 사리뿟따보다 2주 늦게 열반에 들었다. 목갈라나 존자의 열반은 극적이다. 신통제일인 목갈라나 존자였기에 사람들이 죽으면 어떤 세계에 태어났는지를 잘 알고 있었고, 이를 궁금해하는 사람들에게 그들의 친척이 어디에 태어났는지를 말해주었다. 목갈라나 존자의 설명으로 사람들은 이교도들이었던 이들이 죽어서 나쁜 곳에 태어났다는 것을 알게 되면서 이교도 수행자들의 숫자는 점점 줄어들게 되었다. 이런 사실에 위협을 느낀 이교도들은 산적에게 돈을 주어서 목갈라나를 죽이도록 했다. 산적들이 목갈라나를 죽이려고 여섯 번이나 시도했지만, 목갈라나의 신통력으로 번번이 실패했다. 산적들이 자신을 일곱 번째 살해 시도하자, 목갈라나는 산적에게 죽는 것이 자신이 지은 악

백장암 대웅전 신중탱화에는 브라흐미 글자로 쓴 연기송과 법륜이 들어가 있다.

업의 과보임을 알고 그 자리에서 죽음을 받아들인다. 목갈라나는 죽기 전에 다친 몸을 추스르며 부처님께 가서 마지막 작별 인사를 드리고 다시 거주하던 곳으로 돌아가 죽었고, 부처님은 목갈라나의 사리舍利를 죽림정사에 안치했다.

목갈라나의 수다원 증득

사리뿟다와 목갈라나는 가까운 동네에 살았다고 하니, 목갈라나가 살았던 마을도 날란다 유적의 사리뿟다 탑에서 멀지 않을 것이다. 몇 년 전에도 목갈라나의 사리탑을 찾다가 실패한 경험이 있어서 이번에는 단단히 준비하고 가서 겨우 사리탑을 찾아 낼 수 있었다. 현장 스님은 "날란다사의 서남쪽으로 8~9리를 가다 보면 꼴리따Kolita에 이른다. 그 속에는 탑이 있는데 아소까왕이 세운 것이다. 이곳은 존자 목갈라나가 태어난 마을이다."라고 설명하고 있다. 현재 목갈라나 사리탑이 위치한 곳은 사리뿟따 사리탑에서 서쪽으로 2km 떨어진 주파르디Juafardhi라는 곳이다. 목갈라나 사리탑은 동산처럼 생겼는데 염소들과 아이들의 놀이터가 되어 있다. 오랜만에 방문객이 찾아와서 그런지 우리 주위에 20여 명의 아이들이 모여들었다. 마을 청년들은 친절하게도 스투파에서 나온 불상이라며 근처의 초등학교에 모셔진 불상을 보여주었다.

사리뿟다와 목갈라나가 앗싸지의 게송을 듣자마자 수다원과를 증득하는 것을 보고 '어찌 이 선배들의 증득은 이리 빠를까?'라는 부러움을 가지면서도, "저기 오고 있는 꼴리따와 우빠띠사, 그들은 내 최상의 한 쌍 제자가 될 것이다."라고 처음 보는 자리에서 예언하신 부처님의 말씀을 기억하면 사리뿟따와 목갈라나가 수많은 생 동안 지내온 인연이 있음을 인정하지 않을 수 없다. 사리뿟따와 목갈라나가 단박에 수다원과를 얻은 게송 "모든 법은 원인에 의해 생겨난다."라는 법신게를 음미한다. 좋은 일이든 나쁜 일이든, 모든 일에는 원인이 있는 게지. 우리 불자들에게 이보다 더 강력한 만뜨라, 이보다 더 희망을 주는 가르침은 있을 수 없겠다.

"예 담마 헤뚜 빠바와 Ye dhammā hetuppabhavā
떼삼 헤뚬 따타가따 아하 tesam hetum tathāgato āha"

올해 8월에 지리산 백장암에서 신중탱화를 다시 모시게 되었다. 백장선원 대중들이 새로 모시는 신중탱화를 어떻게 조성할지 이야기를 나누다가 연기송을 신중단神衆壇에 써넣자는 제안이 나왔다. 법륜의 모양도 집어넣자는 의견도 제시되었다. 그래서 백장암 대웅전 신중탱화에는 브라흐미Brahmi 글자로 쓴 연기송과 법륜法輪 모양이 들어가게 되었다. 브라흐미 글자로 쓴 연기송은 탱화의 상단에 동자가 들고 있는 깃발幡에 새겨있다. 우리나라에 불교가 전해진 이래 처음으로 탱화에 부처님이 사용하시던 브라흐미 글자를 새긴 것이다. 고려 불화를 복원하는 일에 전념해온 조이락 화백의 노련한 솜씨로 신중탱화가 조성되었다.

제티얀과 평화의 길

부처님은 우루웰라에서 까사빠(가섭) 형제를 제도하고 가야산에 올랐다. 우루웰라에 사는 가야 가섭과 나디 가섭과 우루웰라 가섭 3형제를 차례로 제도하고 마가다국으로 향했다. 깨달음을 얻는다면 제일 먼저 자신을 찾아달라던 빔비사라왕과의 약속을 지키기 위함이었다. 코끼리 머리처럼 생긴 가야산 정상에서 부처님은 '불타오름 경'을 설하였고 1천 명의 제자들은 아라한과를 얻었다. 불을 섬기던 자들에게 진정한 불은 '탐욕의 불', '성냄의 불', '어리석음의 불'이라는 것을 설하시고 그러한 불은 섬길 것이 아니라 소멸시켜야 함을 설하였다.

"눈은 불타오르고 있다. 형색은 불타오르고 있다. 안식은 불타오르고 있다. 눈의 감각 접촉은 불타오르고 있다. 눈의 감각 접촉을 조건으로 하여 일어나는 즐겁거나 괴롭거나 괴롭지도 즐겁지도 않은 느낌은 불타오르고 있다. 그러면 무엇에 의해서 불타오르고 있는가? 탐욕과 성냄과 어리석음으로 불타오르고 있다. 태어남, 늙음, 죽음, 근심, 탄식, 육체적 고통, 정신적 고통, 절망으로 불타오르고 있다."

(S35.28)

붓다는 가야산 근처에서 3개월간 머무르고 나서 1천 명의 아라한들과 함께 라자가하(왕사성)로 걸어가다 잠시 머무른 곳은 대나무숲의 랏티와나Latthivana였다. 지금은 제티얀Jethian으로 불리는 이곳은 커다란 산 옆에 연못이 여러 개 있는 아름다운 산마을이다. 부처님이 제티얀에서 대나무 그늘 아래 휴식을 취하고 있을 때 빔

부처님이 1천 명의 제자에게 '불타오름 경'을 설한 가야산

비사라왕이 12만 명의 대신과 국민들을 데리고 제티얀으로 마중을 나왔다. 빔비사라왕은 부처님 일행을 보고 우루웰라 가섭과 부처님 중에 누가 스승이고 누가 제자인지 알 수가 없었다. 그러자 부처님은 가섭에게 어떻게 해서 불을 섬기는 행위를 그만두고 불법을 따르게 되었는지를 물었다. 가장 나이가 많은 우루웰라 가섭은 부처님 앞에 무릎 꿇고 게송을 읊는다.

"저는 적정의 진리를 보고 집착의 대상을 여의었고,
욕망과 존재에 대한 집착을 여의었습니다.
다른 상태로 되지 않고 타자에 의해 이끌려지지도 않으니,
그러므로 저는 불에 대한 제사와 희생제를 즐기지 않습니다."

왕사성으로 오는 부처님을 마중나온 빔비사라 왕과 부처님이 만난 제티얀

세존이시여, 세존께서는 저의 스승이고, 저는 제자입니다."

『마하왁가』

빔비사라왕의 소원 성취

　부처님의 설법을 들은 빔비사라왕을 포함한 11만 명의 재가자들은 수다원과를 얻었고 나머지 1만 명은 믿음을 가진 재가신자가 되었다. 11만 명이 한번에 수다원과를 얻었다고? 녹야원에서는 야사의 친구 50명이 모두 아라한이 되었고, 가야산에서는 불의 설법으로 가섭 3형제의 제자들 1천 명이 모두 아라한이 되었고, 사리뿟따, 목갈라나와 함께 출가한 250명이 모두 아라한이 되었다. 이렇게 단체로 아라한이 되는 사례를 상기해 볼 때 제티얀에서 11만 명이 수다원과를 얻었다는 것도 받아들여야 하지 않을까? 부처님이 깨달음을 얻은 초기에 부처님을 만난 개인 혹은 단체들은 짧은 기간에 깨달음을 얻었기 때문에 훗날 깨달음은 오랜 수행을 필요치 않으며 대화와 토론을 통해서도 얼마든지 깨달을 수 있다는 주장들이 나타났다. 그러나 이렇게 단체로 깨닫는 것은 『자따까』에서 말하듯 이분들과 부처님의 전생부터 특별한 인연을 가지고 있었던 것으로 보인다. 그렇지 않고서는 이분들이 단체로 깨달음을 얻는 상황을 이해하기 어렵다. 승가가 만들어진 초기에 아라한과를 얻은 제자를 1,250명이라고 정형화한 것도 이들이 부처님과의 인연을 중요시했기 때문이다.

　빔비사라왕이 수다원과를 얻고 나서 자신이 다섯 가지 소원을

부처님과 빔비사라왕이 만난 것을 기념하여 해마다 제티얀에서 왕사성까지 걷는 불자들

성취하였음을 붓다께 고백한다. 첫째 소원은 왕이 되는 것, 둘째는 붓다께서 자신의 왕국을 방문하는 것, 셋째 붓다에게 예배하는 것, 넷째 붓다의 법문을 듣는 것, 다섯째 소원은 부처님의 법문을 듣고 법을 깨닫는 것이었다. 이러한 법열法悅 속에서 왕사성에 도착한 빔비사라왕은 최초의 불교 승원인 죽림정사Veluvana를 기증하였다. 붓다는 두 번째, 세 번째, 네 번째 연속해서 세 안거를 죽림정사에서 지내면서 사리뿟따와 목갈라나 등 250명을 제도하는 등 수많은 출가자와 재가자들을 괴로움이 없는 세계로 안내한다.

알려지지 않은 곳, 제티얀

1천 명의 아라한들과 12만 명의 불자들이 붓다를 모시고 제티얀에서 라자가하Rājagaha로 걸어가는 장면은 상상만으로 가슴 벅찬 광경이다. 인도 비하르주 정부에서는 특별히 이 길을 중요한 불교유적지로 선정하여 사람들이 단체로 걷기 좋게 정비해 놓았다. 보드가야 대탑에서는 매년 12월이면 세계 불자들이 모여 일주일간 국제경진독송대회International Tipitaka Chanting Ceremony를 개최하고 있다. 매년 독송할 경전을 선정하고 여러 나라 언어로 번역하여 보리수 아래서 배포한다. 이 행사의 대미를 장식하는 것이 제티얀에서 왕사성까지 세계 불자들이 함께 걷는 순례이다. 가야산에서 제티얀까지의 거리는 약 40km이고 제티얀에서 라자가하까지는 약 15km이다.

이 제티얀Jethian은 라자가하(왕사성)로 가는 길옆에 있어 부처님과 빔비사라왕의 이야기를 아는 순례자라면 놓치기 힘든 곳이지만, 한국의 순례자들에게 알려지지 않은 곳이다. 그래서 보드가야에서 라자가하로 갈 때 반드시 지나치는 장소임에도 불구하고 이곳을 참배하는 한국인들은 드물다. 제티얀에 도착하여 연못이 있고, 온천이 있고, 주위에 큰 동굴이 있는 환경을 살펴보면 부처님이 왜 이곳에서 1천 명의 제자들과 머무셨는지 이해하게 된다. 일본인 불자들이 만든 보호각에는 인근 연못에서 건져낸 국보급 불상이 모셔져 있다. 체계적인 성지 순례를 하는 것으로 이름난 태국 불자들은 황량한 제티얀 주위에 휴게소와 사찰을 건립하여 순례자들의 편의를 돕고 있다. 아직까지 제티얀 근처에는 화장실이나 음료수를 파는 곳이 없기에 대부분의 순례자들은 태국의 사찰에 들러서 차를 마시고 화장실을 무료로 이용하고 있다.

평화의 길을 걸어 보자

부처님과 빔비사라왕이 걸었던 이 길은 '전도의 길'이고 '평화의 길'이고 '축복의 길'이다. 전 세계 불자들과 함께 12월에 걷기 행사에 참여하여 걷는 것도 좋지만, 시간 여유가 있는 불자들이라면 따로 시간을 내어 이 길을 걸어보기를 권한다. 제티얀에서 출발하면 느리게 걸어도 3시간이면 걷기의 종점인 구왕사성舊王舍城의 손반다르 동굴에 다다른다. 손반다르 동굴은 아소까왕 이전에 만든 동굴의 원조이며, 빔비사라왕의 보물창고로 사용되었다고 전한다. 손반다르 동굴 못 미쳐서 마하마라타에 나오는 자라산드Jarasandh왕이 용맹을 겨루었던 격투기장을 볼 수 있다.

길 전체가 산과 산 사이를 오가는 평지 길이어서 힘들지 않고 이야기하며 걷기에 적당하다. 길 전체가 숲길이지만 아직은 나무들이 크지 않아서 걷는 길에 그늘을 드리우지 못하므로 햇볕이 안 드는 이른 아침이나 저녁이 걷기에 좋다. 1km마다 작은 탑을 세워서 지금 자신이 어느 정도 걸었는지 알 수 있게 해준다. 앞으로 이 '평화의 길'은 불자라면 마땅히 걸어야 하는 걷기 순례길이 되리라 확신한다. 법륜 스님이 이끄는 정토회 성지 순례단은 바쁜 일정을 할애하여 꼭 이 길을 걷고 있다. 제티얀의 대나무숲과 연못, 부처님이 한동안 머물렀다는 아수라 동굴과 온천까지 있는 이곳은 부처님이 한번 지나친 길이 아니라 부처님과 제자들이 즐겨 찾았던 장소였을 것이다.

가섭 존자와 부처님이 옷을 바꿔 입은 곳

　성지 순례에서 종종 마주치게 되는 것은 부처님 제자들에 관한 유적들이다. 많은 제자들 중에서도 대승불교도들에게 가섭Mahakassapa 존자는 특별한 의미로 다가온다. 선종禪宗에서 유명한 삼처전심三處傳心이 모두 부처님과 가섭 존자 사이에 일어난 일이기 때문이다. 그 삼처전심 중에서 경전 상의 근거를 찾아볼 수 있는 것이 다자탑전분반좌多子塔前分半座이다. 그런데 다자탑전분반좌는 전승에 따라 사왓티 제따와나에서 일어난 것이라고도 하고, 또는 웨살리Vaisali 서북쪽에 있던 다자탑에서 일어났다고 하기도 한다. '의복경'(S16:11)에서는 라자가하와 날란다 사이에 있던 다자탑에서 부처님과 가섭 존자가 처음 만났고 그날 서로 옷을 바꾸어 입은 것으로 나타난다. 최근에는 이 다자탑에서 서로 옷을 교환했다는 역사적 사실을 증명하는 유물이 발견되기도 했다.

부처님께 가사를 바치는
가섭존자 조각상

가섭 존자와 부처님이 옷을 바꿔 입은 곳

마하까싸빠MahaKassapa 존자는 마가다의 마하띠타Mahatittha 마을에서 바라문 가정에서 태어났으며 이름은 뻽빨리Pippali였다. 그는 부모님의 뜻대로 일찍 결혼하였으나, 아내 밧다 까삘라니Bhadda Kapilani와 논의하여 같이 출가하였다. 부처님께 밧다 까삘라니는 "비구니 중에서 전생前生을 기억하는 데 제일이다."라는 칭찬을 들었다. 부처님은 뻽빨리가 출가했다는 것을 아시고, 라자가하 죽림정사에서 약 6km 정도 떨어진 다자탑에서 앉아 가섭 존자를 기다린다. 가섭 존자는 부처님을 뵙자마자 자신이 찾는 스승임을 직감하고, "세존이시여, 세존께서는 저의 스승이시고 저는 제자입니다."라고 세 번 고백한다. 부처님 또한 "까싸빠여, 마음으로 모든 것을 구족한 그대와 같은 제자에게 알지 못하면서도 '나는 안다.'고 말하고, 보지 못하면서도 '나는 본다.'고 말하는 자는 그의 머리가 떨어질 것이다."라고 말하며 가섭존자를 제자로 받아들인다. 실로 이것이 초기경전에서 전하는 이심전심以心傳心의 원형이라 할 것이다.

"세존께서는 저의 스승이시고 저는 제자입니다."

부처님은 다자탑에서 근처 근처의 숲속으로 자리를 옮기셨고 가섭 존자는 나무 아래 자신의 가사를 네 겹으로 접어서 앉을 자리를 만들어 드렸다. 그러자 부처님께서 말씀하셨다. "그대가 입고 있는 가사는 부드럽구나." 이 말씀을 듣고 가섭 존자는 "세존이시여, 이 헤진 헝겊 조각으로 만든 가사를 받아주소서."라고 말했다. 부처님은 "그러면 그대는 삼베로 만든 다 떨어진 이 분소의를 입겠는가?"라고 물으셨고, 결국 가섭 존자와 부처님은 가사를 교환했다. 가섭 존자는 이 사건을 두고 매우 특별하게 여겨 자신을 소개할 때는 아래와 같이 말한다.

> "도반이여, 바르게 말하는 자가 말하기를 '세존의 아들이요, 직계 자손이요, 입으로 태어난 자요, 법에서 태어난 자요, 법이 만든 자요, 법의 상속자요, 삼베로 만든 다 떨어진 분소의를 받아 지닌 자.'라고 말하는 것은 바로 나를 두고 말하는 것이오."
>
> 의복 경(S16:11)

부처님은 '교계경2'(S16:7)에서 "까싸빠여, 나 혹은 그대가 비구들을 교계해야 한다. 나 혹은 그대가 비구들에게 법을 설해야 한다."라고 언급하였다. 가섭 존자를 당신과 동격으로 생각하는 이런 발언을 보면 수많은 제자 중에서도 가섭 존자의 위치를 알 수 있다. 실제로 부처님은 그 후에 당신의 가사를 누구와도 바꾸어 입지 않았다. 이런 관계가 후대에 가섭 존자를 이심전심以心傳心으로 부처님 법을 이어받은 선종의 초조初祖로 만드는 계기가 되었을 것이다.

부처님이 가섭 존자와 가사를 바꿔 입은 장소가 발견되었다는 소식을 듣고 흥분한 마음으로 그곳을 방문했다. 아무런 안내판이 없어서 우리 일행은 길거리에서 한참을 헤매야 했다. 마을 사람에게 안내 사진을 보여주자, 다행히 라자가하에서 6km 정도 떨어진 '실라오Silao'라는 마을에 있는 허름한 힌두 템플로 안내해 주었다. 그곳에는 머리가 없는 불상이 모셔져 있었고, 불상 옆에 무릎 꿇은 가섭 존자의 조각상이 있었다. 힌두인들은 불상과 가섭 존자의 조각상에 붉은 색깔을 칠해 놓고 그들의 신으로 섬기고 있었다. 갑자기 등장한 한국 스님들이 힌두교 사원에서 불상에 절을 올리니 마을 사람들은 신기해하며 모여들었다. 삼배하고 좌선하는 우리를 그들은 호기심 어린 눈빛으로 지켜보았다.

부처님과 가섭은 가사를 교환했다.

가섭 존자의 조각상이 세상에 드러난 것은 1933년 인도 정부에서 이곳을 방문하여 유물을 조사하면서부터다. 조사단은 마을에서 수행자 한 명이 한쪽 무릎 꿇고 무엇인가를 공양하는 모습의 조각상을 발견하였는데, 이 조각상의 발밑에 조각된 글씨를 판독해 이 조각상이 가섭 존자가 부처님께 옷을 올리는 장면임을 알아내었다. 이 내용은 1934년 인도 정부에서 발간한 책

계족산에는 지금도 까싸빠 존자의 발바닥 모양의 조각이 선명하게 남아 있다.

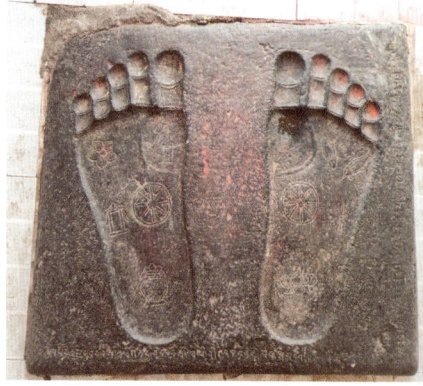

(Epigraphica Indica, Vol XXV)에서 기록되었는데 인도 정부는 이 작업 이후에 이 장소에 대해 아무런 기념도 하지 않아, 이 조각상은 곧 사람들의 기억에서 잊혀진다. 최근에 나와 날란다 대학에서 이 사실을 알고 실라오 마을을 방문하여 이 잊혀진 조각상을 힌두 템플에서 찾아냈다. 그 비문에는 가섭 존자의 아내 이름 까삘라니Kapilani와 가섭 존자가 말년에 구루빠다산(계족산)에 들어갔다는 내용이 들어 있었다. 구루빠다Grupada는 보드가야에서 동쪽으로 36km 정도 떨어진 산이다. 산 정상의 바위가 닭Kukkuṭa의 발pāda처럼 생겼다고 '꾸꾸따빠다기리鷄足山'라고 부르기도한다. 『대당서역기』에서 현장 스님은 이곳을 다녀가며 다음과 같이 적고 있다.

"여래께서 장차 열반에 드시려 할 때 가섭파에게 말씀하셨다. '나는 이제 대열반에 들고자 하니 이 가사를 미륵보살이 올 때까지 너에게 맡긴다. 모든 비구, 비구니, 우바새, 우바이를 제도하여 윤회에서 벗어나게 해야 한다.' 가섭파는 결집을 끝낸 지 20년이 되자 열반에 들고자 계족산鷄足山으로 갔다. 지팡이를 두드리니 산이 갈라졌다. 부처님의 가사를 받들고 그 가운데로 들어가니 봉우리 세 개가 합쳐졌다. 장차 미륵께서 세상에 나서서 설법을 마친 후 여전히 교화되지 못한 중생들을 이끌고 이 산에 오르실 것이다. 가섭의 처소에 이르러 미륵이 손가락을 튀기면 산봉우리가 저절로 열리게 된다. 이때 대가섭이 옷을 건네고 절을 올리고 예경한 뒤 몸을 허공으로 날려서 여러 가지 신통 변화를 보이며 허공에서 불을 일으켜 몸을 태운 뒤에 적멸에 들어갈 것이다."

계족산에는 지금도 까싸빠 존자의 발바닥 모양의 조각이 선명하게 남아 있고, 산 정산에는 커다란 스투파도 있다. 이 스투파는 2009년 라닥에서 온 텐진 아난다Tenzin Ananda 스님이 대만 비구니스님의 후원을 받아 건립한 것이다. 아난다 스님은 1700여 개의 계단과 저녁에 길을 비추는 태양열 가로등도 만들어 놓았다. 2023년에는 부처님이 1천 명의 비구들에게 '불타오름 경'(S35:28)을 설한 가야의 가야산 정상에 탑과 비문을 세웠다. 아난다 스님은 부처님과 까싸빠가 가사를 교환하였던 곳에 사찰을 짓고 조각상을 안치할 예정이다. 이미 스님의 사찰에 부처님과 까싸빠가 가사를 교환하는 조각상을 이미 만들어 놓았다. 다만 부처님이 들고 있는 가사가 너무 작아서 다시 수정할 생각을 갖고 계시다.

평생 두타행으로 살아간 가섭 존자

황폐하게 버려진 인도의 성지들은 힌두교인이나 무슬림들이 차지하여 역사가 왜곡되어 있거나 아무도 찾지 않는 잊혀진 폐허가 된 곳이 많다. 다행히 인도 출신 아난다 스님의 노력으로 황폐하게 버려진 인도 성지들이 잊혀진 역사로부터 되살아나고 불자들이 참배하기 편리하도록 가꾸어지고 있다.

부처님은 '늙음경'(S16:5)에서 가섭 존자가 늙어서까지 분소의를 입고 지내는 것을 안타까워하여 "그대는 이제 늙었다. 그리고 그대가 입고 있는 분소의들은 그대에게 너무 무겁다. 그대는 장자들이 보시하는 옷을 수용하고 공양청에 응하라. 내 곁에 머물도록 하

가섭존자가 반열반에 든 계족산 정상에서 만난 아이들

라."고 부탁했지만, 가섭 존자가 "분소의만 입고 숲에서 사는 두타행이 현재와 미래의 사람들을 연민하기 때문"이라고 고백한다. 부처님은 "장하고 장하구나, 까싸빠여, 그대는 많은 신과 인간의 이익과 안락을 위하여 분소의를 입어라. 걸식행을 하라. 숲에서 머물러라."고 허락하셨다. 가섭 존자는 미래에 후배들에게 모범을 보이고자 평생을 두타행을 실천하며 살았다. 라닥의 아난다 스님은 현재 까싸빠가 부처님의 가사를 받은 곳에 절을 세우고, 내년에는 가섭 3형제가 머물러 수행했던 우루웰라의 한 장소에 스투파를 세울 계획을 하고 있다. 선종의 초조로서 가섭 존자를 기리는 대승불교권 불자들이 이러한 불사에 적극 동참하였으면 좋겠다.

처음으로 법을 전한 곳

사르나트의 녹야원은 부처님이 처음으로 다섯 비구에게 법을 설한 곳이다. 『초전법륜경初轉法輪經』을 설했다고 해서 '초전법륜지'라고 부른다. 사르나트 박물관에는 35살의 붓다가 설법하는 불상과 아소까 석주 상부에 올려져 있던 네 마리 사자상이 모셔져 있다. 산치대탑 동문 기둥에 새겨진 석주의 사자상을 보면 사르나트 사자상의 원형이 어땠는지 확인할 수 있다. 사르나트 석주의 상부에는 네 마리 사자상 위에 법륜이 안치되어 있었음을 알 수 있다. 이 법륜은 인도 국기의 상징으로도 사용되고 화폐에도 나타난다. 태국, 스리랑카 등 불교국가에서도 이 법륜을 국기의 상징으로 쓰고 있다. 『초전법륜경』을 설한 것을 기념하는 다메크Dhamek 스투파의 다른 이름은 법륜DharmaChakra탑이다. '다메크Dhamek'의 뜻도 "진리dhamma가 움직였다, 굴렀다ekhati."는 뜻이다. 다메크 스투파 앞에서 『초전법륜경』(S56:11)을 독송하는 남방불교 불자들을 쉽게 발견할 수 다. 녹야원에서 『초전법륜경』을 독송하는 것은 성지 순례의 정점이라고 할 수 있다. 이 경은 부처님의 첫 설법이기도 하고, 불교의 핵심인 사성제와 팔정도가 설해지기 때문이다. 『초전법륜경』에는 불교가 무엇인지 어떻게 수행해야 하는지 선명하게 드러나 있다. 『초전법륜경』의 앞부분을 소개한다.

"이와 같이 나는 들었다. 한 때에 세존은 바라나시에서 이시빠따나의 녹야원에 머무셨다. 세존은 다섯 비구를 불러서 말씀하셨다. 비구들이여, 출가자가 가까이하지 않아야 할 두 가지 극단이 있다. 무엇이 둘인가? 그것은 저열하고 저속하고 범속하고 성스럽지 못하고 이익을 주지 못하는 감각적 쾌락에 몰두하는 것과, 괴롭고 성스럽지 못하고 이익을 주지 못하는 고행에 몰두하는 것이다. 비구들이여, 이러한 두 가지 극단을 의지하지 않고 여래는 중도(中道 majjhimā patipadā)를 깨달았나니, 그 중도는 안목을 만들고, 지혜를 만들며, 고요함과 최상의 지혜와 바른 깨달음과 열반으로 인도한다. 비구들이여, 그러면 어떤 것이 여래가 완전하게 깨달았으며, 안목을 만들고 지혜를 만들며, 고요함과 최상의 지혜와 바른 깨달음과 열반으로 인도하는 중도인가? 그것은 바로 여덟 가지 성스런 길(ariyo aṭṭhaṅgiko maggo)이니, 바른 견해, 바른 사유, 바른 말, 바른 행위, 바른 생계, 바른 정진, 바른 알아차림, 바른 삼매이다."

『초전법륜경』에서 부처님이 깨달은 중도中道는 팔정도八正道이다. 중도는 정견正見을 바탕으로 정사유, 정어, 정업 등으로 이어지는 구체적 수행의 길이다. 부처님은 출가자가 가까이하지 말아야 할 쾌락과 고행을 극단이라고 표현하며 그것들에서 떠남을 중(中,majjhimā)으로 표현하였다. 혹시 중(中,majjhimā)에 집착할까 봐 팔정도八正道에서는 바름(正,sammā)으로 표현하였다. 만약에 중(majjhimā)이 무엇인지 모르겠으면 중도를 구체적으로 설명하는 정(正,ammā)을 살펴봐야 한다. 또 정이 무엇인지 모르겠으면 정을 구체적으로 설명하는 유익함(善,kusala)과 해로움(不善,akusala)을 잘 살펴봐야 한다. 유익함(善)과 해로움(不善)은 다음과 같은 열 가지로 설명된다.

"도반들이여, 생명을 죽이는 것이 해로움(不善, akusala)이다. 주지 않은 것을 가지는 것이 해로움이다. 삿된 음행을 하는 것이 해로움이다. 거짓말을 하는 것이 해로움이다. 중상모략을 하는 것이 해로움이다. 욕설을 하는 것이 해로움이다. 쓸데없는 말을 하는 것이 해로움이다. 탐욕이 해로움이다. 악의가 해로움이다. 삿된 견해(micchādiṭṭhi)가 해로움이다."

정견경(M9)

정리하면 중도는 열 가지 해로움(不善,akusala)을 멀리하는 것이고, 열 가지 유익함(善,kusala)을 실천하는 것이다. 그것은 매일매일 우리의 삶속에서 유익한 행동, 유익한 말, 유익한 생각으로 실현해야 한다. 불교의 유익함이 세상의 윤리와 다른 점은 반드시 정견正見이 함께해야 한다는 점이다. 정견이 팔정도의 가장 앞에 등장하는 이유다. 부처님은 정견을 드러내기 위하여 세상에 오셨고, 정견을 갖추지 않고는 괴로움에서 해탈은 없다. 『초전법륜경』에서 정견은 사성제를 설명하는 것으로 나타난다. 그동안 중국을 통하여 한문으로 불교를 배운 우리 선배스님들은 중도中道의 중中에 천착하여 중도를 관념적이고 장황하게 설명한 면이 있다. 그 혼란은 세상 사람들에게까지 영향을 주어 사람에 따라서 중립中立, 중용中庸, 중간中間 등으로 오해되기도 하였다. 만약 중도의 중中을 고락苦樂, 시비是非, 선악善惡, 진보와 보수라는 관계에서 중간이나 중립적인 처세로 이해하면 불의不義를 보고도 침묵하게 된다. 또한 중도를 '양쪽 모두 초월하는 어떤 경지'라고 이해하면 나의 삶과는 멀어진 관념적인 것이 된다.

『대반열반경』에서 부처님이 "수밧다여, 29세가 되어 나는 무엇이 유익함(善,kusala)인지를 구하여 출가하였노라."라고 고백하고 있듯이 유익함(善,kusala)은 부처님이 평생의 찾았던 수행의 목표였다. "모든 생명은 폭력을 두려워하고 죽음을 두려워한다. 이 이치를 자기에게 견주어 보아서 남을 죽이거나 때리지 말라."는 『법구경』의 말씀처럼, 중도는 역지사지易地思之하는 능력이다. 부처님의 전법 선언에서 "비구들이여, 많은 사람들의 이익을 위하여(hitāya), 많은 사람들의 행복을 위하여(sukhāya) 길을 떠나라."는 당부처럼 중도는 뭇 생명의 이익과 행복을 위한 실천이다. 때에 따라 중도가 현실에 적용되기 위해서는 중中을 벗어나 "고통에는 중

립이나 중간이 없다."는 표현으로도 나타날 수 있다. 이고득락離苦得樂의 길을 가는 것이 중도이기 때문이다. 다메크 스투파는 초기의 원형에서 몇 번이나 증축 확장된 것으로 현재 모습은 굽타 시대(320년~550년)에 완성된 것이다. 다메크 스투파의 한쪽 표면에는 우리나라 법당의 단청 문양에서 볼 수 있는 다양한 문양을 볼 수 있다. 이 스투파의 높이는 44m, 지름은 28m이다. 1835년 영국의 고고학자 커닝엄이 스투파의 중심부를 파 내려가던 중 정상의 19.4cm 지점에서 브라흐미Brahmi 문자로 된 석판을 발견하였다.

"모든 법은 원인에 의해 생겨나고, 여래는 그 원인을 설한다.
　또한 그것의 소멸함도 설하나니, 이것이 대사문의 가르침이다."

"비구들이여, 처음도 훌륭하고, 중간도 훌륭하고,
마지막도 훌륭한, 의미와 문장을 갖춘 가르침을 설하라."

녹야원에서 초전법륜경을 독송하자

이 연기송緣起頌은 앗싸지 비구가 사리뿟따에게 설한 가르침이다. 이 탑속에 부처님 사리와 연기송(법사리)를 모셨다는 것은 가르침을 보물로 여기는 불교라는 종교의 특징을 잘 설명해 준다. 이러한 전통에서 석탑이나 부처님 복장腹藏에 경전을 넣는 전통이 생겨났다. 현장 스님이 이곳 다메크 스투파를 방문하였을 때 승려 1,500명 이상이 있었고 탑의 높이가 91m에 달했다고 설명한다.

다메크 스투파와 마주한 스투파는 담마라지까Dhammarajika 스투파이다. 담라라지까 스투파는 현재 터만 남은 상태인데, 기록에 따르면 이 탑은 바라나시를 다스리는 왕에 의해 탑의 벽돌은 자가뜨간즈Jagatganj 시장市場을 짓는 데 사용되었고, 탑 안에 있던 '부처님의 뼈'와 수정 등의 보물은 갠지스강에 버려졌다. 담마라지까는 '법Dhamma의 왕rajika'이라는 의미인데 이름만으로도 이곳이 『무아상경無我想經』을 설한 장소인 것을 알 수 있다. 다섯 비구가 『초전법륜경』을 듣고 수다원과를 얻은 뒤 『무아상경』을 듣고 아라한과를 얻었으므로, 다섯 비구는 '법의 왕'이 된 것이다. 다섯 비구는 점차 수다원과를 얻고 부처님께 출가를 간청한다. 그러니까 부처님께 출가하기 전에 이미 수다원과를 얻고 출가하여 비구가 난 뒤에 아라한과를 얻는다. 부처님이 "오라, 비구여Ehi bhikkhū!"라고 말하는 것만으로 그들에게 구족계가 주어졌다.

녹야원을 참배하면 『초전법륜경』과 『무아상경』을 독송할 것을 권한다. 스리랑카 등 남방불교 불자들은 스님이 지도하지 않아도 스스로 다메크 스투파 앞에 앉아서 『초전법륜경』을 독송한다. 『초

"비구들이여, 나는 하늘나라의 올가미와 인간세계의 올가미, 그 모든 올가미에서 벗어났다."

『전법륜경』과『무아상경』은 불교의 핵심이기에 예불 때『반야심경』
대신에『무아상경』을 독송하고 천도재 때 독송하는『금강경』대신
에『초전법륜경』을 독송하면 좋겠다. 반드시 바꾸라는 것이 아니
라, 그런 시도를 해보는 것을 권한다.『초전법륜경』을 독송하고 나
서 시간이 있다면 '진리의 분석 경'(M141)을 독송해 보길 바란다.
사성제를 이보다 자세하게 설명한 경은 없다. 부처님은『무아상
경』을 설하여 다섯 비구가 아라한이 되고 야사와 그의 친구를 제도
하여 60명의 아라한이 생겨났을 때 전도선언을 한다. 이 전도선언
에서 부처님은 전도하는 목적과 듣는 자의 수준과 적절한 방법을
설명하고 있다.

"비구들이여, 나는 하늘나라의 올가미와 인간세계의 올가미, 그
모든 올가미에서 벗어났다. 비구들이여, 그대들도 하늘나라의 올
가미와 인간세계의 올가미, 그 모든 올가미에서 벗어났다. 많은 사
람들의 이익을 위하여, 많은 사람들의 행복을 위하여, 세상을 불쌍
히 여겨 하늘 사람과 인간의 안락atthaya과 이익hitāya과 행복sukhāya을
위하여 길을 떠나라. 둘이서 같은 길로 가지 마라. 비구들이여, 처음
도 훌륭하고, 중간도 훌륭하고, 마지막도 훌륭한, 의미sātthaṃ와 문장
sabyañjanam을 갖춘 가르침을 설하라. 지극히 원만하고 오로지 청정한
거룩한 삶을 실현하라. 본래부터 눈에 티끌이 거의 없는 사람들도 있
는데 그들은 가르침을 듣지 못했기 때문에 쇠퇴하고 있다. 그들이 가
르침을 들으면 알 수 있을 것이다. 비구들이여, 나도 역시 가르침을
펴기 위해서 우루벨라 지역의 세나니 마을로 가겠다."

어떻게 법을 전할 것인가

요즘 출가자가 감소하고 불자가 감소한다며 "성불합시다"라는 인사를 버리고 '전법합시다'라고 인사하자는 제안이 있었다. 이야기할 때 얼굴이 화끈거리더라도 길 가는 사람에게 "불교를 믿으라."고 말해야 한다고 말한다. 서울역 광장에서 확성기를 틀고 "예수천국 불신지옥"을 외치는 사람들이 떠오른다. 부처님은 상대방의 안락atthāya과 이익hitāya과 행복sukhāya을 위해서 법을 전하라고 가르쳤지 우리 편을 만들기 위해서 법을 전하라고 말하지 않았다. 갑자기 종단의 모든 역량을 '전법합시다'에 집중하는 것은 전도선언의 가르침에 맞지 않고, 사람을 우리 조직이 더 커지는 수단으로 보는 것이며, 전법도 성공할 수 없다.

부처님은 의미(뜻)와 문장(표현)을 갖춘 법을 설하라고 당부하셨다. 광장에서 확성기로 떠드는 사람들이 의미와 문장을 갖춘 전도를 할 수 있겠는가? 그런 사람들은 열성적으로 전도한다고 하는 것이 오히려 자신의 종교에 혐오감을 갖게 하고 피해를 주는 일이다. 전도선언에서 뜻과 표현을 갖춘 언어를 사용하라는 것은 부처님이 언어에 얼마나 주의를 기울이는지 알 수 있다. "본래부터 눈에 티끌이 거의 없는 사람들도 있는데 그들은 가르침을 듣지 못했기 때문에 쇠퇴하고 있다."라는 것은 순차적으로 근기에 맞는 가르침을 설하라는 것이다.

부처님도 항상 탐욕rāga, 성냄dosa, 어리석음moha의 순서로 번뇌를 설하시고, 무상anicca, 고dukkha, 무아anatta라는 순서로 법을 관찰하라고 말씀하신다. 보리수 아래서 12연기를 깨닫고도 4성제로

산치 박물관의 아소까 석주의 사자상위에 법륜이 안치되어있다. 이 법륜과 사자상은 인도 국기와 지폐에 들어가 있다.

법을 설하신 것도 듣는 자를 배려하여 설법하신 것이다. 무명avijjā부터 설명하는 것보다 괴로움dukkha부터 설명하는 것이 듣는 자의 입장에서 더 이해가 쉽기 때문이다. 이처럼 불법은 듣는 자의 입장에서 설해져야 하고, 듣는 자의 이익과 행복을 위해서 설해져야 하며, 듣는 자가 이해하기 쉽도록 뜻과 표현이 잘 갖추어진 언어가 사용되어야 한다.

『무아상경』에서 '아나따anatta'를 '비아非我' 혹은 '무아無我'라고 해석하지만 '아난다경'(S44:10)에서 오온五蘊을 전제하지 않고 말하는 무아無我나 유아有我는 곧바로 단견斷見이나 상견常見으로 떨어진다. 부처님의 무아를 설명할 때 중요한 것은 "이것은 나의 것이 아니고netaṃ mama, 이것은 내가 아니고nesohamasmi, 이것은 나의 자아가 아니다. na meso attā"라는 문장처럼 "A는 B가 아니다." 혹은 "A에는 B가 없다."라고 표현되어야 한다. "이것은 나의 것이 아니다."는 갈애taṇhā의 문제, "이것은 내가 아니다."는 자만māna의 문제, "이것은 나의 자아가 아니다."는 견해diṭṭhi의 문제 등을 의미하기에 탐진치貪瞋癡처럼 3가지로 설명하고 있다. 이것이 뜻과 표현이 잘 갖추어진 문장이다.

오계는 스스로 맹세하는 것

우리가 조석으로 외우는 반야심경은 그 뜻과 표현이 잘 갖추지 못하여 혼란스러운 부분이 있다. 산스크리트 원문에는 "오온의 자성svabhāva이 공하다śūnya."라고 나타나고 있으므로 당연히 조견오온자성개공照見五蘊自性皆空으로 번역해야 한다. 그런데 구마라 즙은 조견오온개공照見五蘊皆空으로 자성自性을 생략하고 번역하였다. 수박이 공하다는 것과 수박에 씨가 공하다는 것이 다르듯 "오온이 공하다."라는 것과 "오온의 자성svabhāva이 공하다śūnya."라는 것은 다르다. 이 부분을 제대로 번역했다면 시중에 나도는 반야심경의 해설서들이 절반으로 줄었을 것이다.

마지막으로 우리가 흔히 오계를 받을 때 불살생不殺生, 불투도不偸盜를 "살생하지 말라.", "도둑질하지 말라."는 등 "~하지 말라."고 번역하는 것도 문제가 있다. 불교의 계율은 자발적인 다짐과 태도도 받아들이는 것이지 강압적이고 일방적인 명령이 아니다. 불살생不殺生의 조항은 "살아있는 생명을 죽이지 않는 학습계를 받아 지니겠습니다Pāṇātipātā veramaṇī sikkhāpadaṃ samādiyāmi"라고 스스로 맹세하는 양식(自誓受戒)으로 표현되어야 한다. 강압적이고 일방적인 수계방식은 불교의 정신을 크게 훼손하는 것이다. '어지럽힘경'(A2:20)에서 부처님은 "비구들이여, 단어pada와 표현byañjana이 잘못 구성될 때 뜻attha도 바르게 전달되지 않는다. 비구들이여, 이러한 두 가지 법이 정법saddhamma을 어지럽히고 사라지게 한다."라고 경고하고 있다.

꼬삼비 승가 분쟁

꼬삼비는 부처님께서 성도 후 9년째와 10년째 안거를 지내셨고, 이곳에서 일어난 승가 분쟁은 꼬삼비를 방문하는 불자들이 가장 먼저 떠올리는 사건이다. 승가의 수행자들이 타락하거나 분쟁할 때 재가자들이 나섬으로써 승가 스스로 뉘우치게 하고 화합하게 만든 희망의 기록이 꼬삼비에 있다. 꼬삼비의 승가는 부처님의 간곡한 타이름마저 받아들이지 않아서 급기야는 부처님마저 떠나도록 만들었지만, 재가 불자들이 똘똘 뭉쳐서 승가에 대해 합장과 공양을 거부하여 마침내 스님들을 정신 차리도록 만들었다. 이런 의미에서 현재 한국불교에서 종단의 무질서와 타락을 청산하길 원하는 의식 있는 재가자들은 다른 어느 곳보다도 이곳을 순례하고 싶을 것이다.

스님들이 다투게 된 사건의 발단은 사소했다. 화장실을 사용하고 물통에 물을 버리지 않은 강사스님을 보고 율사스님이 "물을 비우지 않으면 계율에 어긋납니다. 그러나 의도적으로 한 행위가 아니라면 계율을 파했다고 볼 수 없겠네요."라고 말했다. 그런데 이 율사스님은 제자들에게 "강사스님은 자신의 행위가 계를 파한 것인지 아닌지도 모르더라."라는 이야기를 한 것이 화근이 되었다. 율사스님의 제자들은 강사스님 제자들에게 "너희 스님은 사소한 계율도 모른다."고 말했고 이 말을 들은 강사스님은 "그때는 계를 파한 것이 아니라고 하더니, 이제는 파한 것이라고 말하니 율사야말로 거짓말쟁이다."라고 분개했다. 이렇게 가고 오는 말들은 계속 살이 붙어서 스승들은 자존심에 상처를 입었고, 제자들 간에는 서로 비난이 지속되었다.

심화된 스님들의 갈등

여기까지도 시간이 지나면 진정될 일이었다. 그런데 율사스님을 따르는 대중은 대중공사를 통해서 강사스님에게 징계를 내렸다. 개인들의 다툼이 이제 징계를 내린 쪽과 징계가 부당하다고 항의하는 쪽의 분쟁이 된 것이다. 강사스님을 따르는 스님들 다수가 대중공사에 참석하지 못하여 대중공사의 적법성까지 문제가 되니, 갈등은 더욱 깊어졌고 서로가 돌아올 수 없는 강을 건넜다.

데와닷따가 승가 분열을 일으킨 것은 개인의 욕망과 명예욕 때문이었지만, 꼬삼비 분쟁은 강사스님과 율사스님의 자존심 싸움이었고, 잘못된 대중공사가 갈등을 심화시켰다. 이렇게 대중공사를 통해 징계가 이루어진 상황이었기에 부처님의 충고도 받아들여지기 어려웠다. 오히려 이들은 "부처님 이것은 우리들의 일입니다. 우리가 알아서 처리할 것이니, 부처님은 관여하지 마십시오."라고 말하게 되었다. 문제는 뜻밖의 상황에서 해결된다. 처음에는 재가자들도 강사스님을 지지하는 쪽과 율사스님을 지지하는 쪽으로 나누어졌지만, 시간이 흐를수록 부처님을 보고 싶어 하는 꼬삼비의 사람들이 부처님이 다시 돌아오시기까지 분쟁하는 스님들에게 공양을 거부하겠다고 선언한 것이다. 스님들은 공양을 다시 얻으려면 부처님을 모셔 와야 했고, 부처님을 모셔 오려면 누가 정당한 주장을 하고 있었는지 아닌지를 떠나서 당장 싸움을 그만두어야 했다. 부처님이 타일러도 말을 듣지 않던 스님들이 재가자들의

꼬삼비 승원터에 남아있는 아소까 석주

부처님이 코끼리 시중을 받은 빠릴레야 숲에서 바라본 전경

공양 거부에 스님들이 두 손을 든 것이다. 부처님은 승가의 분쟁을 피해서 빠릴레야 숲으로 갔다. 그 숲에 사는 코끼리와 원숭이는 부처님께 바나나와 꿀을 공양하는 등 안거 기간에 부처님을 시봉했다. 코끼리가 얼마나 영리했던지 불을 피워 돌을 구운 다음에 그 돌을 물에 넣어 목욕하기 좋은 온도로 만들어 부처님께 목욕하기를 권했다고 한다. 부처님은 코끼리에게 그 몸으로는 선정을 닦을 수 없고, 깨달음에 도달할 수 없다고 타이르셨다. 그 코끼리와 원숭이는 부처님을 시봉한 공덕으로 하늘나라에 태어났다고 한다.

스님들의 공양을 거부한 불자들

꼬삼비에서 서쪽으로 15km 정도 떨어진 빠릴레야 숲으

꼬삼비의 야무나강 풍경

로 갔다. 마을을 통과하여 바위산을 따라 오르니 넓은 마당에 자이나교 템플이 나타났다. 정상에 오르는 중간에 커다란 동굴이 2개가 보였는데 동굴에 앉아있으니 다른 세상에 온 듯 시원하다. 필시 부처님이 이곳에서 머무셨을 것이다. 목욕하기 좋은 강이 가까이에 있고 수행하기 좋은 동굴도 있으니, 수행자가 머무르기에 부족함이 없어 보인다. 동굴 아래에는 자이나교 사원이 있고, 서쪽에는 힌두교 사원이 있다. 인도에서 불교의 성지는 대부분 사라지고 다른 종교인들이 차지하여 그들의 성지로 만들어 버렸다. 이들에 의해서 '빠릴레야 숲'이라는 이름도 '쁘라바스Prabhash산'으로 바뀌었다. 그나마 위안이 되는 것은 야무나강이 훤히 내려다보이는 산 정상에 탑이 있었던 흔적과 불상이 모셔져 있다는 점이다. 불상 주위에는 누가 만들어 놓았는지 불교기가 펄럭인다. 숲속에서 안거를 마치고 사왓티로 떠나는 부처님을 배웅하던 코끼리는 부처님을 그리워하다가 슬픔에 겨워 스스로 목숨을 거두었다.

꼬삼비 승가 분쟁 사건은 현재 우리 종단에 시사하는 바가 크지만, 꼬삼비 불자들이 승가 분쟁을 모범적으로 해결한 방식은 이제 지금의 조계종 승가에는 통하지 않는다. 승려들이 탁발하지 않고, 심지어 탁발을 종법으로 금지하고 있기 때문이다. 게다가 사찰 자체에서 관람료, 임대료, 주차료 등 수입이 발생하기에 재가자들이 승려에게 보시하지 않아도 사찰을 운영하는 데 어려움이 없다.

이미 한국불교는 1,700년의 역사 속에서 이룩된 막대한 승가의 재산이 있으며, 승려 개인들은 사유재산을 향유하고 있다. 더욱이 돈을 가진 사람이 종단을 장악하고 그 권력으로 다시 재산을 모으는 과정이 되풀이되면서 종단과 사찰이 사유화되었다. 이런 눈먼 수입 때문에 예전에는 수입이 좋은 사찰을 차지하기 위해 몸싸움이 벌어지기도 하였다. 이제 승가의 분쟁을 바로잡고 범계를 뉘우치게 하는 재가불자들의 역할은 영영 사라졌는가? 나는 이제 꼬삼비 불자들의 역할을 불교계 언론이 맡아야 한다고 본다. 불자들이 건강한 언론을 만들어 시대를 진단하고 범계자를 감시하고, 수행하고 포교하는 승려를 격려하는 역할을 해야 한다.

이야기의 창고, 꼬삼비

꼬삼비는 알라하바드에서 남쪽으로 50km 정도 떨어진 곳에 있는데 지금도 '카우샴비 kausambi'라고 불린다. 지금의 꼬삼비는 허허벌판에 서 있는 아소까 석주와 승원터가 남아있다. 승원터 근처 움막집에 사는 가난한 아이들이 순례객을 따라다니며 음식을 구걸한다. 이 아이들이 집에서 가지고 온 오래된 테라코타 등 유물들을 구경하기도 하였다. 가장 기억에 남은 장면은 꼬삼비 왕궁터에 앉아서 야무나 강변에서 불어오는 바람을 맞으며 앉아있던 일이다. 햇살을 받아 반짝이는 야무나 강물을 바라보며 바람의 냄새를 맡으며 앉아있던 시간이 가장 인상 깊었다. 그 분위기를 다시 느끼기 위해서는 아무래도 혼자여야 할 것이다.

꼬삼비를 가려면 알라하바드를 지나게 되어서 알라하바드 박물관에 들렀다. 박물관에서 티켓을 사기 위해 줄을 섰을 때 앞사람이 50루피를 건네는 것을 보고 나도 50루피를 내밀었다. 매표원은 나를 쳐다보더니 "아유 인디언?"하고 물었다. 나는 약간 당황하며 "예스!"라고 웃으며 말했다. 그 순간 그도 웃었다. 인도인 둘이 영어로 묻고 답하며 인디언임을 확인하는 상황이 웃겼다. 그의 웃음은 "네가 인디언 아닌 거 내가 알거든!"이라는 웃음이었고, 나의 웃음은 "알더라도 들어가게 해줘 친구!"라는 뜻이었다. 다행히 그의 순한 웃음을 격려 삼아 나는 박물관에 입장하였다. 박물관 경비원이 "배낭을 가지고 입장할 수 없으니, 보관소에 맡기라."고 말할 때도 내 얼굴에는 웃음기가 남아있었다. 알면서 속아 주는 인도인들의 여유로움에 갑자기 이곳 알라하바드가 좋아졌다.

티켓을 확인하니 외국인 입장료는 200루피였다. 나중에 꼬삼비에서 돌아올 때 사진을 찍기 위해서 그 박물관을 다시 들렀다. 이번에 나는 외국인 요금 200루피를 내밀었는데, 매표소 직원은 나에게 150루피를 거슬러 주었다. 이번에도 현지인 취급을 받은 것이다. 이곳 박물관에는 외국인이 거의 오지 않기에 본인이 직접 외국인이라고 말하지 않으면 대개는 현지인 취급을 받는다.

알라하바드 박물관

알라하바드 박물관은 기대한 것보다 볼거리가 풍부하다. 제1전시실에는 꼬삼비에서 출토된 아소까 석주 상륜부와 불상, 바후르뜨에서 가져온 불상과 탑 주위에 설치되었던 담장 조각들, 가야 지역에서 나온 불상 그리고 간다라 지역의 아름다운 불상들도 전시되어 있었다. 뜻하지 않게 눈 호강을 해서인지 점심을 걸 렀어도 배고프지 않았다. 제2전시실에는 16세기 이후에 제작된 힌두신 조각상들이 다수 전시되어 있다. 이 힌두교 신들의 조각상 들이 꼬삼비에서 출토되었으니 꼬삼비가 한동안 힌두교 성지가 되었었다는 걸 짐작할 수 있겠다. 꼬삼비의 흥망성쇠를 아소까 석 주가 홀로 묵묵히 지켜보고 있다. 인도 독립운동을 보여주는 사진 이 전시되고 있는 2층에 올라가니 뜻밖에도 몇십만 년 전에 살았 던 맘모스 뼈와 인더스문명이 시작된 하랍파와 모헨조다로에서 나온 유물들이 보인다. '정말 인도는 유물이 넘치고 넘치나 보다!' 라는 생각이 든다. 핸드폰 배터리가 없어 사진을 더 이상 못 찍었 기에 '꼬삼비에서 돌아오는 길에 다시 들러야겠다.'고 생각하면서 전시실을 나오는데 오른쪽에 도서관이 눈에 띄었다. 안내 직원에 게 "꼬삼비 유적에 대한 책을 보고 싶다."고 물으니, 신문을 보고 있던 다른 직원이 의자를 내어주며 친절하게 맞이한다. 이분은 자 기도 심정적으로는 불자라고 말하는 와만Waman 박사다. 그의 고

야무나강 근처에 있는 꼬삼비 왕궁터

향은 암베드카르가 불가촉천민 50만 명을 개종시킨 도시 '낙푸르'라고 했다. 그는 꼬삼비에서 출토된 유적은 이곳보다 알라하바드 대학 내에 있는 박물관에 더 많다고 알려주었다. 갑자기 대학박물관에 가고 싶은 마음이 샘솟았지만, 꼬삼비에 가려면 시간이 촉박하다. 숙소를 찾기 어려운 도시에서 벗어나 사찰에서 머물고 싶은 마음이 있었기에 박물관에 가는 대신 택시를 불러 꼬삼비로 향했다. 와만 박사는 꼬삼비에 있는 스리랑카 사찰의 주지가 자신의 친구라며 그곳에 잘 수 있도록 전화해 주었다.

우연히 만난 그의 친절에 감동하는 마음이 채 식기도 전에 와만 박사가 불러준 택시는 스리랑카 절에 당도했다. 스리랑카 사찰의 주지 위수디 스님은 내가 온다는 전화를 받았다며 반겨주었다. 그러나 공교롭게도 오늘 밤 스리랑카 순례자 200명이 숙박하게 되어서 근처의 자이나교 템플에서 하룻밤 잘 수 없겠냐고 물었다. 나는 자이나교 템플에 자는 것은 오히려 좋은 추억이 될 것이라고 대답했고, 주지스님의 호출을 받은 오토바이 하나가 나를 자이나 템플로 데려다주었다. 숙소는 깨끗하고 조용하여 하룻밤 머물기에 부족함이 없었다.

불교 유적지, 자이나교 성지인 꼬삼비

꼬삼비는 불교 유적지이지만, 자이나교 성지이기도 하다. 자이나교의 스승인 마하비라가 이곳에 온 적은 없었지만, 자이나교에서 말하는 24명의 성인 중에서 6번째 나타난 성인이 이곳에서 출생했다고 전해오고 있어, 꼬삼비에는 자이나교 템플이 많다. 캄보디아 템플 맞은 편과 남쪽에 신축되는 자이나교 템플은 화려하고 정교하게 돌을 깎아서 짓고 있다. 저 정도로 정교하게 돌을 깎아서 지으려면 일반 승원을 짓는 비용의 몇 배가 들 것이다. 이들에게는 인생이 허무하고, 유한하니까 템플 만큼은 정교하게 최선을 다해서 아름답게 만들어야 한다는 신념이 있는 듯하다.

 아침을 먹으면서 스리랑카 절 주지스님과 대화를 나누었다. 특이한 것은 공양간이 따로 있지 않고, 사무를 보는 그 책상 위에 나그네를 위해 주섬주섬 음식을 차렸다. 나는 밥상에서 음식을 먹는데 정작 주지스님은 발우에 음식을 담아 사무실 안쪽에서 공양했다. 밥을 먹으면서 서로 얼굴 보며 대화하기에 불편함이 없는 거리였다. 그는 바라나시 힌두 대학에서 공부를 마치고, 상카싸에서 몇 년 살다가 14년 전에 이곳에 와서 사찰을 지었다. 하루에 200명이 머물 수 있는 숙소를 갖추었고, 사찰 부설 기관으로 영어로 교육하는 초등학교를 운영한다. 학생들에게 교재와 교복은 물론 점심까지 무료로 배급하기에 이 학교에 입학하려는 경쟁이 매우 치열하단다. 주위에 다섯 개의 마을이 있는데 한 마을에 5명만 입학할 수 있고 한 가정에 1명만 입학할 수 있단다. 이 학교가 생기기 이전에는 30% 정도의 학생들만 초등학교에 다녔는데 학교가 생긴 이후로 지역의 아이들 90%가 초등학교에 다닌다고 했다. 1백 명의 학생들이 운동장에서 보여주는 아침 조회는 희망의 메아리다. 하얀 교복을 입은 학생들은 박력 있는 체조를 시작으로 삼귀의를 합창하고 교가를 부른다. 내가 꼬삼비에 머무는 동안 학교에서 아이들이 교실에서 공부하는 소리, 뛰어노는 아이들의 웃음소리를 듣는 것은 큰 즐거움이었다.

꼬삼비도 다른 성지와 마찬가지로 보여줄 만한 유적은 별로 없다. 그러나 이곳은 너무나 많은 보이지 않는 이야기들이 잠들어 있는 곳이다. 코끼리를 자유자재로 다룰 수 있는 왐사 왕국의 우데나 왕자가 웃제니의 왕에게 포로로 잡힌 후 공주를 꾀어내어 탈출하는 이야기, 고사까가 일곱 번이나 죽음의 문턱에서 살아나 재정관이 된 이야기, 사마와띠 왕비를 질투한 마간디야 왕비가 왕비와 5백 명의 궁녀들을 태워죽이고 그 과보로 처참하게 죽는 이야기, 꼽추 하녀 꾸줏따라가 사마와띠 왕비와 궁녀들을 교화한 이야기, 왐사 왕국의 우데나 왕의 아들 보디 왕자가 부처님께 세 번 귀의한 이야기(M85), 두 분의 어머니를 두게 된 박꿀라 존자 이야기(M124) 등 재미나고 흥미로운 이야기들이 넘쳐난다.

박꿀라 존자 이야기

그중에서 박꿀라 존자 이야기는 이렇다. 야무나강에서 가까운 어느 집에서 아기가 태어났는데 유모가 아기를 목욕시키려다가 그만 강물에 놓쳐 버렸다. 마침 야무나강 속에는 거대한 크기의 물고기가 살고 있었는데, 그 물고기가 갓난아기를 삼켜버렸다. 이 거대한 물고기는 하류인 바라나시의 갠지스강까지 내려갔고, 바라나시의 어부에 의해서 잡혔다. 어부는 이 물고기를 어느 부잣집에 팔았고, 물고기 배를 갈라보니 갓난아이가 죽지 않고 살아있었다. 부잣집 부인은 이 아이를 잘 키웠는데 나중에 꼬삼비에 사는 부모가 이 소식을 듣고 아기를 찾으러 왔다. 이 아이의 보호자는 누구일까. 바라나시왕에게 판결을 의뢰하니 왕은 두 가족이 함께 키워야 한다고 하였다. 이때부터 이 아이의 이름은 '두 가족'이라는 뜻의 박꿀라Bākula가 되었다. 그는 부처님으로부터 '건강 제일'이라는 이야기를 들었고 얼마나 건강했던지 160살까지 살았다. '박꿀라 경'(M124)에서는 박꿀라 존자가 다음과 같이 고백한다.

"도반이여, 나는 출가한 이래 80년 동안 단 한 번도 감각적 욕망에 대한 인식이 일어난 기억이 없습니다."

"도반이여, 나는 출가한 이래 80년 동안 소젖 짜는 데 걸리는 시간만큼도 병에 걸린 적이 없습니다."

박꿀라 존자는 80세가 되어서야 출가하게 되었고 출가한 지 8일 만에 아라한이 되었다. 박꿀라 존자가 반열반에 들 때도 박꿀라 존자는 비구들에게 오늘 열반에 들겠다고 알리고 비구 승가 가

꼬삼비 왕궁의 망루

운데 앉아서 반열반에 들었다.

이런 이야기들을 그림으로 그리거나 조각상으로 되살려내면 학생들과 순례자들이 매우 좋아할 것 같은데, 마침 이런 이야기를 조각상으로 만드는 일을 이곳 주지스님이 진행하고 있었다. 사찰 한 켠에서 우데나왕, 사마와띠 왕비, 하녀 꾸줏따라, 와술라닷따 왕비, 미간다야 왕비, 고사까 재정관, 삔돌라바라드와자 등과 같은 인물들이 스리랑카 조각가에 의해서 조성되고 있다. 역시 사람의 생각은 비슷하다.

고시따 승원

절에서 점심을 먹고 오후에 자전거를 빌려 타서 아소까 석주를 참배했다. 아소까 석주는 허허벌판에 외롭게 서 있는데 석주 앞에는 승원터가 있다. 아마 꾸꾸따 승원 아니면 빠와리까 승원일 것으로 추정된다. 고시따 승원는 꼬삼비 성벽 가장 동쪽에 위치하여 서쪽 끝에 있는 왕궁과 대조된다. 고시따 승원이 성안에 있다는 사실은 우데나왕과 고사까 재정관의 관계가 얼마나 돈독하였는지 알 수 있게 한다. 이 승원에서 강사와 율사스님들 간에 분쟁이 있었고, 율사스님들이 대중공사를 하여 강사스님을 징계함으로써 싸움은 걷잡을 수 없이 커졌다.

고시따 승원 입장에서는 이렇게 승가 불화의 장소만 기억되는 게 억울할 수도 있겠다. 고시따 승원이나 왕궁은 야무나강이 바라보이는 위치에 있지만, 지대가 높아 홍수 피해가 없었을 것 같다.

특이한 것은 고시따 승원 옆에는 물관리를 하기 위해 만들어진 소규모의 댐이 있다는 것이다. 물이 잘 흐르도록 벽돌을 경사지게 쌓았는데 아래로 내려오면 수로도 만들어 놓았다. 비가 오면 이곳에 물이 모이고 그물을 관리하여 농사를 지었을 것이다. 꼬삼비의 풍요로움은 이렇게 물을 잘 관리하는 것에서 비롯되었으리라. 자전거를 타고 마을 안으로 진입했다. 동네 어른들과 아이들이 손을 흔들어주고 맑게 미소짓는다. 14년 전에 왔을 때의 풍경과 다르지 않다. 막다른 곳에 이르자 발아래 강이 보인다.

  꼬삼비는 야무나강을 한 축으로 해서 타원형의 토성으로 둘러쌓여 있는데 아찌라와띠강을 끼고 있는 사왓티와 닮아있다. 야무나강은 평상시에는 식수나 생활용수로 사용되고 유사시에는 적군의 침입을 막는 해자垓字 역할을 하였을 것이다. 야무나강 서쪽 끝에 위치한 왕궁은 아직도 돌을 다듬어서 쌓은 성벽이 남아있다. 동서남북으로 설치되었던 전망대의 흔적도 보인다. 이곳에서 사

승가의 분쟁이 있었던 고시따 승원

마와띠 왕비와 5백 명의 궁녀들이 마간디야 왕비의 모함으로 불에 타 죽었다. 왕비와 궁녀들은 평상시에 시녀 쿠줏따라의 법문을 많이 들었고, 부처님을 대신해서 수시로 왕궁을 방문하는 아난다 존자의 법문을 들었기에 수다함 이상의 경지에 있었다. 그럼에도 불에 타 죽는 순간에 사마와띠 왕비가 궁녀들을 타이르는 언어는 깊은 탄식과 아울러 깊은 존경심을 불러일으킨다.

"이것을 알기란 쉽지 않습니다.
부처님의 일체지一切智로도 알기가 쉽지 않습니다.
시작을 알 수 없는 길고 긴 윤회 속에서
얼마나 많이 불에 타 죽었는지를.
그러니 순간순간 일어나는 현상을 알아차리십시오.
고통스런 순간에도 그 고통에 반응하는 마음을 정확히 관찰하십시오."

야무나강에서 고기를 잡고 있는 어부의 배를 빌려 강에서 왕궁터를 바라보았다. 파괴되어 흔적만 남은 왕궁의 형태가 아침 안개가 피어오르는 강물 속에 비추어진다. 저 높은 난간에서 왕과 왕비들도 많은 날을 이 야무나강을 바라보았으리라. 발가벗고 수영하는 아이들과 물소들, 빨래하는 아낙네들, 강 건너 마을에서 풀을 베어오는 아낙네들의 행렬 등이 그림 속의 풍경이다. 왕궁터는 강에서 수영하던 아이들이 모닥불을 피워놓고 잡은 고기를 구워 먹고 있었다. 아이들은 나에게도 불에 구운 새끼 손가락만한 물고기 한 마리를 권한다.

9대 성지, 꼬삼비

이튿날 새벽에도 왕궁터를 보러 갔는데 동네 아주머니와 처녀들이 왕궁터 쪽으로 소변과 대변을 보러 나와 난감했다. 가운데 있는 마을에서 서쪽인 왕궁터 쪽이 여자들이 용변을 보는 곳이고, 마을에서 동쪽은 고시따 승원 쪽은 남자들이 용변을 보는 듯했다. 삼삼오오 모여서 물병을 들고 수다를 떨면서 들판으로 향하는 활달한 아주머니들의 모습이 인상적이다. 편리함 속에서 우리가 잃어버린 것들. 유유히 흐르는 야무나강에서 펼쳐지는 인도인들의 일상은 2600년 전의 일상과 다를 바 없다.

스리랑카 사찰로 돌아와 주지스님과 이야기를 나누던 중 기쁜 소식을 듣게 되었다. 현재 힌두교인들이 차지하고 있는 빠릴레야산이 불자들의 유적지여야 한다는 소송을 제기했는데, 얼마 전에 승소하였다는 것이다. 여러 좋은 일을 하는 것은 알고 있었지만, 이런 일도 하고 있었는지는 몰랐기에 놀라움이 컸다. 알라하바드에 공항이 새롭게 건설되었고, 조만간 꼬삼비에 박물관이 건설되어 알라하바드대학 박물관에 있는 유물을 모셔 올 것이라고 한다. 빠릴레야산 근처에도 사찰을 지을 토지를 구입하여 놓았다고 한다. 이곳에는 불교 사찰이 4곳이 있는데 그 가운데 스리랑카 절이 가장 잘 운영되고 있다. 캄보디아 템플은 최근 그 나라의 전통 방식으로 지어지고 있다. 2곳의 인도 사찰은 규모가 작아서 사찰이라고 불리기도 어렵고, 스님도 상주하지 않는다. 이곳 스리랑카 절에서 3박을 하며 지켜보니 스리랑카 불자들은 날마다 100명 이상 숙식하고 간다. 성지인데도 아직 미얀마나 태국, 베트남 사찰이 없는 것이 특이하다. 사찰이 없어서 그런지 스리랑카 순례객 이외에 다른 나라 순례객을 보기 힘들다.

꼬삼비는 남방불교 불자들에게도 많이 알려지지 않은 곳이다. 이제 박물관이 지어지고 4차선 도로가 건설되면 이곳도 성지 순례처로 주목받을 것이다. 한국의 스님과 불자들도 꼬삼비에 관심을 가져야 할 때다. 그 방법 중 하나는 기존의 8대 성지에다 이곳을 포함시켜 '9대 성지'로 만드는 것이다. 꼬삼비는 9대 성지가 되고도 남을 만한 가치가 있고 부처님의 발자취가 남아있는 곳이다.

부처님의 마지막 유언

부처님이 마지막 3개월간의 행적은 『대반열반경』(D16)에 나타난다. 『유행경遊行經』으로 한역된 『대반열반경』은 5부 니까야 가운데 유일하게 부처님의 행적을 연대기적으로 기술하고 있다. 부처님은 라자가하에서 출발하여 두 개의 강을 건너고 17개 마을을 지나서 꾸시나가라에 도착한다. 그곳에서 반열반에 드신 뒤 재가자들에 의해서 부처님의 유해가 화장되고, 부처님의 사리를 모신 스투파를 만들어 세우는 것까지 기술되고 있다. 『대반열반경』은 적어도 40개 이상의 경을 편집해 놓은 것이다.

작고 사소한 계목은 폐지해도 좋다

부처님은 유언에서 "아난다여, 승가(saṅgho)가 원한다면

(ākaṅkhamāno) 내가 죽은 후에 작고(khuddā) 사소한(anukhuddaka) 학습계목(sikkhāpadā)을 폐기하라!"고 말씀하셨다. 나중에 제1차 결집을 하는 중에서 이 결집에 참석했던 대중들은 무엇이 작은 계목이고 무엇이 사소한 학습 계목인지 물어보지 않은 것에 대해서 아난다를 질책한다. 제1차 결집의 중심인물인 까사빠 존자는 어느 계목도 폐기할 수 없다는 보수적인 결정을 내린다. 그 이후로 작고 사소한 계목이 무엇을 의미하는지 논란이 있어왔는데, 밀린다팡하에서 나가세나는 작은 학습 계목은 '악작죄(dukkaṭaṃ)'이고 사소한 학습계목은 '악설(dubbhāsitaṃ)'이라고 설명한다.

부처님이 작고 사소한 학습 계목을 폐기해도 좋다는 여지를 남겨둔 것은 승가의 갈등과 분쟁을 줄이고 새로운 환경에서 불교가 정착하는 데 많은 도움을 주었다. 시대와 지역에 따라 승가는 자유롭게 새로운 학습 계목을 만들고 기존의 학습 계목을 폐기하였던 것이다. 예를 들어 빠알리 비구 계목은 227조이고, 빠알리 비구니 계목은 311조였다. 그런데 시간이 흘러서 사분율에서 비구 계목은 250조로 23개가 더 늘어나고 사분율 비구니 계목은 348조로 37개가 더 늘어났다. 불멸 후 불상이 만들어지고 탑 신앙이 생겨나자 각각 불상과 탑에 관련된 계목을 새롭게 제정할 필요가 생겼던 것이다. 사분율에는 탑에 대한 계율이 26개나 들어있다. 놀랍게도 빠알리 율장에는 탑에 대한 계목이 1개도 없다. 만약 대승불교가 탑 신앙을 바탕으로 일어난 운동이라면 사분율을 신봉하던 부파에서 대승불교를 일으켰을 가능성이 있다.

부처님은 "승가(saṅgho)가 원한다면(ākaṅkhamāno)"이라는 단

상처 입은 불상
부바네스와르 박물관

서를 달았다. 새로운 계목을 제정하는 데는 반드시 승가가 주체가 되고 승가의 합의가 있어야 한다는 조건이다. 오직 승가에게 새로운 규칙을 정하고 사소한 규칙은 없앨 수 있는 권한이 주어진 것이다. 제1차 결집을 비롯해서 제2차 결집, 제3차 결집 등이 권위를 가지는 것은 승가의 결정이 부처님의 결정과 동등하기 때문이다. 이러한 이유로 "1백 명의 아라한에게 보시하는 것보다, 부처님께 보시하는 것보다 '승가'에 보시하는 것이 공덕이 더 크다."고 부처님이 『웰라마경』에서 말씀하셨다. '승가'를 '스님들'로 번역하는 것은 전통적으로 이어오던 승가의 권위를 훼손하는 것이며, 승가공동체의 운영원리를 져버리는 것이다.

스님들이 아닌, 승가에 대해 물어라

다른 유언에서 부처님은 "비구들이여, 어느 한 비구라도 '부처'나 '법'이나 '승가'나 '도'나 '도 닦음'에 대해서 의심이 있거나 혼란이 있으면 지금 물어라. 비구들이여, 그대들은 '우리의 스승은 면전에 계셨다. 그러나 우리는 세존의 면전에서 제대로 여쭈어 보지 못했다'라고 나중에 자책하는 자가 되지 말라."(D16)고 말씀하였다. 부처님은 "'비구'나 '비구니'에 대해서 의심이 있으면 물어라."고 말하지 않고 "'승가'에 대해서 의심이 있으면 물어라."고 하였다. 만일 '승가'가 '스님들'이라면 부처님은 "스님들에 대해서 의심이 있으면 물어라."고 말한 격이 되는데 이러한 물음은 부처님의 유언을 훼손하는 것이다. 부처님이 "승가에 대해서 물어라."고

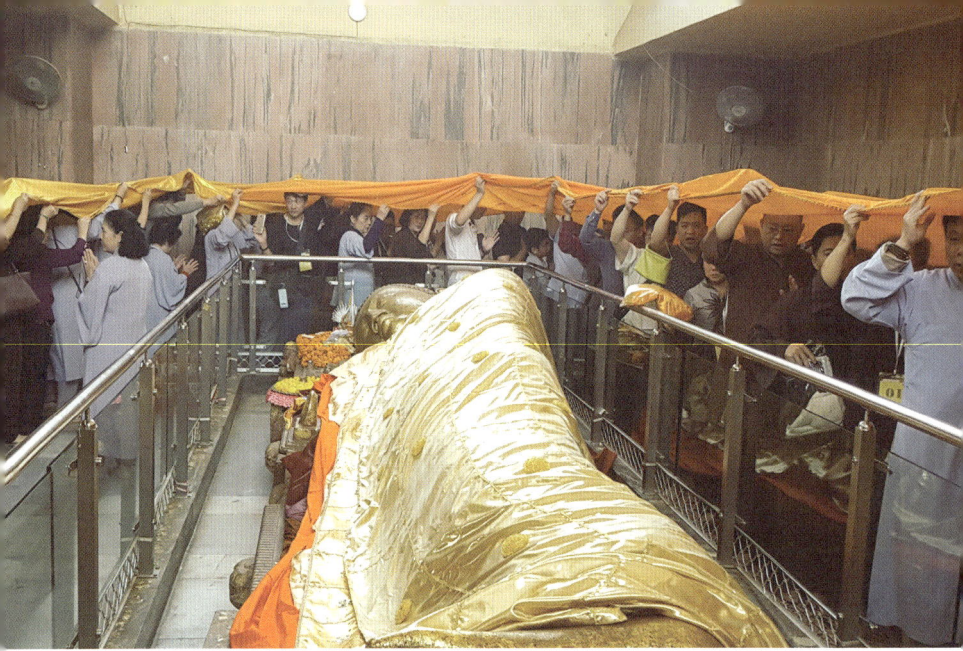

세계 각국의 불자들이 열반에든 부처님께 가사를 공양하는 모습

한 것은 승가의 운영 방법 즉, 포살, 자자, 수계갈마, 필수품을 구하는 법, 탁발하는 법, 객스님의 권리와 의무, 은사스님을 모시는 법 등에 대해서 의심나는 것이 있으면 물으라는 것이다.

 불교 승단이 새로운 환경에 유연하게 대처했던 데에는 한 가지 이유가 더 있다. 부처님은 불교를 공부하는 데에서도 자신의 언어를 사용하라고 허락하신 것이다. 율장 소품에 야멜루와 떼꿀라라는 형제가 바라문 가문에서 출가하여 부처님께 범어의 운율(chandaso)로 부처님의 가르침을 표현할 것을 제안한다. 당시 출가자들은 다양한 지방과 가문에서 출가하였기에 자신의(sakāya) 방언으로(niruttiyā) 부처님 말씀을 왜곡시킨다고 생각했기 때문이다. 부처님은 그들의 제안을 거절하고 "비구들이여, 각자의

(sakāya) 언어로(niruttiyā) 가르침을 익히고 암송하는 것을 허락한다."고 말하였다.

이러한 까닭에 불교는 어느 지역으로 전파되든지 그 지역의 언어로 번역되고 해석되어 퍼져나갔다. 불교가 중국으로 전해질 때도 한문을 배운 서역의 역경가들은 몇몇 중요한 단어를 제외하고는 산스크리트를 한문으로 번역하는 것을 주저하지 않았다. 필요에 따라 중국적인 사유 방식에 따라 의역하는 것도 주저하지 않았다. 뒤에 중국인들이 범어를 배워서 번역할 때는 더욱 자신감있게 번역하였다. 불교가 여러 지역으로 퍼지면서 그 지역의 상황을 감안하여 각종 청규가 만들어 지고, 조계종단처럼 종헌 종법을 만들어 승려들을 규율하게 된 것은 부처님이 계율의 폐지에 관한 여지를 남겨 주고, 자신들의 언어로 공부하고 암송하라는 유언을 남겨 주었기 때문일 것이다.

말리까가 울고 있다

　대부분의 여행자들은 룸비니에서 태어나신 부처님을 시작으로 순례를 시작하고서 부처님이 열반하신 꾸시나가라에서 순례를 마친다. 순례자는 부처님이 태어난 곳에서는 아기의 태어남을 같이 기뻐하고, 보드가야에서는 이 세상에 나타나기 어려운 삼막삼붓다의 탄생에 놀라워한다.『초전법륜경』이 설해질 때는 다섯 비구가 된 듯 기쁜 마음으로 희유한 설법을 듣고, 술 취한 코끼리가 달려올 때 코끼리를 향해 손바닥을 펴 보이며 코끼리를 순하게 제압하는 라자가하에서는 구경꾼이 된 듯 감탄하고, 원숭이로부터 꿀 공양을 받으시는 웨살리에서는 영리한 원숭이를 기특해하고, 앙굴리말라가 칼을 들고 달려드는 사왓티에서는 바위 뒤에 숨어서 보는 것처럼 위기의 순간을 지켜보게 된다. 그리고 부처님과의 마지막 이별을 안타까워하며 반열반의 길을 50km나 따라왔던 릿차위가 되어 케사리아 스투파에서 한참을 서 있게 된다. 낡은 수레같이 삐거덕거리는 몸을 이끌고 꾸시나가라에 당도한 부처님이 당신의 몸을 살라나무 사이에 눕혔던 그곳에 부처님을 따라서 누우면 주체할 수 없는 슬픔에 젖게 된다. 마치 이제까지 함께 순례를 해왔던 동반자를 잃은 듯, 새삼 부처님이 이 세상에 없다는 사실을 아프게 확인한다. 순례자의 마음엔 슬픔이 넘쳐 흘러도, 그분은 고요하시다.

"이제 누가 등불이 되겠는가."

이번에도 그랬다. 사왓티에서 만난 스님들과 꾸시나가라에 당도하여 열반당을 찾았다. 먼저 온 각국의 참배객들이 누워계

부처님이 반열반에 드시고 나서 사리가 10곳으로 나누어져 탑이 세워졌다.

신 부처님 앞에 앉아 경을 읽는다. 어떤 이는 열반의 길을 짐작이라도 하려는 듯 지긋이 눈감고, 어떤 이는 슬픔을 참으며 눈을 감는다. 내가 눈 감고 한참을 앉아있다가 눈을 떴을 때 눈앞에는 머리카락이 긴 하얀 노보살님이 앉아있었다. 무표정한 노보살님의 옆얼굴에서는 눈물이 흐르고 있었다. 보살님은 전혀 슬프지 않은 표정으로 조용히 눈물을 흘리고 있다. 보살님의 얼굴에서 눈물을 보지 못했다면 울고 있다고 생각하지 못했을 것이다. 그때 어제 읽은 책의 한 구절이 떠올랐다.

"이제 생사의 바다에서 누가 노를 저어 건널 것인가. 누가 무명의 길고 긴 밤에 등불이 되어 주겠는가?"

부처님의 열반을 보고 천신이 읊은 이 게송이 곧 내 마음이 되더니 나의 뺨에도 눈물이 흘렀다. '수많은 생 동안 난행 고행의 보살행을 하시고 드디어 보리수 아래서 성도하신 후, 일생을 맨발로 사

부처님의 시신을 화장한 곳에 세워진 탑

람을 찾아다니시던 부처님이 여기 이곳에서 반열반하셨구나!'라는 생각과 함께 '한순간만이라도 그런 분을 뵈었다면 얼마나 좋았을까'하는 생각이 든다. 아난다는 부처님이 왜 꾸시나가라 같은 작은 마을에 열반하시려고 하는지 이해할 수 없었다. 그래서 라자가하, 웨살리, 사왓티, 까시, 꼬삼비 등 당신이 오래 머무신 큰 도시에서 열반에 드시는 것이 어떻겠고 물었다. 부처님은 아난다의 질문에 대한 대답으로 마하수닷사나왕의 이야기(D17)를 들려준다. 꾸시나가라가 비록 작은 시골이지만, 예전 얼마나 멋지고 큰 도시였는지를 설명한다. 전통적으로 부처님이 작은 마을 꾸시나가라에서 반열반에 드신 이유를 세 가지로 설명한다.

꾸시나가라에서 반열반에 든 까닭

첫째는 붓다의 전생인 마하수닷사나왕의 이야기를 하기 위해서다. 둘째는 마지막 제자가 될 수밧다를 만나기 위해서다. 당시 120세인 수밧다는 가까스로 부처님을 친견하여 부처님의 마지막 제자가 되었고 깨닫게 된다. 이교도였던 자였기 때문에 4개월간의 수습 기간을 거쳐야 했지만, 출가한 그날 밤 아라한과를 증득하였다. 그는 부처님께서 대열반에 드시는 것을 차마 볼 수가 없어 부처님보다 몇 시간 전에 반열반에 든다. 셋째는 꾸시나가라에는 사리를 균등하게 분배할 지혜로운 도나 바라문이 있어서다. 도나 바라문은 사리를 공평하게 분배한 공덕으로 사리를 나누는 데 사용한 항아리를 모신 탑을 세웠다. 이러한 설명이 결과론적인 설명으로 들릴 수도 있겠지만, 어쨌든 그런 이유들 때문에 부처님은 꾸시나가라에서 반열반에 들 수밖에 없었다고 한다.

부처님이 반열반에 드시고 나서 사리가 10곳으로 나누어져 탑이 세워졌다. 마가다의 아자따삿투왕, 웨살리에 사는 릿차위족, 까빨라왓투의 사까족, 알라깝빠의 불리족, 라마가마의 꼴리야족, 웨타디빠의 바라문들, 빠와의 말리족 등이 사리를 여덟 등분하여 가져가 탑을 세웠고, 나머지 2개는 사리 분배를 담당했던 도나 바라문이 사리함을 가져가서 탑을 세웠고, 늦게 도착한 삡팔리숲의 모리야족은 세존의 숯을 가져가 탑을 세웠다.

한 가지 의문이 드는 것은 그 당시 부처님이 가장 오래 머물렀던 꼬살라국에서는 왜 사리를 가져가지 않았을까, 하는 점이다. 멸망당한 까빨라왓투의 사까족도 사리를 얻어다가 사리탑을 세웠지만, 분명히 사리 분배를 요구하였던 나라들 중에서 코살라국은 빠져있다. 나름대로 추측은 해볼 수 있다. 사까국을 침략하여 멸망시킨 꼬살라국의 위두다바왕은 전쟁에서 돌아오는 길에 아찌라와띠 강변에 텐트를 치고 잠들었다가 그날 밤 홍수에 휩쓸려 죽었다. 그래서 위두다바의 아들이 새로운 왕이 되었는데 아직 어렸다. 또한 벼룩도 낯짝이 있다는 말처럼 자신의 아버지가 부처님의 친척들인 사까족의 멸망시켰기에 도저히 미안해서 오지 못했던건 아닐까? 이때는 부처님 사리를 모시지 못했지만 200년 후에 나타난 아소까 대왕은 8곳의 근본 사리탑에서 사리를 꺼내어 꼬살라국을 비롯한 인도 전역에 사리탑을 만들었다.

왕비 말리까는 왜 울었는가.

나는 사리 분배하는 일을 떠올리면서 붓다가 꾸시나가라에서 반열반하신 이유를 이해해 볼 수 있다고 생각한다. 사리가 10곳으로 잘 분배된 것은 그곳이 꾸시나가라였기 때문에 가능했을 것이라고 생각한다. 만일 라자가하에서 열반하셨다면, 당시 가장 강력한 군사력을 가진 아자따샷투왕에게 다른 아홉 나라가 감히 사리를 달라고 요구할 수 있었겠는가? 꾸시나가라의 말라들도 "세존께서는 우리 마을의 땅에서 반열반 하셨기에 세존의 사리들을 나누어 줄 수 없다."고 완강히 버티다가 일촉즉발의 전쟁 위기에 처하게 되었었다는 그 당시 상황을 상기하면 더욱 그렇다. 부처님께서 꾸시나가라 같은 군사력이 약한 곳에서 반열반하시었기 때문에 이웃 나라의 군사력이 약한 라마가마의 꼴리야족이나 모리야족이나 꼴리야족에서도 당당하게 사리를 요구할 수 있었고 사리를 모셔가게 된 것이라고 본다. 부처님은 마지막 당신이 죽을 장소를 택하는 것에서도 우리에게 자비를 베풀고 가신 것이다.

부처님 열반상 밑에는 세 분의 조각상이 있다. 가운데 가부좌한 뒷모습을 한 분은 마지막 제자 수밧다이고, 오른쪽은 아난다 존자 그리고 왼쪽에 있는 분은 말리까 부인이다. 이 말리까 부인은 빠세나디왕의 왕비가 아니고, 이곳 말라족 출신인 반둘라 사령관의 부인이다. 꼬살라왕의 아들인 빠세나디 왕자와 릿차위족의 마할리 왕자 그리고 말라족 왕자 반둘라는 딱까실라에서 동문수학한 도반들이다. 빠세나디왕이 꼬살라국의 왕이 되자 반둘라 왕자는 사왓티로 가서 꼬살라국의 총사령관이 되었다. 그는 무술 실력이 뛰

바라나시의 화장터

어났는데 특히 활쏘기를 잘했다고 한다. 반둘라의 아내 말리까는 부처님의 가피로 16번 쌍둥이를 낳아 총 32명의 아들을 두었는데 반둘라가 반역을 꾀한다는 모함을 믿은 빠세나디왕은 반둘라와 그의 아들 모두를 죽이게 된다. 말리까 부인은 스님들에게 공양을 대접하는 중에 남편과 아들들이 모두 죽었다는 편지를 받는다. 남편과 아들들이 죽었다는 편지를 읽고 나서도 전혀 감정의 동요 없이 스님들의 공양 시중을 들었다.

이렇게 초인적인 침착함과 신심을 가지고 있던 말리까 부인이었지만, 부처님의 열반에는 머리를 풀어헤치고 통곡하는 모습을 보여주고 있다. 말리까가 울고 있다. 스승이 가신 지 2천6백 년이 지난 지금도 여전히, 부처님이 필요한 우리를 대신해서 말리까가 울고 있다.

아난다 존자의 사리탑

　부처님이 열반하시고 석 달 후 라자가하 칠엽굴에서는 500명의 아라한이 참여하는 결집이 이루어졌다. 아난다 장로는 결집을 얼마 남기지 않고, 가까스로 아라한과를 증득하여 경을 송출하는 역할을 맡을 수 있었다. 결집이 끝난 지도 40년이 흘러 아난다 존자는 120세가 되었다. 그는 스스로 열반이 가까웠다는 것을 알고는 "일주일 후 열반에 들겠다."라고 알렸다. 부처님과 제자들 사리뿟다, 목갈라나, 마하까사빠 등이 차례로 열반에 들자, 이제 사람들에게 아난다는 부처님과 같은 우뚝한 존재였다.
　갠지스강을 사이에 둔 마가다 주민과 웨살리 주민들은 서로 "장로께서는 우리 지역에서 열반에 드십시오."라고 청하였다. 존자는 '만약 내가 한쪽에서 열반에 들면 강변 다른 쪽 사람들은 나의 사리를 차지하려는 문제로 싸울 것'이라고 생각하고는 갠지스강 한가운데서 공중으로 솟아올라 가부좌를 하고 앉아 화광 삼매에 들어 스스로를 불태웠다. 아난다 존자의 몸이 불타고 난 후, 갠지스강 양쪽으로 똑같이 아난다 존자의 사리가 떨어졌다. 웨살리 주민들과 마가다국의 주민들은 아난다 존자의 사리를 모셔다가 각각 사리탑을 세웠다. 웨살리쪽에 떨어진 아난다 존자 사리의 반은 갠지스강 옆에 있는 탑에 모시고, 나머지 반은 아소까 석주가 있는 중각강당 옆에 있는 탑에 모셨다. 웨살리쪽 아소까 석주 옆에 있는 아난다 사리탑은 많은 순례자들이 참배하는 순례의 명소가 되었지만, 웨살리쪽에서 갠지스 강변에 모셨다는 아난 존자의 사리탑은 잊혀졌다. 그런데 이번 순례에서 강변에 있던 아난다 사리탑이 발견되었다는 소식을 들었다.

　날란다에 있는 나와날란다마하위하라Nava Nalanda Mahavihara대학을 방문했을 때 대학의 조사팀이 갠지스 강변에 위치한 아난다 탑

아난다 존자의 사리탑 위에 힌두교 사찰이 들어서 있다.

을 확인했다고 말하며 사진까지 보여주었다. 이 대학에서는 '새로운 날란다Nava Nalanda'라는 대학의 이름처럼 인도불교의 부흥과 성지 순례 문화를 개발하고자 노력 중인데, 그중 하나가 『열반경』을 따라서 걷는 순례 프로그램이다. 부처님이 마지막 발자취를 따라 걸으며 각각의 장소에서 설해졌던 가르침을 음미하는 걷기 순례는 앞으로 새로운 순례 문화를 만들어 낼 듯하다.

눈으로 확인한 아난다 스님의 열반

이 순례 코스가 개발되면 이제 버스를 타고 둘러보는 순례에서 유럽의 산티아고 순례길처럼 부처님 성지도 걷는 순례 문화가 정착될 듯하다. 현재 가장 인기 있는 걷기 순례 코스는 제티얀에서 라자가하까지 걷는 코스다. 제티얀은 부처님이 우루웰라에서 1천 명의 아라한을 이끌고 마가다국으로 들어갈 때 빔비사라왕이 수많은 주민과 함께 부처님 일행을 맞이한 곳이다. 제티얀에서 라자가하의 죽림정사까지 걷는 행사는 주로 남방불교 스님들과 재가자들이 주최하고 참석한다.

새로 발견된 아난다 스투파가 있는 곳은 갠지스강에서 불과 600m 정도 떨어진 마을이었다. 웨살리에서 만난 비구니스님 세 분과 택시를 타고 아난다 스투파에 도착하였다. 웨살리에서 파트나에 다다르기 전에 동쪽으로 20km쯤 가다 보면 '마두라푸르Madurapur'라는 마을이 나오는데, 그 마을에서 1km 안으로 들어가니 탑 모양의 봉분이 눈에 들어왔다. 우리는 아난다 탑에 가까워질

수록 전설로만 전해지던 아난다 스님의 열반 이야기를 눈으로 확인한다는 생각에 흥분이 고조되었다. 날란다대학에서 얻은 사진과 확인하니 이곳이 아난다 스투파라는 것을 알았다.

이방인을 맞이하는 동네 사람들도 한결같이 '아난다 스투파'라고 확인해 주었다. 계단을 따라 봉분을 올라가니 엉뚱하게도 힌두템플이 들어서 있었다. 봉분의 3분의 2지점을 잘라서 힌두 템플을 만든 것을 보고 실망감과 분노가 치밀어 올랐다. 순례하다 보면 불교 성지의 대부분이 이렇게 힌두교 템플이나 무슬림 사원이 들어서 있는 것을 자주 보아왔다. 그럴 때마다 답답하고 안타까웠다. 그런데 아난다 스님의 탑 앞에서는 분노가 폭발했다.

나는 마을 사람들에게 "자신들의 조상 릿차위들이 존경하고 숭배하는 아난다 스님의 탑을 어떻게 후손이라는 자들이 이렇게 봉분 탑을 싹둑 잘라낼 수 있느냐!"고 소리높여 따졌다. 그들은 '내가 한 일이 아닌데….'라는 억울한 표정으로 서로를 쳐다보기만 했다. 동행한 비구니스님들도 화가 나긴 마찬가지였나보다. 영어를 잘하는 청년이 나타나 몇 년 전에 비하르주의 주지사가 이곳을 방문하고 사리탑을 복원하겠다고 약속했지만, 지금까지 아무런 변화가 없다고 안타까워했다.

힌두교 성지로 변한 불교 성지

불교 스투파를 잘라내고 힌두 템플을 지어놓았으니 다시 원형대로 복원하려고 해도 종교분쟁이 일어날까 봐 주지사도 함

날란다 태국절에 사는 사미들의 아침 청소

부로 복원할 수 없는 상황이 돼버린 것이다. 조상들이 물려준 아난다 스투파를 잘 관리해 왔다면, 지금 이곳은 전 세계의 불자들이 순례하는 성지가 되었을 텐데…. 무지한 이들이 조상들이 물려준 성인의 탑을 잘라내고, 힌두교 템플로 만들어 버렸으니, 탑은 잊혀지고 탑의 역사도 잊혀진 것이다. 마을 청년은 이곳에 일단 불상을 조성해서 모시는 것이 어떤가, 하는 의견을 내었다. 나는 사리탑 위에 불상을 모신다는 것이 과연 어울릴지 그리고 내가 그런 일을 할 수 있을지 혼란스러워 아무 대답도 못했다. 답답한 마음에 그들과 작별하고 근처에 갠지스강으로 갔다.

인도에서 불교는 사라졌다. 모든 부처님의 스투파와 제자들의 스투파는 힌두교 성지로 변했다. 최근 들어서 전 세계의 불자들이 역사의 흔적을 찾아 순례하니, 힌두교인들은 이제야 이곳 유적지의 가치에 눈뜨고 있다. 불교 유적지를 개발하면 돈이야 들어오겠지만, 힌두교를 믿는 그들은 불교 유적지를 적극적으로 개발하는 것에 소극적일 수밖에 없다. 한편 마가다국 쪽으로 떨어진 아난다 존자의 사리를 모신 사리탑은 어디에 세웠는지 아직까지 그 흔적을 찾을 수 없다.

아난다 존자의 사리탑 옆에 위치한 갠지스강.

승가의 화합이란 무엇인가?

옛 앙가Anga국의 수도 짬빠Campa는 불자들에게 잘 알려지지 않은 곳이다. 보드가야에서 250km나 떨어져 있는데 도로 사정이 좋지 않아서 최소한 1박 2일 걸리는 곳이다. 짬빠에서 동쪽으로 50km를 더 가면 나오는 위끄람실라vikrashila대학 터가 나오는데 여기도 순례 일정에 넣으면 좋다. 불교가 인도에서 사라지기 직전까지 번성했던 이 대학터에서 발굴된 유물이 박물관에 전시되고 있어 그 당시의 불교 상황을 알 수 있다.

우리는 보드가야-라즈기르-문게르munger-술탄간즈sutanganj를 거쳐 바갈뿌르Bhagalpur에 도착하였다. 가는 길에 갠지스강을 바라보며 한참을 달렸던 것이 인상 깊다. 도로 주변에는 높은 굴뚝을 가진 벽돌공장이 늘어서 있다. 오랫동안 갠지스강이 범람해서 모래가 많이 섞인 진흙이 쌓이게 되었는데 그런 흙이 벽돌을 만들기에는 최적이라서 벽돌공장이 강 주변에 몰려있는 것이다.

현재 '바갈푸르Bhagalpur'라고 불리는 도시가 우리가 찾는 참파푸르Champapur다. 도시에는 부처님이 머무셨던 흔적이 아무것도 찾을 수 없다. 부처님이 이곳을 방문했을 때에도 승원이 있었다는 기록은 없다. 우리는 경전에 이름이 등장하는 각가라Gaggala 호수를 찾아 헤맸다. 결국 각가라 호수가 지금은 '바이라브 딸랍Bhairav talab'으로 불린다는 걸 알아낸 후 호수에 도착하였다. 어부가 고기를 잡기 위해 지어놓은 오두막을 잠시 빌려서 삼귀의를 하고 '왓지야마히따경'(A10:94)을 독송하고 좌선도 하였다.

고행을 권하고, 권하지 않고

이 경은 부처님이 짬빠의 각가라 호수의 언덕에 머무셨을 때 '왓지야 마히따'라는 재가 신자가 외도 유행승들과 논쟁을 끝내고, 그것을 부처님께 보고하는 것으로 이야기가 시작된다. 부처님은 마히따의 이야기를 듣고 이런 가르침을 주신다.

"장하고 장하구나, 장자여, 이와 같이 때때로 그들 쓸모없는 인간들을 이치에 맞게 논박해야 한다. 장자여, 나는 모든 고행을 해야 한다고도 말하지 않고, 모든 고행을 하지 않아야 한다고도 말하지 않는다. 장자여, 고행하여 해로운 법들이 증장하고, 유익한 법들이 쇠퇴하면, 그런 고행은 하지 않아야 한다고 나는 말한다. 그러나 고행하여 해로운 법들이 쇠퇴하고 유익한 법들이 증장하면, 그

갠지스강 범람으로 모래 섞인 진흙이 쌓이고,
그 흙이 벽돌 만들기에 최적이어서 벽돌공장이 강 주변에 몰려있다.

런 고행은 해야 한다고 나는 말한다."

부처님은 '모든 것은 업이 원인이다.' 혹은 '모든 비구는 고기를 먹지 말아야 한다.'는 등의 '오직 이것'이나 '하나의 원인'이나 '규칙'을 만들어 절대시하는 것을 경계하셨다. 고행도 무조건 하지 말라는 것이 아니라, 고행의 내용에 따라 어떤 고행은 권하고 어떤 고행은 권하지 않는다는 말씀이시다.

각가라 호수에서 고기를 잡는 어부를 구경하며 호수 주위를 걸었지만 2,600년 전의 연못에 손을 담그지는 못했다. 물이 너무 더러웠기 때문이다. 이 호수는 원래 이 지방에 살던 '각가라'라는 왕비의 명령으로 만들었기 때문에 '각가라 호수'라고 불리게 되었다. 이곳에서 1,400명의 재가 신자와 5백 명의 비구들과 함께 계시는 모습을 보고 시를 잘 짓는 왕기사 존자가 시를 지었다고 하는 것으로 보아 그 당시에는 불교 신자가 많이 살고 있었던 것 같다. 이곳에서는 '보시경'(A7:49), '쓰레기 경'(A8:10), '바후나경'(A10:81), '깐다라까경'(M51) '십상경'(D34) 등의 경이 설해졌다.

짬빠에서 가장 중요하게 기억해야 할 것은 『율장 대품』의 「짬빠편」에 나오는 '갈마의 방법'이다. 갈마羯磨는 승가 안에서 여러 사건이나 일을 처리하는 공식 회의를 일컫는다. 여럿이 모여 사는 공동체는 의도하지 않은 여러 일이 발생하므로 서로 설득하고 타협하고 양보하며 살아야 한다. 사안에 따라서 어떤 문제는 쉽게 만장일치로 결정되기도 하고, 어떤 문제는 다수결로 처리할 수밖에 없다. 예를 들어 내가 머물던 백장선원에서는 마지막 법담 탁마 시간에 청규를 수정하는 시간이 있다. 그때 단어를 수정하거나 새로운 문장을 첨가할 때는 대부분 쉽게 만장일치로 합의가 이루어진다. 대

짬빠에서 멀지 않은 위끄람실라 승원

중들이 원하는 것들이기 때문이다. 그러나 방부 갈마를 할 때는 다르다. 방부 신청자가 10명인데 3명만이 방부가 가능한 상황이면 10명에 대하여 투표해서 표를 많이 받은 순서대로 3명이 입방하게 된다. 이렇게 다수결로 방부를 결정하는 것에 대하여 누구도 이의를 제기하지 않는다.

여법하게 화합하는 것

승가에서 일어나는 다양한 문제는 다음과 같이 크게 4가지四諍事로 정리된다. 첫째, 분쟁으로 인한 대중공사論諍事. 둘째, 고발로 인한 대중공사非諍事. 셋째, 범죄로 인한 대중공사罪諍事. 넷째, 절차로 인한 대중공사行諍事이다. 이것을 지금의 대한불교조계종과 비교해 보면, 분쟁으로 인한 대중공사論諍事는 수시로 종헌종법을 만드는 중앙종회와 유사시에 열리는 승려대회에 해당하고, 고발로 인한 대중공사非諍事와 범죄로 인한 대중공사罪諍事는 승려를 조사하여 기소하는 호법부와 승려의 죄를 판결하는 호계원이 하는 일에 해당하고, 절차로 인한 대중공사行諍事는 총무원, 교육원, 포교원이 하는 일에 해당한다.

이러한 대중공사는 '여법'과 '화합'이라는 조건을 충족시켜야 한다. '여법如法'이란 대중공사의 절차적 정당성을 말한다. 그 여법한 절차란 한번 고지告知하는 단백갈마單白羯磨, 한번 고지하고 한번 의견을 묻는 백이갈마白二羯磨, 한번 고지告知하고 세 번 의견을 묻는 백사갈마白四羯磨 등을 상황에 따라 알맞게 적용하는 것이다. '화합

和合'은 싸우지 않고 사이좋게 잘 지내는 것을 의미하는 게 아니라, 대중공사에 전원 참석한 것을 말한다. 오늘날의 적지 않은 승려들은 이런 '여법'과 '화합'의 뜻을 제대로 이해하지 못하고 있다. 포살갈마를 예를 들어 여법과 화합을 설명해보자. 포살에는 다음과 같은 4종류의 포살이 있다.

① 절차를 따르지 않는(adhammena,非法) 불완전한 모임(vagga,非和合)의 포살
② 절차를 따르지 않는(adhammena,非法) 완전한 모임(samagga,和合)의 포살
③ 절차를 따르는(dhammena,如法) 불완전한 모임(vagga,非和合)의 포살
④ 절차를 따르는(dhammena,如法) 완전한 모임(samagga,和合)의 포살

부처님은 ④번처럼 절차를 따르는(dhammena, 如法) 완전한 모임(samagga, 和合)의 포살 만을 인정했고, 나머지는 포살의 효력이 없다고 설명한다. 율장에서 사용하는 담마dhama와 사막가samaggaṃ는 특별한 의미가 있다. 한문 번역은 담마dhama를 '여법如法'이라고, 사막가samaggaṃ를 '화합和合'으로 번역했다. '여법如法'은 절차의 정당성을 말하고, '화합和合'은 전원참석을 뜻한다. 화합승가samaggosaṅgho는 같은 거주처samānasamvāsako와 동일한 결계samānasīma 안에서 절차에 맞는 갈마하는 승가를 뜻한다. 이렇게 대중이 전원참석하고, 전원에게 질문하여 침묵으로 동의하는 모습을 보고 승가의 대중공사는 만장일치로 결정된다고 오해할 수 있다.

짬빠 박물관의 법륜 조각상

지금도 대부분 스님들은 승가의 대중공사는 만장일치로 처리하는 것이 전통인 것으로 잘못 알고 있다. 그러나 부처님은 만장일치로서 대중공사를 결정하라고 말하지 않았다. 율장에 '만장일치'라는 단어조차 없다. 만장일치라고 오해되는 '사막가samaggam'라는 단어는 '전원참석'이라는 뜻이고 '화합'이라고 번역되기도 하였다. 부처님은 전원참석과 절차의 정당성만을 중요시했다. 승가의 대중공사는 만장일치나 다수결 같은 의사결정의 방식보다 전원 참석이 더 중요하다. 전원참석을 강조하고, 그것을 화합이라고 말하는 것에서 우리는 승가 안에서 승려들은 평등한 존재임을 알 수 있다. 특정 승려가 지위가 높다거나 똑똑하다거나 나이가 많다고 해서 더 많은 권리를 누려서는 안 된다. 수행자는 존재 그 자체로 평등하고 존중 받아야 한다.

만장일치가 아닌, 다수결이 원칙

'사마가마경'(M104)에 의하면 승가에서 법과 율에 대하여 이견이 생겨서 승가가 분열하게 되었을 때 다음과 같은 방법으로 대중공사를 해야 한다고 설명한다.

"아난다여, 여기 비구들이 '이것이 법이고dhammo, 이것은 법이 아니다adhammo. 이것은 율이고vinayo 이것은 율이 아니다avinayo.'라고 분쟁을 일으킨다. 아난다여, 그 비구들은 모두 화합하여 samaggehi 모여야 한다. 함께 모여서 법도dhammanetti를 만들어야 한다. 법도를 만들고 나서 그에 따라서 공사를 가라앉혀야 한다. 아난다여, 이렇게 직접 대면하여 수습해야 한다. 이와 같이 직접 대면하여 수습함으로써 여기 어떤 대중공사들은 가라앉게 된다. 아난다여, 만일 그 비구들이 그 대중공사를 그 처소에서 가라앉히지 못하면 그 비구들은 많은 비구들이 머무는 그런 처소로 가야 한다.

승가의 분쟁을 일으킨 자들은 흰옷을 입혀서 내쫓아야한다는 내용이 적힌 아소까 석주.

거기서 모두를 화합하여 모여야 한다. 함께 모여서 법도를 만들어야 한다. 법도를 만들고 나서 그에 따라서 공사를 가라앉혀야 한다. 아난다여, 이렇게 다수결에 따른다. 이와 같이 다수결에 따라 여기 어떤 대중공사들은 가라앉게 되니."

여기서 "화합하여samaggehi 모여야 한다."는 뜻은 "전원참석 하여야 한다."는 의미다. 주의 깊게 보아야 할 것은 법과 율에 대한 이견異見으로 승가 분열이 예상되는 때도 부처님은 '다수결'로 결정해야 한다고 말한다는 점이다. 부처님은 승단이 쪼개질지도 모르는 중대한 상황에서도 만장일치를 말하지 않는다.

나는 다수결이 승가의 결정 원칙이었기에 2,600년 동안 승가가 소멸하지 않고 유지되었다고 본다. 현재 조계종의 종헌 종법도 율장의 다수결 원칙을 따르고 있다. 원로회의에서 종정을 추대할 때도 "재적 과반수의 찬성으로 종정을 추대한다."라고 되어있고, 호계원회의에서도 "재적 과반수의 출석과 출석 위원 과반수의 찬성으로 의결한다."라고 되어있다. 비구니회도 이미 다수결로 결정되는 직선제로 회장을 선출하고 있고, 본사주지 선거, 중앙종회의원 선거도 직선제로 하고 있다. 후보가 2인 이상이면 만장일치는 불가능하다. 이때는 자연스럽게 다수결로 선출해야 한다. 요즘은 스마트폰으로 전자투표를 할 수도 있고 포살하는 날, 본사별로 투표하면 몇 시간 안에 투표를 끝낼 수 있다. 종단 소임자를 선출하는 선거는 절차로 인한 대중공사行爭事에 해당하기 때문에 누가 당선되어도 승가가 분열되지 않는다.

할 말은 하자

짬빠의 각가라 호수에서 우리는 '쓰레기경'(A8:10)을 독송했다. '쓰레기경'에서 부처님은 단호하게 명령하신다.

"비구들이여, 저 사람을 쫓아버려라. 비구들이여, 저 사람을 쓸어내라. 비구들이여, 저 사람을 추방하라. 여기 어떤 사람은, 다른 훌륭한 비구들이 그의 범계를 보지 못할 때까지는 그 비구들이 앞을 보고 돌아보고 구부리고 펴고 가사와 발우를 지니는 것과 꼭 같이 한다. 그러나 훌륭한 비구들이 그의 범계를 보게 되면 '이는 타락한 사문이요, 사문의 찌꺼기요, 사문의 쓰레기로구나.'라고 알게 된다. 이렇게 알면 그를 밖으로 쫓아버린다. 그것은 무슨 이유 때문인가? 다른 훌륭한 비구들을 오염시키지 않기를 바라기 때문이다."

짬빠의 각가라 호수 전경

그러나 우리의 현실은 많은 스님들이 절집 안의 허물을 드러내는 것을 극도로 혐오한다. 『범망경』'십중대계'에 "사부대중의 허물을 말하지 말라.(說四衆過戒)"와 "삼보를 비방하지 말라.(訪三寶戒)"는 계가 있다. 이러한 조항이 보수적인 스님들의 머리를 지배하고 있다. 특히 「초발심자경문」에는 "손님을 만나서 이야기를 나눌 때는 절집 안의 허물을 드러내지 말고(對客言談不得揚於家醜) 다만 절집 안의 불사를 찬탄할지언정 고방에 나아가서 여러 가지 일을 보고 듣고 하여 스스로 의혹을 내지 말라."고 하였다.

"훌륭한 비구를 오염시키지 말라."

이러한 교육 때문에 승가 안에서 발생하는 문제들을 해결할 능력도 없고, 해결할 의욕도 없으면서 문제를 외부에 드러내지 못한다. 그러나 『범망경』과 「초발심자경문」에 언급된 부분은 정법正法을 부정하는 사견邪見을 지적한 내용이며, 외도를 따르지 않도록 경책한 것이다. 오히려 제대로 된 집단이라면 집단의 구성원이 문제 제기하는 것이 받아들여지고 논의되어야 할 것이다. 그것이 정법을 지키며 삼보를 외호하는 일이다. 자정 능력이 없고, 자정할 의지도 없으면서 무조건 집안의 추한 것을 드날리지 말라는 말은 외도의 뜻을 따르는 것이며, 세속에서 독재자들이 할 만한 발언이다.

율장에서는 스승이라도 잘못된 생각이나 언행을 한다면 제자가 충고하여 바로잡아야 한다고 가르친다. 이것도 종단에서 율을

강가강의 범람으로 쌓인 진흙은 벽돌을 만드는데 소중한 재료이다.

가르치지 않고 초발심만 가르쳐서 나타난 폐단일 것이다. 손바닥으로 하늘을 가리듯이 "집안의 허물을 드러내지 말라."는 것만을 되풀이하고 그 이유로 스님들을 징계하는 것은 경전의 내용에도 위배된다. 부처님은 '무쟁의 분석 경'(M139)에서 "공개적 비판이 사실이 아니고 진실이 아니고 이익을 줄 수 없다고 안다면 공개적 비판을 결코 해서는 안 되며, 공개적 비판이 사실이고 진실이라도 이익을 줄 수 없다고 안다면 공개적 비판을 하지 않으려고 공부 지어야 한다."라고 말한다. 또한 "공개적 비판이 사실이고 진실이고 이익을 줄 수 있다고 안다면 거기서 공개적 비판을 할 시기를 잘 보아야 한다."라고 말한다. 무조건 공개적인 비판을 하지 말라는 것이 아니고, 사실인지, 공동체에 이익이 되는지를 잘 판단하고, 시기를 잘 살펴서 비판하라는 것이다. 종단의 적지 않은 스님들이 부처님의 말씀을 배우지 않고, 『범망경』과 「초발심자경문」의 뜻을 왜곡해 받아들이며, 정작 부처님의 가르침을 알지 못하고 부처님의 가르침과 반대로 살고 있으니 답답하다.

승가공동체에 이익되는 길

우리는 아침 7시에 위끄람실라로 출발하였다. 가까스로 오후 3시쯤 목적지에 도달하였다. 그때 우리는 우리가 아침과 점심을 먹지 못했다는 것을 알았다. 위끄람실라 대학 터는 예상과는 다르게 갠즈스강과 가까운 곳에 있었다. 대학 터 안에 박물관도 같이 있어 표 하나로 박물관도 관람할 수 있었는데 생각보다 유물의

　숫자는 적었다. 8세기에 건립되어 400년간 번성했던 이 대학은 금강승과 탄트릭불교의 본산지이다. 원만 스님은 티켓을 끊기도 전에 앞서가더니 보이지 않았다. 뒤에 따라간 우리가 탑 주위를 참배하고 있을 때 스님이 홀로 좌선하고 있는 것을 보았다. 우리도 탑 앞에서 좌선하는 시간을 가졌다. 강과 산이 가까이에 있어서 그런지 코끝을 스치는 바람이 상쾌했고 이곳이 범상치 않은 터라는 느낌을 받았다.

　각가라 호수 순례를 마친 우리들은 바갈쁘루 시내에 있는 식당에서 점심을 먹었다. 점심을 먹고 나서 위끄람실라로 가려고 했으

"훌륭한 비구들이 그의 범계를 보게 되면
'이는 타락한 사문이요, 사문의 찌꺼기요, 사문의 쓰레기로구나.'라고 알게 된다."

나 그곳은 5시에 문을 닫아서 할 수 없이 바갈뿌르에서 하루 묵었다. 우리는 호텔보다는 자이나교 템플에서 하룻밤 숙박해 보는 것도 좋겠다고 생각하여 템플 사무실에 가서 잠자리를 요청했다. 알고 보니 그곳은 이미 돈을 주고 숙박하는 시스템으로 운영되고 있었기에 우리는 몇 가지 주의 사항을 듣고 방 3개를 얻어 숙박할 수 있었다.

식사는 순례자들이 미리 주문하면 원하는 것을 만들어 주었는데, 간소한 음식임에도 불구하고 맛이 좋았고 가격도 1인당 80루피로 착했다. 마침 구자라트에서 순례를 떠나온 자이나교 부부가 같은 건물에 묶고 있어 이야기를 들어보니 그들의 경전에는 24명의 티르탕카라(구원자)들이 있는데 각 구원자들의 출생지, 열반지 등을 순례하고 있다고 한다. 24명의 구원자들을 순례하면 우리 불자들보다 순례할 곳이 더 많은 셈이다. 살생을 금하는 자이나교 신자답게 모두 채식을 했고 모든 수도꼭지에는 얇은 천이 씌워져 있었다. 우리가 묵는 템플은 자이나교 중에서 옷을 입지 않는 디감바라Digambara 즉 공의파空衣派 소속이었는데, 벌거벗은 수행자들은 보이지 않았다.

새로운 인도불교가 시작된 낙푸르

몇 해 전 네팔 룸비니의 한국 사찰 대성 석가사에서 머무르고 있을 때 인도인 불자들이 성지 순례를 왔었다. 한번이 아니라 꾸준하게 찾아왔는데 그때마다 나는 그들에게 다가가서 "어디서 왔느냐?"고 물었다. 그들은 마하라슈뜨라Maharashtra 주의 낙푸르Nagpur에서 왔다고 말했다. 나는 그 말을 듣고 '낙푸르에 얼마나 많은 불자들이 있길래 성지 순례 오는 불자들이 모두 낙푸르 사람들인가?'라고 생각했다. 그들은 성지 순례 다니며 사 먹는 밥값을 아끼려고 밥솥과 가스 등을 가지고 다니며 밥을 해 먹었다.

성지 순례를 온 불자들의 전언에 따르면 낙푸르에는 절도 많고 스님들도 많다고 한다. 이 낙푸르 불자들은 1956년 10월 14일 암베드카르(1891~1956) 박사와 함께 힌두교에서 불교로 개종한 50만 명의 불자들과 그 후손들이다. 암베드카르의 이름은 빔라오

람지 암베드카르Bhimrao Ramji Ambedkar인데 간단하게 그들끼리 서로 인사할 때는 '자이Jayi 빔Bhim'이라고 말한다. '자이Jayi 빔Bhim'은 '빔라오 람지 암베드카르는 승리했다.'라는 의미이다. 암베드카르는 인도의 독립운동가, 정치인, 교육자, 인권 운동가이다. 그는 인도 건국 헌법 제정을 주관했으며, 불가촉천민 출신으로 인도의 불가촉천민(달리트)들의 권익을 위해서 집단 불교 개종운동을 이끌었다. 그는 인도 독립보다 신분제도 폐지와 인권을 우선시켜야 한다고 주장하여, 카스트제를 유지하고 분리선거를 인정하지 않은 국민회의의 마하트마 간디와 많은 충돌을 빚었다. 지금도 인도 곳곳에는 그의 동상이 세워져 있고 인도의 불자들은 간디보다 암베드카르를 더 존경한다.

절도 많고, 스님도 많은 낙푸르

이번 순례에서 그 목적을 이루기 위해 꼴까따Kolkata로 입국하는 비행기표를 구했다. 인디언 박물관을 관람하고 부바네스와르에 와서 우다야기리, 라뜨나기리, 랄리따기리 등을 순례했다. 그리고 아소까 바위 칙령이 있는 다울리 언덕에 올라서 아소까왕의 마지막 전쟁이었던 '깔링가 전투(기원전 261년)'가 벌어진 다야Daya강을 바라보며 그 당시 참혹한 전쟁을 상상하였다. 깔링가 전투는 아소까왕이 즉위한 지 8년, 나이 42세 때에 벌어진 전쟁으로 마우리야 왕조가 통일되는 마지막 전쟁이었다. 깔링가 전쟁 이야기는 즉위 12년에 바위에 새겨진 아소까 칙령에 자세하게 나와 있다.

"자비로운 삐야다시 왕은 즉위 8년에 깔링가를 정복하였다. 십오만 명이 포로로 끌려오고, 십만 명이 살상되었고, 그 몇 배의 사람들이 전쟁으로 죽었다. 그 후 깔링가는 합병되었다. 깔링가Kalinga를 정복한 후에 자비로운 왕은 매우 열성적으로 담마에 몰입하게 되었고, 사람들에게 담마를 가르쳤다. 지금 자비로운 왕은 깔링가를 정복한 것에 대한 깊은 자책을 느낀다. 독립된 나라를 정복하였을 때 사람들의 살육과 죽음, 그리고 포로가 있게 되는데, 이 모든 것들은 자비로운 왕에게 슬픔을 주고 한탄스럽게 한다."

이렇듯 아소까는 전쟁을 후회하고 앞으로는 담마로 세상을 다스리겠다고 맹세하고 있지만, 그가 보여주는 자비로움 뒤에는 강력한 군사적인 힘이 있음 피력한다.

"다시 자비로운 왕은 전쟁에 대해서 후회와 자책을 하고 있지만, 만일 필요하다면 처벌할 힘이 있다는 것을 경고한다. 그것은 그들이 잘못을 고치고 죽임을 당하지 않게 하기 위함이다. 참으로 자비로운 왕은 존재하는 모든 것들이 해침에서 벗어나기를 갈망하며, 자신을 절제하고, 모든 사람에게 공평하고, 부드럽게 대하기를 열망한다. 담마에 의한 정복을 가장 훌륭한 정복이라고 생각한다."

부바네스와르에서 기차로 13시간 걸려서 낙푸르에 도착하였다. 낙푸르는 5백만 명의 인구가 살고 있는 활기찬 도시였다. 낙푸

나로카 센터(Nagaloka Centre)를 상징하는 걷는 붓다상

르에서 숙소를 잡고 가장 유명한 딕샤부미Dikshabhumi에 갔다. 딕샤부미는 암베드카르가 수많은 낙푸르 주민들과 함께 '불교에 입문한Diksha 장소bhumi'라는 뜻으로 산치대탑처럼 거대한 반구형으로 만들어졌다. 동서남북으로 들어갈 수 있는 문이 있는데 안으로 들어가면 부처님의 사리가 모셔져 있다. 매년 10월 14일이 되면 수만 명이 모여서 기념식을 한다. 대탑 앞에는 개종하기 전에 암베드카르가 서약한 22가지의 서약이 힌디어와 영어로 새겨져 있다.

"나는 브라흐마, 비슈누, 마하데바의 신을 인정하지 않고 예배하지 않는다.
나는 라마신, 크리슈나의 신을 인정하지 않고 예배하지 않는다.
나는 힌두교의 여러 남신, 여신을 인정하지 않고 예배하지 않는다.

'신은 어떤 화신으로 나타난다'라는 힌두 전통을 믿지 않는다.

'붓다가 비슈누의 화신'이라는 것을 인정하지 않는다. 이 전승은 오류이다.

나는 조상에 대한 제사를 행하지 않는다.

나는 불교에 반하는 어떠한 말과 행위도 하지 않는다.

나는 어떤 의식도 브라만의 손을 빌리지 않는다.

나는 모든 인간, 전 인류는 평등하다는 주장을 인정한다.

나는 차별을 거부하고, 평등 사회를 이룩하기 위하여 노력한다.

나는 팔정도八正道를 준수한다.

나는 십바라밀을 준수한다.

나는 일체 중생에 대한 연민의 마음으로 불살생을 준수한다.

나는 도둑질을 하지 않는다.

나는 헛된 말을 하지 않는다.

나는 음란한 행동을 범하지 않는다.

나는 술을 마시지 않는다.

나는 불교의 지혜, 지계, 삼매에 따라 생활하고자 노력한다.

나는 인간을 불평등하게 취급하는 힌두교를 버리고 불교를 받아들인다.

불교는 참된 종교라는 것이 나의 신념이다.

어제까지의 나를 버리고 나는 이제 다시 태어났음을 인정한다.

나는 부처의 가르침을 따르고 지키고, 행동한다는 것을 신성하게 맹세한다."

암베드카르는 이 22가지 서약을 외치고 그는 "나와 함께 불교로 귀의할 사람은 일어서시오."라고 말하자 그곳에 모인 평민, 불가촉천민 사람들이 모두 일어나서 암베드카르의 서약을 반복하였다. 그리고 나서 미얀마에서 모셔 온 스님으로부터 삼귀의와 오계를 받음으로써 마침내 불자가 되었다.

간디보다 더 존경하는 사람, 암베드카르

인도인들은 암베드카르를 '바바사헤브(아버지와 같은 스승)'이라고 부르며 존경하고 있다. 그때 개종한 불자들 중에서는 인권운동가, 대통령, 하원의장, 대학 총장 등 사회 지도자들이 등장하였고 불자들이 정당을 만들어 불자 정당도 활발하게 활동하고 있다. 지금(2024년) 낙푸르의 주지사도 불자라고 한다.

인도를 여행하다 보면 인도인들은 내 승복을 보고도 종교가 무엇이냐고 묻는다. 가사가 아닌 회색 승복을 그들은 알아보지 못하는 것이다. 나는 'Buddhist'라고 대답하면 곧 불교와 힌두교는 같은 것이라고 대답한다. 같지 않다고 말하면 부처님의 부모도 힌두 가정에서 태어났고, 싯다르타 부처님도 힌두 가정에서 자랐다고 말한다. 그런데 인도의 불자들에게 불교와 힌두교가 같은 것이냐고 물으면 "절대 그렇지 않다."고 대답한다. 그것은 낙푸르의 주민들이 개종식 때 "붓다가 비슈누의 화신이라는 것을 인정하지 않는다. 이 전승은 오류이다."라는 것을 암송하였기 때문일 것이다. 암베드카르는 "나는 힌두교인으로 태어났지만 힌두교인으로 죽지 않는다."고 말했다. 딕샤부미를 찾는 인도 여성들 중에는 흰옷을 입고 오는 이들이 있다. 이 흰옷은 불자들이 자신이 여성불자upāsika임을 나타내는 의복인데, 흰옷의 사리sari에 세로로 청색의 띠를 두른 것처럼 색을 넣어 스리랑카 우바시까들과 구분이 하고 있다.

낙푸르에서 가장 먼저 언급하고 싶은 사찰은 나로카 센터Nagaloka Centre이다. 이름에서 엿보이듯이 나로카 센터는 부처님과 암베드카르 박사의 가르침을 통해 많은 사람들이 힘을 얻도록 가르치는 나가르주나 훈련원Nagarjuna Training Institute을 운영하고 있다. 18세 이상이면 지원할 수 있는데 8개월간의 훈련을 받으며 숙식에 드는 모든 비용은 무료이다. 현재 150명의 기숙 학생이 공부하고 있지만, 최대 300명으로 늘릴 계획이다. 불교의 역사가 1,900년이나 되는 우리나라에서도 하지 못하는 참신한 불사佛事

불자들과 암베드까르가 개종한 것을 기념하는 딕샤부미

다. 나로카 센타에는 대만의 유명 예술가가 조각한 약 11m 높이의 불상이 모셔져 있다. 입상이지만 한 자리에 서 있는 불상이 아니라 걷는 불상이다.

  낙푸르 나로카 센터에서 북쪽으로 2km정도 거리에는 붓다 부미 위하라Buddha Bhumi vihara가 있는데 그곳에는 사미스님 20여 명이 머물고 있다. 쁘라갸조띠Pragyajyoti 주지스님은 방문객을 친절하게 맞이하며 누구든 사찰에 머물고 갈 수 있다고 안내한다. 사미승들은 북인도의 아쌈, 미조람 등에서 온 분들이라 우리나라 사람과 닮은 얼굴이다. 그쪽에서 온 사미들은 어릴 적부터 불자 가정에서 자라서 다른 곳에서 온 사미들보다 더 잘 적용한다고 한다. 법당에서 참배하고 나자 마당에서 신나게 크리켓을 하던 사미승이 다가와서 주지실로 안내한다.

낙뿌르에서 포교 활동을 하는 인도 스님들

앞으로 이곳에서 인도불교를 이끌어 갈 수 있는 신심 있는 스님들이 많이 나올 수 있을 것 같다.

낙푸르 붓다 부미 위하라에서 북쪽으로 4km정도 가면 용궁사 Dragon Palace가 나온다. 이 사찰은 일본인 노리꼬 오가와Noriko Ogava 보살님이 시주하여 지은 것으로 2층으로 지어진 사찰 앞에 분수가 있는 등 낙푸르 주민들에게는 훌륭한 놀이 공원 역할을 하고 있다. 우리가 방문했을 때 초등학생들이 견학 와서 잔디밭에서 수건 돌리기 놀이를 하고 있었다. 스님은 상주하지 않고 매일 일본식으로 예불하고 있다. 주위에는 산치 스투파 모형의 건물도 있는데 그곳에는 암베드카르의 동상이 모셔져 있다.

딕샤부미Dikshabhumi에서 서쪽으로 3km떨어진 곳에 사리뿟따 붓다 위하라Sariputta Buddha Vihara가 있다. 2층 시멘트 건물로된 사찰인데 인도인이지만 미얀마에서 오랫동안 수행한 난다 말라nanda malla 주지스님이 머물고 있다. 스님은 이곳에서 '부처님 생애 100장면'을 통해서 불교를 알려주고 있고, 12연기와 위빠사나를 체계적으로 지도하고 있다. 주지스님은 암베드카르의 불교관을 비판하기도 하였는데, 그만큼 종교가 정치적이기보다는 수행의 모습으로 돌아와야 한다고 말한다. 당신과 같은 의견을 가진 인도 스님들이 없어서 홀로 지낸다고 말하면서 인도 불자들의 교육을 강조했다. 이분은 내용적으로는 테라와다 구참스님으로 보일 정도로 정통교학과 수행을 강조한다. 이 사찰에서 만난 불자 부부의 초청을 받아 공양을 받기도 했다.

딕샤부미Dikshabhumi에서 서쪽으로 2km 지점에있는 깔빠따루 붓다 위하라Kalpataru Buddha Vihar는 인도 스님들이 10여 명 머물고 있다. 삐야다시 보디Piyadasi Bodhi 스님이 주지로 있다. 활발한 성격의 삐야다시 스님이 사찰 안내를 하는데 자기 방에서 나와서 인사를 하는 인도 스님들의 표정이 정겹다. 스님들이 거의 영어를 할 줄 모르기에 눈인사만을 하고 사진을 찍었다. 법당은 꾸시나가라의 열반당의 모습인데 2층으로 지어져 있고 마당에는 딕샤부미에서 보았던 암베드카르 22개 서약이 돌에 새겨져 있다. 불상은 태국에서 기증받은 것이고 그밖에 미얀마, 스리랑카, 대만 등에서 기

사미들을 키우고 있는 붓다 부미 위하라(Buddha Bhumi vihara)

증밥은 불상을 모시고 있다. 붓다 부미 위하라Buddha Bhumi vihara 스님, 쁘라갸조띠Pragyajyoti 스님과는 같은 은사스님을 둔 사형사제라고 한다.

자신이 불자임을 드러내는 사람들

깔빠따루 붓다 위하라에서 멀지 않은 서쪽에 인도라 붓다 위하라Idora Buddha Vihara는 일본인 수라이 사사이Surai Sasai 스님이 만든 사찰이다. 올해 89살인 사사이 스님은 인도에서 40여 년 동안 전법을 해왔기에 인도 불자들 사이에는 널리 알려진 스님이다. 인도에서 사찰을 건립하기 전에 낙푸르 북쪽 산속에 보디사뜨와 나가르준 마하위하라Bodhisattva Nagarjun Mahavihar를 세워서 생활하다가 시내로 내려와 포교하고 있다. 3층에 머무르는 스님은 의자에 앉아서 방문객을 맞았다. 바짝 마른 얼굴에 조직의 보스 같은 인상으로 우리들의 인사를 받았다. 인도에서 오래 생활한 연륜이 묻어나는 얼굴이다. 힌디어를 할 줄 알고 영어는 못하지만, 제자를 부르는 목소리가 쩌렁쩌렁 울린다.

나로카 센터에서 서쪽으로 4km정도 거리에는 수가뜨 나가르 가우땀 붓다 위하라Sugat Nagar Gautam Buddha Vihara는 불자들만으로 운영되는 사찰이다. 이 사찰은 암베드카르를 따르는 불자들로 넓은 마당에는 운동기구가 설치되어 있어 평소에는 마을 사람들의 운동 장소로 사용되고 있다. 이곳을 관리하는 남자 신도는 친절하게 사찰을 안내해 주며 법회도 설명해 준다. 스님이 없는 사찰이지만, 어느 곳보다 잘 운영되고 있는 것으로 보인다.

낙푸르에 거주하는 스님들께 불교 현황을 물어보니 낙푸르에 사찰은 400여 개가 있고, 스님들은 1천여 명이 있으며 불자는 전체 인구의 50~60%라고 대답하였다. 낙푸르 북쪽 지역은 80%가 불자이고 남쪽 지역은 20%가 불자라고 한다. 내가 낙푸르의 사찰들을 순례하고 싶다고 하자, 스님들이 추천해 준 사찰은 거의 비슷했다. 위에 소개한 사찰 말고도 여러 군데를 순례했는데 정말 열악한 수준의 환경인 사찰이 많았다. 평소에는 문을 걸어 잠그고 혼자서 생활하는 사찰도 있고, 사찰이라고 할 수 없는 일반 가정집 정도의 사찰도 여러 곳 있었다.

특이한 것은 불자들은 집을 지을 때 법륜, 보리수, 만자 등으로 자신이 불자임을 드러내는 집을 짓는다는 사실이다. 낙푸르에서는 그만큼 불자가 많고 불자인 것이 이상하지 않은 환경이기에 그런 것 같다. 인도에는 불교와 관련된 공식 휴일이 두 번 있다. 하나는 부처님 오신 날이고 하나는 인도 낙푸르를 불교 도시로 만든 암베드카르의 탄생일이다.

오디샤의 불교 1

이제까지 우리 불자들은 4대 성지, 8대 성지, 12대 성지 등을 순례해 왔다. 그 성지 순례의 범위는 우따라 프라데쉬주와 비하르주를 벗어나지 못하였다. 그러나 오디샤주에도 불교에 관련된 성지가 많이 있다. 경전에 부처님이 바다의 비유를 많이 하시고 있는 것으로 보아 푸리Puri의 바닷가까지 오셨을 것이고, 바다를 가려면 당연히 오디샤를 지나야 했을 것이다.

오디샤가 불교와 최초로 인연을 맺은 것은 부처님이 보리수 아래에서 정각을 이루고 7일씩 49일 동안 선정禪定에 들었을 때 상인 따뿟싸Tapussa와 발리까Bhallika가 부처님께 과자와 꿀을 올렸다고 한다. 그 두 상인이 오디샤에서 온 분들이라는 것이다. 그런데 미얀마 전승으로는 이들 두 상인은 미얀마 출신이고, 그들은 그때 부처님께 머리카락을 얻어 사리탑을 세운 것이 지금의 쉐다곤 파고

깔링가 전투를 기념하는 수투파

바위를 파내어 만든 우다야기리 승원

깔링가 전투가 벌어진 '다울리(Dhauli)'의 아소까 바위 칙령과 칙령 외부 모습

다라고 전한다. 오디샤에는 상인들이 부처님의 머리카락을 얻어 탑을 세웠다는 기록이 없다. 오디샤가 불교와 인연을 맺은 구체적인 이야기는 기원전 3세기 마우리아Maurya 왕조 제3대 왕인 아소까Asoka왕이 깔링가Kalinga를 정복하면서 나타난다.

오디샤의 옛 이름, 깔링가

아소까는 참혹한 전쟁을 경험하고 불교에 귀의하여 법Dharma으로 세상을 다스리겠다는 서원을 세운다. 이 내용은 깔링가 전투가 벌어졌던 다야Daya강 주변에 있는 다울리Dhauli 언덕에 아소까 바위 칙령으로 남아있다. 오디샤의 옛 이름인 깔링가에 대한 것은 디가니까야의 『대반열반경』에 한번 등장한다. 깔링가의 왕이 부처님의 사리를 얻어서 모셨다는 내용이다.

> "눈을 가지신 분의 사리는 여덟 부분으로 분배하여
> 일곱 부분은 인도 대륙에서 모시고 있다.
> 최상의 인간의 한 부분은 라마가마에서 나가 왕이 모시고 있고
> 치아 하나는 삼십삼천이 예배하고 하나는 간다라의 도시에서 모시고 있다.
> 깔링가 왕이 다시 하나를 얻었으며 하나는 다시 나가 왕이 모시고 있다."

다만 이 대목은 주석서에서 제3차 결집 이후에 추가된 것으로

우다야 기리 코끼리 승원

전하고 있다. 그렇다면 간다라에 사리탑을 세운 것과 깔링가에 사리를 모신 탑을 세운 것은 깔링가 전투 이후에 아소까에 의해서라고 추측할 수 있다. 한편 현장 스님의 『대당서역기』에는 오디샤가 '오다국烏荼國'으로 나타나는데 "이곳에 여래께서 법을 설하신 10여 곳에 아소까왕이 스투파를 세웠다."라고 쓰고 있다.

"오다국의 둘레는 7천여 리에 달하고 나라의 큰 도성의 둘레는 20여 리에 달한다. 토지는 비옥하며 농사가 매우 번창하다. 온갖 과실이 다른 나라에 있는 것보다 훨씬 크며 기이한 풀과 빼어난 꽃들은 일일이 말로 설명하기가 어려울 정도이다. 기후는 덥고 풍속은 거칠고 난폭하다. 사람들의 생김새는 체구가 건장하고 얼굴색은 거무튀튀하다. 그들의 언어나 관습들은 중인도와는 다르다. 학문을 좋아하여 게으름을 부리지 않으며 많은 사람들이 부처님의 법을 믿는다. 가람의 수는 1백여 곳이 있고 승도들은 1만여 명 있는데 그들은 모두 대승법의 가르침을 익히고 있다. 천사는 50곳 있고 이교도들이 뒤섞여 살고 있다."

절 1백여 곳, 스님 1만여 명

현장 스님이 보았다는 스투파 중에서 지금 오디샤에 남아 있는 라뜨나리Ratnagiri, 우다야기리Udayagiri, 랄리따기리Lalitagiri 등에 있는 탑과 승원도 포함되어 있을 것이다. 오디샤Odisha는 예전에 '오리싸Orissa'로 불렸었다. 영국이 인도를 식민지화하면서 인도 지명을 영어식 이름으로 불렀었는데, 영국에서 독립한 이후 캘커타를 꼴까따Kolkata, 봄베이를 뭄바이로 인도인들의 고유 발음으로 환원해서 부르고 있다. 오디샤Odisha의 수도 부바네스와르Bhubaneswar는 꼴까따에서 남쪽으로 380km 정도의 거리에 있다. 부바네스와르 북쪽으로 북쪽으로 60km 정도 떨어진 거리에 우다야기리, 라뜨나기라, 랄리따기리가 있다. 이 세 지역은 삼각형을 이룬다. 순례자는 이 세 지역을 우다야기리, 라뜨나기라, 랄리따기리 순서로 들리는 것이 교통 편의상 좋다. 나는 쭈딱크Cuttack시에서 오토릭샤를 타고 우다야기리에 갔다. 인도에는 유독 '우다야기리Udayagiri'라는 명칭이 많다. '우다야Udaya'라는 단어가 일어나다, 홍기하다, 부흥하다 등의 뜻이어서 인도인들이 선호하는 것 같다. 마치 중국인들이 '복福'자를 좋아하는 것처럼. 기리giri는 '산山'이라는 뜻이다. 오토릭샤는 평지 도로를 계속 달리더니 어느 집에 데려다주듯 나를 우다야기리 정문에 내려 주었다. 릭샤에서 내려서 우다야기리로 올라가는 길은 완만해서 노인들도 쉽게 걸을 수 있다. 올라갈수록 시야가 넓어지면서 탁 트인 산야가 보였다. 마치 우리나라의 어느 평지 사찰을 온 듯이 마음이 평안하다. 이렇게 넓고 평안 한 자리에 절을 지었으니 많은 수행자들이 오랫동안 머물렀을 것이다.

조금 올라가니 사무실 같은 건물이 나타나는데 그 건물에서 한 인도인이 나오더니 나를 안내하겠다고 나선다. 영어를 못하고 힌디어만 하는 사람이 어떻게 나를 안내하겠다는 것인지 모르겠다. 그를 따라서 첫째 승원으로 들어섰다. 여기저기 흩어져 있는 유물들을 보니 대승불교와 밀교의 흔적이 대부분이다. 우다야기리의 불교유적은 1985년 발굴조사가 이루어졌다. 제1차 발굴(1985~1989년)은 계곡의 북쪽 지역에서 이루어졌고 제2차 발굴(1997~2003년)은 남쪽에서 진행되었다. 발굴 과정에서 모습을 드러난 따라보살Tara, 지세보살大地母神,Vasudhāra, 아빠라지따Aparajita, 하리티鬼子母神,Hārītī 등 다양한 여신상들을 보면 금강승金剛乘 불교가 유행하였을 알 수 있다.

우리와 비슷한 오디샤의 봉헌탑

승원 아래에 바위를 깎은 흔적이 보이는데 거대한 바위를 깎아서 승원을 지은 듯하다. 이러한 방법은 아잔타 석굴에서 보이

바라바르 동굴의 입구와 유사한 모습인 바후르트 조각상

듯 바위를 깎아 방을 만들고 법당을 만든 방법이다. 여기저기 흩어져 있는 불상과 보살상들은 상처가 있는 것들이 대부분이다. 그럼에도 부처님의 평온한 얼굴에 절로 합장하게 된다. 첫 번째 승원의 스투파는 사면四面에 각각 불상이 안치되어 있다. 한 부처님은 항마촉지인降魔觸地印, 한 부처님은 여원인與願印, 두 부처님은 선정인禪定印을 하고 있다. 선정인을 한 부처님 중에서 한 분은 보관을 쓰고 있다. 성도하기 전의 부처님 모습을 보여주고 있다.

 사면불 주위에서 일꾼들이 조그만 탑을 조성하는 작업을 하고 있다. 사방에 탑들이 나뒹굴고 있으니, 이곳이 제대로 정비될 날이 언제인지 알 수 없다. 사면불 뒤쪽에 문이 잠겨있는 곳을 열고 들어가니 부처님이 앉아계신다. 이 가이드는 이 문을 열어주기 위해서 따라온 듯하다. 항마촉지인을 하고 있는 불상의 손과 발에 법륜

바라바르 동굴의 입구와 유사한 모습인 우다야기리 석굴

주변 숲속에도 봉헌탑이 뒹굴고 있었다. 이 봉헌탑들은 우리나라의 부도탑 같이 생겼다. 여러 개를 모아 놓으니 천상 통도사에서 보았던 그 부도밭이다. 우리의 부도탑은 이 봉헌탑에서 유래하였을 것 같다. 승방에 계단이 있는 것으로 보아 스님들이 사는 승방은 아마 2층이었을 것이다. 곳곳에 다섯 조각 또는 여섯 조각으로 만든 불상이 안치되어 있다. 건물과 건물 사이에 물이 흐르도록 돌 수로가 놓여있다.

우물과 연못으로 짐작할 수 있는 것

두 번째 승원에서는 벽돌로 만든 스투파보다 돌과 바위로 만든 스투파가 더 많아 보였다. 돌과 바위로 스투파를 만든 것은 지금 파키스탄 지역인 간다라 스투파에서 볼 수 있다. 비하르주에서는 돌과 바위로 만든 스투파는 전혀 볼 수 없다. 그만큼 이곳에는 돌과 바위가 많다는 증거일 것이다. 아래쪽에 거대한 바위가 드러누워 있다. 얼굴과 손의 윤곽이 드러난 것으로 보아 불상을 만들다가 중간에 그만둔 것으로 보인다. 그래서 본의와는 다르게 운주사의 와불상처럼 누운 불상이 되었다. 저렇게 미완의 불상이 방치된 이후로 오늘날까지 누워있는 걸 보면 그동안 이곳에 불교가 한번도 부흥하지 못했기 때문일 것이다. 지금 인도의 불교 상황을 말해주는 듯하다.

두 번째 승원의 반대편에는 규모가 작은 스투파가 있는데 인도인은 그곳이 부엌이었다고 설명하였다. 무슨 근거로 그렇게 생각하는지 물었지만, 그는 확실한 대답을 하지 못하고 '부엌'이라는 소리만 되풀이했다. 승원에서 아래쪽으로 내려오니 거대한 우물이 나타났다. 그 우물은 사면이 바위로 되어있는데 위에서 10m 정도 돌을 파내어 우물을 만들었다. 실로 대단한 작업이다. 지금은 우물은 물에 이끼가 껴서 사람이 먹을 수 없는 상황이지만, 옛날에는 스님들이 이 우물에서 각 사찰로 물을 길어 갔을 것이다. 이 우물을 만들었기에 우다야기리에서 사찰이 번성할 수 있었을 것이다. 산치 대탑 승원이나 제따와나 승원, 죽림정사 승원, 룸비니 승원, 웨살리 승원에는 승원 안에 인공연못이 있고 우물이 있다. 주위에 강이 없으므로 인공연못을 만들어야 했다. 반면 꼬삼비 승원이나 네팔의 까삘라왓투나 부바네스와르의 우다야기리, 칸다기리 같이 승원 옆에는 강이 흐르기에 인공연못을 만들지 않았다.

   그 우물 옆에는 현재 힌두교 사원이 들어서 있다. 힌두교 사두가 나를 보더니 사원에 참배하라고 손짓한다. 안내원도 참배하라고 거든다. 나는 그들의 제안을 거부하고 아래로 내려왔다. 사찰이 쇠망하고 나서 그 자리에 대부분 힌두교 사원이나 무슬림 사원이 자리 잡았다. 보드가야도 그렇고, 녹야원, 죽림정사, 룸비니, 상카싸 등 어느 곳이나 그런 실정이다. 우다야기리는 유적지로서 개발이 덜 되어서 입장료도 없고 박물관도 없다. 심지어 게스트하우스도 없고 식당도 없다. 우다야기리에서 10km 정도 떨어진 라뜨나기리를 향해 출발하려는데 아쉬운 마음이 들었다. 시간이 있다면 여기에서 2~3일 더 머물면서 여기저기를 걷고 싶은 곳이다.

동굴 곳곳에 브라흐미 문자를 발견한다.

수많은 봉헌탑을 보다

라뜨나기리는 '보석의 산'이라는 뜻으로 우다야기리에서 서북쪽으로 10km 정도 떨어진 곳에 있는 사원이다. 이곳에는 박물관이 있어서 먼저 들렸다. 다행히 박물관은 인도인들과 같은 관람료를 받았는데 라뜨나기리 사원 유적은 외국인 요금 300루피를 받았다. 태국, 미얀마, 스리랑카, 라오스, 캄보디아, 티베트 사람들은 인도인과 같은 요금을 받는다고 한다. 라뜨나기리는 300루피를 내야 할 만치 볼 것은 많지 않았다. 그러나 보지 않으면 후회가 남기에 반드시 박물관은 들리는 편이다. 박물관에는 불두佛頭가 많았다. 크기가 제법 큰 것도 있었는데 우리나라 석굴암의 불두보다 더 큰 불두도 있었다. 이렇게 커다란 불상이 많았다면 여기도 필시 많은 스님들이 살았을 것이다.

라뜨나기리의 언덕에 오르니 봉헌탑을 줄 세워 모아 놓은 것이 너무나 인상적이었다. 봉헌탑은 적어도 300여 개는 될 것 같다. 이 봉헌탑과 우리나라의 부도밭은 너무 닮아 보였다. 라뜨나기리의 숲에는 널브러진 것, 땅에 파묻힌 것 등 봉헌탑이 수도 없이 보였다. 너무 많아서 나란히 줄 세울 정도였다. 이것만 보더라도 이곳이 얼마나 불교가 번성했는지 알 수 있다. 이곳은 우다야기리처럼 터가 넓지 않아서인지 돌을 다듬어서 담장을 쌓았다. 돌담을 자세히 보면 직사각형이 아닌, 사다리꼴 모양 등 다양한 돌이 사용되었는데 스님들이 입는 손 누비를 보는 것처럼 돌을 다듬는 정성이 엿보인다. 사방으로 담장을 쌓았으나 오직 정문에만 출입할 수 있는 문을 만들어 놓았다. 오직 정문으로만 드나들 수 있기에 정문의 바닥 돌은 닳고 닳아서 초승달처럼 패였다.

이렇게 폐쇄적인 공간을 만든 것은 분명 이유는 무엇일까? 담장으로 둘러싸인 승원의 중앙은 넓은 광장처럼 사용되고 사면으로 승방이 들어서 있다. 중앙 끝에는 불상이 안치되어 있었는데 우다야기리에서 본 것처럼 네 조각 또는 다섯 조각을 붙여서 만든 것들이다. 관람료를 받고 입장하는 곳임에도 탑 주위에는 염소 떼가 한가로이 풀을 뜯고 한쪽에는 소를 키우는 민가도 아직 있다. 그 민가에는 넓적한 돌이 축대에 사용되고 있었는데 분명 탑의 부재였을 것이다. 어디서든 마찬가지로 자이나교 사원이 제법 크게 건축

되어 있고, 승원과 자이나교 사원 사이에 경계를 표시하는 돌담이 쌓이고 있다. 이 돌담에 사용되는 돌은 약간 푸석한 돌이어서 얼음을 자르듯 벽돌 모양으로 잘라서 사용하고 있다.

서산마애삼존불과 닮은 불상

랄리따기리는 라뜨나기리에서 남쪽으로 25km 정도 떨어진 곳에 있다. 다른 곳과 달리 랄리따기리는 언덕을 올라가면서 좌우로 승원이 나타나는 구조다. 마지막 언덕의 정상에 커다란 스투파가 있는데, 그곳에서는 사방이 훤히 둘러볼 수 있다. 산의 승원에서 머물다가 때가 되면 마을로 탁발을 나갔다가 올라오는 스님들의 모습을 상상해 보았다.

랄리따기리 박물관은 다른 박물관에 비해서 훨씬 잘 만들어져 전시실에 들어서면 감탄하게 된다. 인도 수상 모디가 개관식에 참여한 듯 한쪽에 그의 사진이 걸려있다. 아름답고 예술적 가치가 높은 보살상이 많이 전시되고 있다. 어느 것이나 아름다워서 도저히 스마트폰을 놓을 수 없었다. 입상이나 심지어 좌상의 불상에서도 시무외인施無畏印의 수인을 다수 전시하고 있다. 예전에 일본에 갔을 때 서산마애삼존불과 닮은 삼존불이 있어 놀란 적이 있는데, 여기서 다시 서산마애삼존불의 부처님과 너무 닮은 불상을 마주하며 놀란 마음으로 한참을 바라보았다. 이 불상들은 4~5세기 작품이므로 6~7세기 작품인 백제의 마애삼존불에 영향을 주었을 것이다.

불상이 조성된 시기로 보면 랄리따기리가 우다야기리나 라뜨나기리보다 먼저 건립되었다는 것을 보여준다. 불상 중에서 도리천에서 하강下降하는 부처님이 발자국이나 법륜이나 보리수로 상징되지 않고, 인간의 모습으로 조각된 작품은 처음 본다. 역설적이게도 상징으로 부처님을 표현되었을 때가 더 애틋하고 감동적이라는 생각을 하였다. 이곳에는 부처님 사리를 담았던 사리기舍利器도 6기가 전시되고 있다. 이 사리기들은 특별히 유리 보호벽으로 보호되고 있어, 그 자세한 전모를 확인하는 데 어려움이 있다.

오디샤의 불교 2

오디샤의 수도 부바네스와르Bhubaneswar에서 서쪽으로 6km 떨어진 곳에 우다야기리Udayagiri와 칸다기리Khandagiri가 있다. 마치 아잔타 석굴의 축소판인 듯 우다야기리에는 18개의 동굴이 있고 칸다기리에는 15개의 동굴이 있다. 현장 스님은 『대당서역기』에서 우다야기리와 칸다기리르 이렇게 설명하고 있다.

"서남쪽 경계에는 큰 산이 있는데, 그 산속에 꽃의 산pupphagiri에 승원이 있다. 이곳에는 돌로 만들어진 스투파가 있는데 신령스러운 감응이 아주 많이 일어난다. 어떤 때는 재일마다 광명이 비치기도 하는데 이 때문에 여러 신자들이 멀고 가까운 곳에서 모두 아름다운 꽃으로 만든 일산을 가지고 모여들어 앞다투어 공양을 올린다. 우다야기리와 칸다기리 스투파는 신귀神鬼들이 세운 것이므로 이와 같은 신령스러운 기적들이 일어난다."

브라흐미 글자가 발견된 동굴

자이나교 수행자들이 이곳에 수행하기 전 불교의 승원이 있었음을 말하고 있다. 지금의 동굴들은 기원전 1세기 깔링가를 통치했던 카라웰라Kharavela왕에 의해서 지어진 것으로 정교하고 화려하게 조각된 동굴이 많다. 카라웰라는 마우리야 왕조가 무너진 뒤 깔링가를 다시 회복하고 자이나교를 추종했던 인물이다. 이 동굴은 자이나교 동굴임에도 방문해야 할 필요가 있는 것은 이 동굴에서 많은 브라흐미 글자가 발견되었기 때문이다. 우리는 이곳에서 아소까 칙령에서 발견된 브라흐미 글자와 그보다 200년 뒤

허리가 없는 불상, 머리만 있는 불두, 얼굴이 깨진 불상 등 이곳에 전시된 불상은 온전한 것이 없다.

인 기원전 1세기경의 브라흐미 글자를 비교해 볼 수 있다. 여기 동굴의 문은 보리수잎을 닮은 모양인데, 이것은 비하르주에 있는 바라바르동굴Barabar Cave과 같은 모양이다. 보리수 모양이라든지 연꽃 모양의 돌조각이 새겨있는 우다야기리 동굴에는 분명 불교 수행자들이 살았을 것이다. 우다야기리에서 가장 아름다운 동굴은 2층으로 된 라니 동굴Rani Gumpha인데 '라니'는 여왕의 이름이다. 동굴 2층에서 오랫동안 앉아있었는데 참으로 특별한 시간이었다. 동굴의 앞면에는 코끼리와 싸우는 여성들, 야생 동물, 과일이 가득한 나무, 악기를 연주하는 여성, 원숭이 등이 새겨져있다.

이곳 동굴 중에 가장 큰 코끼리 동굴Hathigumpha의 벽에 브라흐미 글자로 쓴 비문에서 카라웰라 왕의 생애를 확인할 수 있다. 비문은 17행으로 되어있는데 자이나교 관련 문구와 그의 통치에 대한 연간 기록이 적혀 있으며, 공공 기반 시설, 복지 활동, 군사적 승리 등에 대한 공로가 적혀 있다. 다른 동굴 문 위에는 브라흐미 글자가 새겨져 있다. 그런데 브라흐미 글자 옆에 관광객의 낙서가 쓰여 있어 눈살을 찌푸리게 한다. 이 밖에도 사자 입을 모방한 사자 동굴, 코끼리가 지키고 있는 코끼리 동굴 등 아기자기한 동굴이 많다. 정상에 오르면 맞은 편의 칸다기리가 보이고 멀리로는 부바네스와르 시내가 한눈에 내려다보인다.

우다야기리는 현재 관광지로 각광을 받고 있다. 오전에 일찍 가지 않으면 인파에 밀려서 제대로 관람하기가 어렵다. 칸다기리에는 한쪽에 힌두 사원이 활발하게 운영되고 있고, 정상에는 자이나교 사원이 크게 건립되고 있다. 자이나교 사원은 우다야기리에 비

깔링가 전투가 있었던 곳에 세워진 아소까 바위 칙령의 코끼리상.

해서 그렇게 많지 않다. 산을 오르는 길에 원숭이가 많이 산다. 가만히 앉아있으면 긴꼬리 원숭이들이 다가와 재롱부리는데, 그들에게 귀중품을 빼앗기지 않도록 조심해야 한다. 원숭이들은 많은 사람을 상대해 보아서 그런지 사람을 보고도 놀라지 않고 자연스럽게 행동한다.

왜 이렇게 잔인하게 파괴되었을까?

칸다기리에서 내려와 별 기대 없이 부바네스와르 박물관을 방문했는데 그곳에는 제법 많은 유물이 전시되고 있다. 불상보다도 자이나교 마하비라상, 힌두교의 신상이 더 많았다. 그중에 가장 눈길을 끄는 건 박물관 입구에 있는 연꽃을 뒤집어 놓은 모양의

박물관 입구에 있는 연꽃을 뒤집어 놓은 모양의 아소까 석주 상부.

아소까 석주 상부다. 이 상부를 어디서 가져온 것인지 설명서가 없다. 전시관 안에 전시되고 있는 아소까 석주 조각은 빠딸리뿟따에서 가져온 것이라고 설명한다. 허리가 없는 불상, 머리만 있는 불두佛頭, 얼굴이 깨진 불상 등 이곳에 전시된 불상은 온전한 것이 없다. 그만큼 훼불의 역사가 처절했음을 말해주고 있다.

    항마촉지인의 자세로 얼굴이 깨져 있는 불상이 있다. 두 개의 돌을 붙여서 조각한 부처님인데 두 눈이 움푹 파여서 없고 뒤통수 부분도 절반이 잘려나갔다. 두 눈이 없으니 보는 것이 없고, 보는 것이 없으니 어떤 번뇌도 없겠다. 불상이 저런 모습으로 있는 게 또 다른 차원의 완성이 아닐까, 하는 생각도 든다. 훼불의 역사가 만든, 고난 당한 불상이 또 다른 부처의 모습을 보여주고 있다. 얼굴이 완전히 뭉드러진 불상도 있고 각기 다른 불상의 토막을 기이하게 꿰맞춰 피카소의 그림처럼 추상적인 모습을 한 불상도 있다. 이곳에서 어째서 이곳이 이렇게 잔인하게 파괴되었을까? 라뜨나기리와 이곳은 불과 60km 정도 밖에 떨어져 있지 않다. 라뜨나기리의 예술적인 불보살상을 보고 온 터라 더욱 궁금해진다.

비디샤와 산치대탑

마우리아 왕조 제3대 왕인 아소까Ashoka(재위 BC273~232)가 왕이 되기 전 웃자인Ujjain의 총독으로 왔을 때 시찰을 나갔다가 200km 떨어진 비디샤Vidisha의 쩨띠야기리에서 아름다운 처녀를 만나게 된다. 그녀는 비디샤에 사는 상인의 딸인 비디샤 데위Vidisha Devi이다. 아소까는 데위와 결혼하고 둘 사이에 아들 마힌다Mahinda와 딸 상가미따Sanghamita를 낳는다. 나중에 이들은 출가하였고, 전법을 위하여 스리랑카로 파견되었다. 아소까의 아버지 빈두사라왕이 죽음에 임박하자 아소까는 빠딸리뿟따로 달려가 왕위를 계승하지만, 왕비의 자리에 올라야 하는 데위는 끝까지 비디샤에 남았다. 아소까는 형제들과의 권력 다툼으로 왕이 된 지 4년 후에야 즉위식을 하였는데, 이 즉위식 후에 아소까는 아산디미따Asandhimita라는 귀족의 딸과 결혼하였다.

산치 스투파와 사르나트의 아소까 석주 네 마리 사자상은 인도의 지폐에 등장한다.

아소까왕이 세운 산치대탑

깔링가 전쟁 후에 아소까왕은 참혹한 전쟁의 현실을 마주하며 깊은 번민에 빠진다. 무엇이 승리이고, 무엇이 정의며, 무엇이 제국의 번성인지 돌이켜 생각하면서 불교를 받아들여 독실한 불자가 되었다. 그는 그가 이룩한 제국의 곳곳을 성지 순례하며 8만 4천 개의 스투파와 석주를 세웠고, 바위에 칙령도 새겼다. 오늘날 바위 칙령이 발견되는 지역을 연결하니 마우리아 왕조가 얼마나 번성했는가를 알 수 있다. 아소까왕의 아들 마힌다는 스리랑카로 출발하기 전 비디샤Vidisa의 체티야기리Chethiyagiri에 있는 어머니를 방문하여 그곳의 사찰vihara에 머물렀다. 체티야기리는 산치대탑이 있는 곳으로 아소까의 첫 번째 아내와 아들과 딸의 유년 시절 추억이 깃든 곳이기에 아소까왕은 이곳에 스투파를 세우고 석주를 세우게 된다. 산치탑을 특별히 '산치대탑'이라고 부르는 것은

산치대탑의 담장과 복도는 바르후뜨 스투파의 스타일과 매우 유사하며
보드가야의 대탑 담장과도 유사하다.

산치탑이 어느 탑보다도 크고 보존이 잘 되어있기 때문이다.

산치 스투파Sanchi Stupa는 사르나트의 아소까 석주 상부에 있던 사자상과 함께 인도의 가장 중요한 문화재다. 최초로 건립될 당시에는 벽돌로 이루어진 오늘날의 절반 정도의 크기였는데 숭가왕조와 굽타왕조 때 확장되어 오늘날의 산치대탑이 되었다.

그런데 이 산치대탑 주위에는 많은 스투파가 존재한다. 산치대탑에서 남쪽으로 10km 지점에 삿다라 스투파Satdhara stupa, 손나리 스투파Sonari stupa가 있고, 동쪽으로 11km 지점에 보즈푸르 스투파Bhojpur stupa가 있으며, 18km 떨어진 곳에 안데르 스투파Andher stupa가 있다. 삿다라 스투파는 바로 옆에 하라리Halari강이 흐르는 언덕에 자리 잡고 있어서 수행자들이 살기에 좋았을 것이다. 산치대탑을 중심으로 주위에 이렇게 탑과 승원이 많이 발견되는 것은 이곳이 불교의 중심지였음을 말하고 있다.

특히 산치 2번 탑과 삿다라 스투파Satdhara stupa에서는 사리뿟따와 목갈라나 존자의 사리가 나왔다. 이 사리들은 영국의 박물관에 모셔져 있다가 인도의 요구로 반환되었고, 여러 나라를 돌며 전시되다가 지금은 미얀마의 카바 아예 파고다Kaba Aye Pagoda, 스리랑카 콜롬보의 마하보디협회, 산치대탑 근처에 세워진 체티야기리 사찰Chethiyagiri Vihara 등 세 곳으로 나누어 모시고 있다. 그런데 이곳 체티야기리 사찰Chethiyagiri Vihara은 스리랑카 마하보디협회에서 세운 사찰이고, 지금도 스리랑카 스님들에 의해서 운영되고 있다. 불교가 사라진 인도에 부처님 사리를 가져왔지만, 다시 스리랑카 스님들에게 맡길 수밖에 없는 오늘날 인도불교의 현실을 보여주고 있다.

역설적인 유주상보시의 공덕

　산치대탑의 담장과 복도는 바르후뜨Bharhut 스투파의 스타일과 매우 유사하며 보드가야의 대탑 담장과도 유사하다. 그 당시 난간에 대한 형식이 통일되었음을 보여준다. 아소까 석주와 스투파 난간 등 유적에서 브라흐미 문자가 많이 발견되었다. 아소까 석주는 사르나트 녹야원의 석주처럼 네 마리의 사자가 상부에 설치되었고, 그 사자상은 현재 산치 박물관에 전시되고 있다. 석주에 적힌 내용은 "승가를 분열시키는 비구나 비구니는 흰옷을 입혀서 승가에서 쫓아내야 한다."는 것이다. 사르나트와 꼬삼비에서도 이와 같은 승가의 분열을 염려하는 내용이 발견되었다. 이러한 내용이 네 마리의 사자와 연관이 있을 것으로 보인다.

　대탑의 담장을 구성하는 돌조각에도 많은 브라흐미 문자가 발견되었다. 주로 보시자의 이름을 열거한 것인데 재가신자의 이름은 물론 비구와 비구니의 이름도 다수 등장한다. 예나 지금이나 무주상보시는 어려운 일이었나보다. 역설적이게도 그렇게 이름을 남기려고 돌에 이름을 새겨 넣은 것이 오늘날 중요한 유물이 되었으니 유주상보시의 공덕도 대단하다고 볼 수 있다. 부조에 나타나는 다양하고 무질서한 부조의 그림들과 다양한 기증자의 이름들은 산치대탑이 왕의 시주에 의해서 일사불란하게 지어진 것이 아니라, 다양한 지역에서 온 기증자들이 각자가 선호하는 장면을 그리고 조각했음을 보여준다. 이것은 스투파에 특정 에피소드가 무작위로 반복되는 이유일 것이다.

　대탑 부조의 그림에서 부처님은 특정한 상징으로 나타나며, 매우 단순하게 처리되고 있다. 이를테면 부처님이 우루웰라 까사빠를 찾아가서 여러 가지 시험을 당하는 모습 중 부처님이 물 위를 걷는 장면은 아주 간단하게 긴 경행대로 표현되었다. 이런 표현 방식은 부처님이 석가족을 찾아가 그들의 아만심을 꺾어주기 위해 '쌍신변의 기적'을 보이는 장면에도 나타난다. 아버지 정반왕과 석가족들 앞에서 허공을 걷는 장면, 라마가마의 사리를 꺼내려다가 실패하는 아소까, 마라에게 시험당하는 부처님, 꾸시나가라에서 일어난 사리 쟁탈전, 아내가 보리수를 죽이자 슬퍼하는 아소까, 자신의 목숨을 바쳐 다른 원숭이를 피난시키는 원숭이 왕 이야기, 사왓티에서 외도를 굴복시키기 위해 부처님이 망고나무 위에 1천 명의 부처님을 출현시킨 천불화현의 기적, 기원정사 짓는 이야기, 빔

대탑 부조에는 부처님의 삶과 전생 이야기, 빔비사라왕, 빠세나디왕, 아소까왕이 시대를 초월하여 나타나고 있다.

대탑 부조의 그림에서 부처님은 특정한 상징으로 나타나며, 매우 단순하게 처리되고 있다

비사라왕이 대나무숲으로 부처님을 마중 나오는 장면, 원숭이가 꿀을 봉헌하는 이야기, 도리천에서 하강하시는 부처님 등 수많은 모습이 부조된다.

대탑 부조의 수많은 장면들

대탑 남쪽 문에는 기원전 1세기경의 브라흐미 비문 중에는 글자도 보이는데 이것은 '사따까르니Satakarni'라는 왕의 이름에서 시대를 파악할 수 있다. 남문에는 웨디사Vedisa의 상아 조각가들이 만들었다는 브라흐미 문자 기록이 있어 누가 만든 것인지 확인할 수 있다. 브라흐미 문자를 통해서 예전에 비디샤의 이름이 웨디샤Vedisa라는 것을 알 수 있다. 또한 부조에는 부처님의 삶과 전생이야기, 빔비사라왕, 빠세나디왕, 아소까왕이 시대를 초월하여 나타나고 있고, 부처님은 발자국, 법륜, 보리수, 사리탑 등으로 상징되어 나타나고 있다.

비디샤에서 서쪽으로 6km 정도 떨어진 곳에는 힌두교 유적인 우다야기리가 있다. 인도 정부는 우다야기리를 힌두교 유적과 자이나교 유적으로 설명하고 있지만, 우다야기리 언덕 정상에는 아소까 석주 몸통과 마우리야 스타일의 사자상, 불상의 광배 조각 등이 남아있다. 이것을 보면 우다야기리는 예전에 불교 스투파와 승원이 있었음을 알 수 있다. 비디샤 시내 한가운데에는 로항기Lohangi산이 있다. 이곳 정상에도 아소까 석주의 상부가 남아있다. 아소까 석주 옆에는 커다란 우물도 있다. 지금은 힌두교 사원이 있지만, 이곳도 예전에 불교의 승원이 있었음을 알 수 있다. 아소까 석주를 평지에 설치하는 것도 힘든 일인데, 이렇게 우다야기리와 로항기산 꼭대기에 석주를 만들었다는 것은 대단한 일이다. 비디샤에서 가까운 곳인 산치, 우다야기리, 로항기기리에서 아소까 석주가 발견된 것은 룸비니와 까삘라왓투 주변에서 여러 개의 석주가 발견된 것과 같이 특별한 일이다. 이러한 불교 성지를 인도 정부에서 적극적으로 소개하지 않고 있으니 안타깝다.

산치 2번 스투파에는 브라흐미 문자와는 다른 카로스티Kharoshthi 문자로 석공의 이름이 새겨져 있는데, 이는 북서쪽 간다라 지역 출신의 노동사들이 난간 제작에 함께했다는 것을 암시한

로항기산 정상에 있는 아소까 석주 부분

비디샤의 우다야기리산에 있는 아소까 석주 사자상

다. 특히 기원전 150년경에 건립된 헬리오도루스Heliodorus 석주가 우다야기리에서 북쪽으로 3km 지점에 있는데, 그 석주에는 기원전 1세기경의 브라흐미 글자가 새겨있다. 그리스의 대사인 헬리오도루스가 석주를 세우고 있는 것으로 보아 그 당시 나라 간의 상업 교류가 번성했음을 알 수 있다. 비디샤에서 북쪽으로 6km 지점은 원래의 '위디사Vidisa'라고 추정되는 곳인데, 이곳에서 기원전 3세기경에 만들어진 '생명의 나무Kalpataru' 혹은 '보배나무Ratnataru'라고 불리는 것이 발견되었다. 이 생명의 나무는 기독교의 성경이나 다른 종교에서도 발견되는 것인데 현재는 캘커타 박물관에 전시되고 있다.

성지 순례를 마무리하며

　부처님의 가르침은 가로세로 잘 짜인 옷감처럼 빈틈없이 정확하고, 소라 고등처럼 매끄러운 언어는 세월이 흘러도 녹슬지 않으며, 알고 이해하는 만큼 누구나 평등하게 평안의 길로 들어서게 된다. 그래서 어쩌다가 부처님의 가르침을 만난 분들은 그 인연에 고마워하며, 그분의 삶을 닮고 그분의 말씀을 더욱 공부하고 싶어 자연스럽게 그분이 80년을 머무셨던 땅에 가보고 싶어 한다. 더 가까이 그분의 체취를 느끼고 인간적인 붓다를 알아보자는 것이다. 우리에게 제대로 된 성지 순례는 그래서 필요하다. 여기서 성지 순례에 조금이라도 도움을 드리고자 그동안 고민해왔던 이야기들을 풀어 놓았다. 부족한 책이지만, 이 책을 보고 부처님을 존경하는 마음이 더욱 커지고, 불법에 대한 이해가 더욱 깊어지기를 바라길 기원한다.

참고한 자료

- 『디가 니까야 1~3』 각묵스님 역, 초기불전연구원(2016)
- 『맛지마 니까야 1~4』 대림스님 역, 초기불전연구원(2014)
- 『상윳따 니까야 1~6』 각묵스님 역, 초기불전연구원(2016)
- 『앙굿따라 니까야 1~6』 대림스님 역, 초기불전연구원(2016)
- 『밀린다팡하』 전재성 역, 한국빠알리성전협회(2024년)
- 『법구경 이야기 3권』 무념·응진 역 옛길출판사(2014)
- 『청정도론 3권』 대림스님 역, 초기불전연구원(2009)

행복경
Maṅgalasutta

보배경
Ratanasutta

자애경
Mettasutta

지리산 백장암 선원 대중이
번역 윤문하였다.

45년 안거로 보는
부처님의 생애

이 책에 등장하는
경전 모음

행복경
Maṅgalasutta

1. 많은 사람들과 천신들은 평안을 바라면서 행복에 대해 생각합니다. 무엇이 으뜸가는 행복인지 말씀해주십시오.

2. 어리석은 사람을 멀리하고 현명한 사람을 가까이하며 존경할 만한 사람을 존경하는 것, 이것이 으뜸가는 행복이라네.

3. 적합한 곳에서 살고 일찍이 공덕을 쌓으며 스스로 바른 서원을 세우는 것, 이것이 으뜸가는 행복이라네.

4. 많이 배우고 기술을 익히며 규범을 지키고 바른 말을 하는 것, 이것이 으뜸가는 행복이라네.

5. 부모님을 잘 모시고 가족을 보살피며 자신의 처신을 바르게 하는 것, 이것이 으뜸가는 행복이라네.

6. 널리 베풀고 이치에 맞게 살며 이웃을 사랑하고 비난받을 일을 하지 않는 것, 이것이 으뜸가는 행복이라네.

7. 나쁜 짓을 멀리하고 술 마시는 것을 절제하며 가르침을 부지런히

실천하는 것, 이것이 으뜸가는 행복이라네.

8. 존중하고 겸손하며 감사하고 만족할 줄 알아 알맞은 때에 가르침을 듣는 것, 이것이 으뜸가는 행복이라네.

9. 공손하고 온화하게 말하며 수행자를 만나서 때에 맞춰 가르침을 담론하는 것, 이것이 으뜸가는 행복이라네.

10. 감각 기능을 단속하고 청정하게 살며 성스러운 진리를 보고 열반을 이루는 것, 이것이 으뜸가는 행복이라네.

11. 세상일에 부딪혀 마음이 흔들리지 않고 근심 없이 티끌 없이 안온한 것, 이것이 으뜸가는 행복이라네.

12. 이러한 것을 실천하면 어디에서나 패배하지 않고 모든 곳에서 평안하리니, 이것이 그들에게 으뜸가는 행복이라네.

보배경
Ratanasutta

1. 여기에 모인 모든 존재들,
   땅 위에 있건, 하늘에 있건
   모든 존재들이 기뻐하기를!
   여래의 설법에 귀 기울이기를!

2. 모든 존재들이여, 잘 들으십시오.
   밤낮으로 공양을 올리는
   인간과 자손들에게 자애를 베풀기를!
   잊지 말고 그들을 보호해 주기를!

3. 이 세상과 저 세상, 그리고 천상에 있는
   그 어떤 보배라도 여래에 비할 수 없어라.
   부처님 안에 이 으뜸가는 보배 있으니
   이러한 진실로 모두 행복하기를!

4. 욕망과 번뇌를 부순 위없는 불사의 법을
   석가족 성자가 삼매에 들어 성취하셨네.
   그 법과 견줄 만한 것은 아무것도 없어라.
   가르침 안에 이 으뜸가는 보배 있으니

이러한 진실로 모두 행복하기를!

5. 곧바로 결실을 얻는 청정한 삼매를
　　최고의 스승이신 부처님은 찬탄하셨네.
　　그 삼매와 견줄 만한 것은 없어라.
　　가르침 안에 이 으뜸가는 보배 있으니
　　이러한 진실로 모두 행복하기를!

6. 네 쌍의 여덟 성자들은 칭송받나니
　　그들은 공양받을 만한 부처님의 제자들이라.
　　그들에게 올린 보시는 큰 결실을 가져오네.
　　승가 안에 이 으뜸가는 보배 있으니
　　이러한 진실로 모두 행복하기를!

7. 확고한 마음으로 오롯이 전념하여
　　부처님 가르침에서 욕망을 떠난 분들
　　불사에 들어 적멸의 기쁨을 누리네.
　　승가 안에 이 으뜸가는 보배 있으니
　　이러한 진실로 모두 행복하기를!

8. 땅에 박힌 기둥이 사방의 바람에 흔들리지 않듯이
　　성스러운 진리를 본 이들도 그와 같다네.
　　승가 안에 이 으뜸가는 보배 있으니

이러한 진실로 모두 행복하기를!

9. 잘 설해진 성스러운 진리를 심오한 통찰지로 본 이들은
   아무리 방일하더라도 여덟 번째 태어남은 없다네.
   승가 안에 이 으뜸가는 보배 있으니
   이러한 진실로 모두 행복하기를!

10. 통찰지를 구족하여 세 가지 족쇄를 버린 이들은
    네 가지 악처에서 벗어나고 여섯 가지 악행을 범하지 않네.
    승가 안에 이 으뜸가는 보배 있으니
    이러한 진실로 모두 행복하기를!

11. 진리를 본 이들은 몸과 말과 마음으로 지은 어떤 악업도
    숨길 수 없다고 부처님께서 설하셨다네.
    승가 안에 이 으뜸가는 보배 있으니
    이러한 진실로 모두 행복하기를!

12. 여름철의 첫 달에 무성한 숲에 꽃이 피듯이
    열반에 이르는 최상의 가르침을 부처님께서 설하셨다네.
    부처님 안에 이 으뜸가는 보배 있으니
    이러한 진실로 모두 행복하기를!

13. 최상의 법을 아시고, 그 법을 설하시고, 열반으로 인도하시는 분

거룩한 부처님께서 위없는 법을 설하셨다네.
부처님 안에 이 으뜸가는 보배 있으니
이러한 진실로 모두 행복하기를!

14. 옛 업은 소멸되고 새로운 업은 생겨나지 않으며,
다시 태어남을 원하지 않는다네.
그들은 번뇌의 씨를 부수어 다음 생을 바라지 않나니,
등불이 꺼지듯이 성자들은 열반에 든다네.
승가 안에 이 으뜸가는 보배 있으니
이러한 진실로 모두 행복하기를!

15. 여기에 모인 모든 존재들,
땅위에 있건, 하늘에 있건
천신과 인간에게 존경받는 여래,
부처님께 귀의합니다.
모든 존재들이 행복하기를!

16. 여기에 모인 모든 존재들,
땅 위에 있건, 하늘에 있건
천신과 인간에게 존경받는 여래,
가르침에 귀의합니다.
모든 존재들이 행복하기를!

17. 여기에 모인 모든 존재들,
　　 땅 위에 있건, 하늘에 있건
　　 천신과 인간에게 존경받는 여래,
　　 승가에 귀의합니다.
　　 모든 존재들이 행복하기를!

자애경
Mettasutta

1. 수행修行의 길을 잘 알아 적정의 경지를 이루려는 이는
   정직하고 진솔하고 능숙하며
   온순하고 부드럽고 겸손해야 합니다.

2. 만족할 줄 알아 많은 것을 구하지 않으며
   분주하지 않고 생활이 간소하며
   감각기관이 고요하고 안정되며
   거만하거나 탐착하지 않아서

3. 현명한 이들이 나무랄 일은 그 어떤 것도 하지 않습니다.
   모든 존재들이 안락하고 평화롭고 행복하기를!

4. 살아있는 생명이면 그 어떤 것이든
   움직이거나 움직이지 않거나
   길거나 크거나 중간이거나, 짧거나 미세하거나 거칠거나

5. 보이거나 보이지 않거나 가깝거나 멀거나,
   이미 태어난 것이나 앞으로 태어날 것이나,
   모든 존재들이 행복하기를!

6. 서로 속이지 않고 얕보지 않으며,
   어디에서나 누구에게나
   분노 때문이든 증오 때문이든
   남의 고통을 바라지 않기를!

7. 마치 어머니가 하나밖에 없는 자식을
   목숨으로 보호하듯, 모든 생명을 향해
   한량없는 자애의 마음을 내기를!

8. 온 세상에 대해 위로 아래로 옆으로
   걸림 없이 원한 없이 적의 없이
   무량한 자애의 마음을 닦기를!

9. 서 있을 때나 걸을 때나
   앉아서나 누워서나 깨어 있는 한
   자애의 마음을 잊지 않는 것,
   이것이 거룩한 삶입니다.

10. 그릇된 견해에 빠지지 않고
    계행과 바른 견해를 갖추어
    감각적 욕망을 버리면
    다시는 윤회의 모태에 들지 않으리!!!

사유하는 불교 성지 순례

초판 1쇄 발행 2025년 9월 1일

지은이	허정
편집인	김성동
펴낸곳	도서출판 어의운하
주소	경기도 파주시 경의로 1114 에펠타워 406호
전화	070-4410-8050
팩스	0303-3444-8050
이메일	you-think@naver.com
페이스북	https://www.facebook.com/you-think
블로그	https://blog.naver.com/you-think
출판등록	제406-2018-000137

ISBN 979-11-977080-9-1 (03220)

이 책 내용의 일부 또는 전부를 재사용하려면
저작권자와 도서출판 어의운하 양측의 동의를 얻어야 합니다.
잘못된 책은 구입한 곳에서 교환해 드립니다.